내일의 부

❷ 오메가편

세상에서 가장 빨리 99.9% 부자 되는 법!

내일의 부

❷ 오메가편(전 2권)

조던 김장섭 지음

트러스트북스

차례

1부
투자의 미래
확장편: 가장 빨리 100% 부자 되는 불변의 법칙

1장 세계 최초 공황 분석, 공황이 시작되는 정확한 날짜는 언제인가?" … 12

2장 공황이 끝나는 달(月)과 주식을 사는 날(日)을 어떻게 알 수 있는가? … 21

3장 -3% 공포지수 분석 … 28

    -3%가 뜬 경우

4장 2008년 금융위기는 어떻게 시작되었는가? … 38

5장 공황 시 주식도 싸게 사고, 환전도 하여 부자 되기 1 … 46

    - 2008년 금융위기

    2008년 금융위기

6장 공황 시 주식도 싸게 사고, 환전도 하여 부자 되기 2 … 55

    - 2000년 닷컴버블

7장 공황을 피하는 방법_1987년 블랙먼데이 때도 적용되는가 … 59

8장 -3% 이후 공황으로 가는 경우, 단발성인 경우 … 63

9장   나스닥에 -3%가 떴을 때, 미국채로 손실 해지하는 법 ⋯ 73

10장 2011년 미국 연방 정부 신용 등급 강등 위기 미국채로 위기 극복하기 ⋯ 83

11장 공황은 위기가 아니라 부자 될 기회다 ⋯ 92

개인 | 부동산 | 주식

12장 -3%가 뜨면 왜 반드시 팔아야 하는가? ⋯ 106

극도로 적은 확률이지만 그 날이 온다면 한 번에 파산한다 | 인공지능 트레이더 시대, 공포는 더욱 강화된다 | 파생상품 시장이 커졌다

13장 반드시 외워야 할 '공황 매뉴얼' ⋯ 116

14장 어닝 서프라이즈 주식 투자법 ⋯ 118

어닝 서프라이즈 주식 매수·매도 매뉴얼

15장 주식은 시가에 사는가? 종가에 사는가? ⋯ 129

16장 어닝 서프라이즈 참고 사이트 ⋯ 132

17장 시가총액 1등 이외의 주식은 어닝일 이전에 모두 매도 ⋯ 134

1등 주식의 어닝일 대처법

18장 음성혁명의 파괴적인 미래 ⋯ 137

19장 세상을 바꿀 클라우드가 온다 ⋯ 149

20장 클라우드, 어떻게 세상을 바꾸어 가는가? ⋯ 156

21장 자율주행차의 시대가 온다 ⋯ 171

2부

미중전쟁의 미래

위기는 무엇이고, 기회는 무엇인가?

22장 미중 전쟁, 그 전쟁의 서막이 열리기 전 ⋯ 178

23장 중국은 미국의 무엇을 건드렸나? ⋯ 181

24장 미국은 왜 지적재산권 보호에 목숨을 거나? ⋯ 185

25장 현대전은 소프트파워 전쟁 ⋯ 188

　　　왜 소프트파워가 대세인가?

26장 미중 전쟁의 전장 5곳 ⋯ 193

27장 중국은 붕괴될 것인가? ⋯ 197

　　　중국은 왜 부채가 증가할 수밖에 없는가? | 중국 내 버블 붕괴는 어떤 결과를 가
　　　져오는가?

28장 미중 무역전쟁 연착륙 시나리오 1 ⋯ 221

　　　_ 미중 무역전쟁과 30년에 한 번 오는 대박의 기회

　　　미국은 왜 중국에게 무역전쟁을 선포했는가? | 미국은 소련을 어떻게 굴복시켰
　　　는가? | 미국은 일본을 어떻게 굴복시켰는가? | 소련과 일본의 교훈, 중국에 적용
　　　하라 | 미중무역전쟁을 바라보는 투자자의 포지션

29장 미중 무역전쟁 연착륙 시나리오 2 ⋯ 252

　　　_중국 연착륙의 조건

　　중국에 금융위기가 닥치면 해야 할 일

30장 세계 환율전쟁의 시작 ⋯ 259

31장 세계 환율 전쟁의 시작 2 ⋯ 269

32장 중국의 현재 문제점 ⋯ 277

33장 중국의 경착륙 시나리오 1 ⋯ 282

34장 중국의 경착륙 시나리오 2 ⋯ 289

35장 중국의 경착륙 징후 ⋯ 293

36장 미중 무역전쟁 이후 ⋯ 295

　　금본위제 폐기 | 오일쇼크 | 세계화 | 미국은 어떻게 달러가치를 지켜갈 것인
　　가? | 세계적인 저출산 현상 속 성장에 유리한 나라는?

37장 셰일가스를 통한 미국의 패권전략 ⋯ 314

　　미국이 셰일가스 증산으로 노리는 것

1부 부동산의 미래
디플레이션 시대에 살아남는 법

1장 다가온 100세 시대, 준비하지 않으면 너무 오래 사는 것이 불행이다

2장 우리나라는 왜 노인빈곤률과 자살률이 세계 1위가 되었나?

3장 은퇴 후 월 200만 원씩 버는 4가지 방법

4장 베이비붐 세대의 은퇴 대비법

5장 누가 무엇이 나의 노후를 책임질 것인가?

6장 자영업을 하면 왜 망할까?

7장 주택, 상가 재건축도 재개발 할 수 없으면 소비재다

8장 청년은 왜 취직이 되지 않는가?

9장 상가 분양은 망하는 지름길

10장 아마존, 쿠팡은 왜 배송에 목숨을 거나?
　　　오프라인이 빠르게 온라인으로 대체된다

11장 디플레이션 시대의 주식, 부동산 투자법

2부 투자의 미래
기본편: 가장 빨리 100% 부자 되는 불변의 법칙

12장 자본주의에서, 중산층은 왜 몰락할 수밖에 없는 운명인가

13장 디플레이션 시대 주식, 부동산의 미래

14장 디플레이션 한국, 투자자는 이제 어디로 향해야 하나?

15장 예측하지 말라. 대응만이 살길이다

16장 Fed(미국 연방준비이사회)의 양적완화가 주가의 상승과 하락을 결정한다

17장 그 많은 돈은 다 어디로 갔나?

18장 공황을 피해 규모 가변적인 시장에 참여하라

19장　글로벌 '공황'을 모르면 부동산도 주식도 결코 성공할 수 없다

20장　공황이 오면 부동산과 주식은 얼마나 크게 떨어지는가?

21장　나스닥지수에 -3%가 뜨고 다음날 분석

22장　나스닥에 -3%가 뜨면 이후 어떻게 대처해야 하는가?

23장　왜 나스닥과 -3%인가?

24장　매뉴얼 정리_투자자를 살리고 가장 빠른 속도로 부자가 되는 법

25장　주식을 사야 할 때 vs. 주식을 팔아야 할 때

26장　주가가 꾸준히 오르는 풍선시장 vs. 떨어지거나 정체되는 중력시장

27장　'이미'가 아닌 '향후'에 주목하라

28장　돈 벌 기회는 '세상을 바꾼 사건' 이후 생긴다

29장　문제는 '공급'이 아닌 '수요'에 있다

30장　영원한 것은 없다. 사랑에 빠지지 말자

31장　왜 모두 빚의 노예가 되었는가?

32장　내가 남과 차별되는 나만의 교환가치는 무엇인가?

33장　분석하고 판단하지 마라. 오르면 좋고 떨어지면 안 좋다

34장　부자 되는 유일한 길은 '좋은 것을 오를 때까지 오래 보유하는 것'

35장　결국 오를 수밖에 없는 기업 vs. 결코 오를 수 없는 기업

36장　투자 대상 기업을 찾는 단 한 가지 포인트

37장　왜 나만의 매뉴얼이 필수인가?

38장　세계 1등, 결론은 항상 같은 지점을 가리킨다

39장　세계 1등 주식의 실제 수익률_1996년~2019년 6월까지

40장　세계 시총 1, 2등 갭이 적을 때 얼마나 차이가 나야 1등만 가져가나?

41장　어떤 기업이 4차 산업혁명으로 돈을 버는가?

42장　소유에서 구독으로, 패러다임 변화 속에서 살아남는 법

43장　욜로의 시대에 뜨는 기업

44장　빅데이터는 인간의 욕망을 측정하는 도구

45장　소비자의 빅데이터(취향) 길목을 지키는 자, 세상을 다 가질 것이다

1부

투자의 미래

확장편: 가장 빨리 100% 부자 되는 불변의 법칙

1장

세계 최초 공황 분석,
공황이 시작되는 정확한 날짜는 언제인가?

주식이나 부동산이나 공황을 겪으면 가치가 떨어지게 마련이다. 때로는 공든 탑이 한순간에 무너지는 아픔도 감수해야 한다. 그래서 공황은 투자자에게 마주하기 싫은 적과 같다. 공황을 피하는 방법은 없는가? 근본적으로 피할 수 있는 방법은 없다. 다만 주식투자를 하면서 최대한 줄일 수는 있다.

공황은 예고 없이 갑자기 불어닥친다. 비록 예고는 없지만 조짐은 있다. 투자자는 그 조짐이 무엇인지 알아야 하고, 공황이 올 수도 있으므로 거기에 대응해야 한다. 혹시 공황이 오지 않더라도 말이다. 그리고 공황이 온다고 하여 모든 투자를 멈추고 현금만 확보해야 하는 것도 아니다. 그래서는 언제 부자가 될지 알 수 없다. 최대한 공황을 알고 그에 대비하는 것이 우선이다.

공황의 조짐은 무엇인가? 주가지수가 하루 사이 급락하면서 조짐을 보인다. 영화의 암시나 자연현상의 전조증상과 비슷하다. 얼마나 급락해야 공황의 조짐으로 보는지 알아보기로 하자.

먼저 말하고 싶은 것은 공황은 분명 위기지만, 기회이기도 하다는 점이다. 거기에는 위기와 기회가 공존한다. 부자는 공황을 거치며 탄생한다. 그것도 자산이 매우 빠른 속도로 불어나면서 말이다. 공황의 시기에는 현금을 확보하고 있다가 바닥까지 떨어진 주식을 잘 사기만 해도 큰 부자가 될 수 있다.

인류가 겪은 최근의 공황부터 살펴보자.

2008년 금융위기, 2000년 닷컴버블, 1987년 블랙먼데이, 1929년 대공황 등이 대표적인 글로벌 공황이다. 1997년 동아시아 위기(한국의 IMF 외환위기)가 있지만 미국주식에 투자하고 있었다면 위기가 아니라 꾸준히 오른 시기가 된다. 그래서 1997년 동아시아 위기는 제외했다.

연중 위기가 닥치는 시기는 언제인가? 가장 가까운 2008년 금융위기를 보자. 그 시작은 2008년 9월 15일이었다. 이날 미국의 투자은행

⑱ 리먼 브러더스가 파산 신청을 했다. 미국 정부는 페니메이와 프레디맥을 국유화하고 1주일 뒤에 리먼 브러더스를 파산시키기로 결정했다. 본격적인 시작은 2008년 9월 15일이었고, 주가의 본격적인 하락은 그로부터 2주 후인 9월 말부터였다.

나스닥총합지수 내역

기간:
월간

⬇ 데이터 다운로드   2008/01/01 ~ 2008/12/31

날짜 ≑	현재가 ≑	오픈 ≑	고가 ≑	저가 ≑	거래량 ≑	변동 % ≑
2008년 12월	1,577.03	1,496.09	1,602.92	1,398.07	15.38B	2.70%
2008년 11월	1,535.57	1,718.89	1,785.84	1,295.48	15.97B	-10.77%
2008년 10월	1,720.95	2,075.10	2,083.20	1,493.79	25.28B	-17.73%
2008년 9월	2,091.88	2,402.11	2,413.11	1,983.73	19.75B	-11.64%
2008년 8월	2,367.52	2,326.83	2,473.20	2,280.93	14.41B	1.80%
2008년 7월	2,325.55	2,274.24	2,353.39	2,167.29	20.42B	1.42%
2008년 6월	2,292.98	2,514.82	2,549.94	2,290.59	19.27B	-9.10%
2008년 5월	2,522.66	2,416.49	2,551.47	2,416.49	17.48B	4.55%
2008년 4월	2,412.80	2,306.51	2,451.19	2,266.29	17.61B	5.87%
2008년 3월	2,279.10	2,271.26	2,346.78	2,155.42	19.52B	0.34%
2008년 2월	2,271.48	2,392.58	2,419.23	2,252.65	19.89B	-4.95%
2008년 1월	2,389.86	2,653.91	2,661.50	2,202.54	24.81B	-9.89%
최고: 2,661.50	최저: 1,295.48	차이: 1,366.02		평균: 2,148.95		변동 %: -40.54

앞의 자료는 2008년 1월부터 12월까지 나스닥의 월간 상승률을 월 단위로 정리한 표다. 2008년 9월에만 -11.64%가 떨어졌다. 그러나 1월에도 -9.89%가 떨어졌고 2월에도 -4.95% 떨어졌다. 3월부터는 회복되다가 6월에 -9.10% 떨어지면서 다시 한 번 크게 떨어진다. 그리고 9월부터 11월까지 3개월 연속으로 크게 떨어진다. 이처럼 공황은 나스닥의 연속적인 하락률로 알 수 있다.

나스닥지수 분석을 통해 공황이 시작된 달과 시작된 날을 알 수 있다. 시작이 있으면 끝도 있다. 끝을 알면 아무리 무서운 공황이라도 정복할 수 있지 않을까 생각한다. 2008년 9월이 공황의 시작이라는 사실은 대부분 알고 있는 사실이다. 그러면 2008년 9월을 보다 면밀히 조사하면 더 많은 정보를 얻을 수 있다. 숫자로 명확히 표현되는 공황의 시작점 말이다. 다음은 2008년 9월 나스닥의 일간 변동지수를 나타낸다.

나스닥종합지수 내역

기간:
일간 ▾

📥 데이터 다운로드   2008/09/01 - 2008/09/30 📅

날짜 ↕	현재가 ↕	오픈 ↕	고가 ↕	저가 ↕	거래량 ↕	변동 % ↕
2008년 09월 30일	2,091.88	2,033.69	2,094.31	2,015.93	875.74M	5.45%
2008년 09월 29일	1,983.73	2,147.16	2,152.69	1,983.73	1.01B	-9.14%
2008년 09월 26일	2,183.34	2,144.06	2,187.53	2,136.85	732.82M	-0.15%
2008년 09월 25일	2,186.57	2,172.26	2,210.74	2,167.06	675.97M	1.43%
2008년 09월 24일	2,155.68	2,167.55	2,179.93	2,147.36	662.75M	0.11%
2008년 09월 23일	2,153.33	2,190.71	2,209.62	2,151.77	740.52M	-1.18%
2008년 09월 22일	2,178.98	2,265.77	2,266.45	2,178.98	718.07M	-4.17%
2008년 09월 19일	2,273.90	2,303.90	2,318.43	2,239.73	1.92B	3.40%
2008년 09월 18일	2,199.10	2,137.42	2,201.71	2,070.22	1.49B	4.78%
2008년 09월 17일	2,098.85	2,177.58	2,183.25	2,098.85	1.16B	-4.94%
2008년 09월 16일	2,207.90	2,149.65	2,214.29	2,145.17	1.21B	1.28%
2008년 09월 15일	2,179.91	2,202.28	2,244.88	2,179.91	970.01M	-3.60%
2008년 09월 12일	2,261.27	2,239.25	2,268.83	2,228.00	749.82M	0.14%
2008년 09월 11일	2,258.22	2,199.03	2,259.25	2,191.53	852.18M	1.32%
2008년 09월 10일	2,228.70	2,232.21	2,247.63	2,209.59	838.81M	0.85%
2008년 09월 09일	2,209.81	2,269.93	2,285.54	2,209.81	967.75M	-2.64%
2008년 09월 08일	2,269.76	2,296.18	2,303.89	2,236.97	950.51M	0.62%
2008년 09월 05일	2,255.88	2,241.62	2,264.35	2,216.99	818.13M	-0.14%
2008년 09월 04일	2,259.04	2,315.18	2,317.32	2,259.04	872.44M	-3.20%
2008년 09월 03일	2,333.73	2,346.81	2,357.43	2,320.91	809.73M	-0.66%
2008년 09월 02일	2,349.24	2,402.11	2,413.11	2,338.37	723.16M	-0.77%
최고: **2,413.11**	최저: **1,983.73**	차이: **429.38**		평균: **2,205.66**		변동 %: **-11.64**

나스닥 일간지수를 보니 평소에는 보기 힘들던 숫자들이 자주 눈에 띈다. 평시 기준으로 나스닥의 평균 하루 변동폭은 플러스 마이너스 0.2% 정도 수준이다. 그런데 이 시기에는 −2%, −3%, −4% 그리고 심지어 −9%도 보인다. 평소의 움직임과는 확연히 다르다. 예를 들어 −2%라는 숫자는 평소에 0.2% 정도 움직인다고 봤을 때 무려 10배가 떨어졌다는 뜻이다. −3%는 15배, −4%는 20배 그리고 −9%는 무려 45배가 떨어진 것이다. 증시 참여자들은 이런 날 아마도 패닉에 빠졌을 것이다.

공황을 정의하기 위해서는 한 차례 공황만 연구해서는 어려울 것이다. 서로 비교하여 유사점을 찾아야 공황에서 나타나는 공통점을 발견할 수 있다. 2000년 닷컴버블은 시작점이 언제인지 명확히 알려주는 자료가 없다. 따라서 2000년 닷컴버블보다는 1987년 10월 블랙먼데이와 2008년 9월 금융위기를 비교해야 한다. 이 둘 사이의 유사점을 찾아보자.

나스닥종합지수 내역

기간:
월간 ▼

⬇ 데이터 다운로드   1987/01/01 ~ 1987/12/31 🖻

날짜 ≎	현재가 ≎	오픈 ≎	고가 ≎	저가 ≎	거래량 ≎	변동 % ≎
1987년 12월	330.47	330.47	333.23	291.86	–	8.29%
1987년 11월	305.16	305.16	328.82	301.62	–	−5.61%
1987년 10월	323.30	323.30	453.88	288.49	–	−27.23%
1987년 9월	444.29	444.29	456.27	433.86	–	−2.35%
1987년 8월	454.97	454.97	455.78	431.17	–	4.61%
1987년 7월	434.93	434.93	434.94	423.73	–	2.42%
1987년 6월	424.67	424.67	429.89	413.53	–	1.95%
1987년 5월	416.54	416.54	424.83	404.52	–	−0.30%
1987년 4월	417.81	417.81	439.16	407.35	–	−2.85%
1987년 3월	430.05	430.05	439.99	422.92	–	1.20%
1987년 2월	424.97	424.97	424.97	392.04	–	8.39%
1987년 1월	392.06	392.06	402.33	348.81	–	12.39%
최고: 456.27	최저: 288.49	차이: 167.78	평균: 399.94		변동 %: −5.26	

그 유명한 블랙먼데이가 있었던 1987년 10월은 무려 −27.23%가 떨어졌다. 한 달 사이 증시의 1/4이 허공으로 사라졌다. 이달의 일간 나스닥지수도 한번 살펴보자.

나스닥종합지수 내역

기간:
일간 ▾

⬇ 데이터 다운로드   1987/10/01 - 1987/10/31 🔳

날짜 ↕	현재가 ↕	오픈 ↕	고가 ↕	저가 ↕	거래량 ↕	변동 % ↕
1987년 10월 30일	323.30	323.30	323.35	307.16	–	5.29%
1987년 10월 29일	307.05	307.05	307.20	291.85	–	5.20%
1987년 10월 28일	291.88	291.88	296.25	288.49	–	-1.51%
1987년 10월 27일	296.34	296.34	306.85	296.12	–	-0.86%
1987년 10월 26일	298.91	298.91	328.30	298.86	–	-8.99%
1987년 10월 23일	328.45	328.45	336.06	327.96	–	-2.28%
1987년 10월 22일	336.13	336.13	351.77	335.66	–	-4.47%
1987년 10월 21일	351.86	351.86	351.86	351.86	–	7.34%
1987년 10월 20일	327.79	327.79	359.96	326.57	–	-9.00%
1987년 10월 19일	360.21	360.21	360.21	360.21	–	11.35%
1987년 10월 16일	406.33	406.33	422.62	406.05	–	-3.83%
1987년 10월 15일	422.51	422.51	428.25	422.37	–	-1.35%
1987년 10월 14일	428.28	428.28	434.83	427.61	–	-1.50%
1987년 10월 13일	434.81	434.81	435.40	432.54	–	0.41%
1987년 10월 12일	433.04	433.04	438.44	431.41	–	-1.23%
1987년 10월 09일	438.43	438.43	441.03	438.23	–	-0.36%
1987년 10월 08일	440.03	440.03	445.54	438.96	–	-1.04%
1987년 10월 07일	444.64	444.64	447.48	443.21	–	-0.64%
1987년 10월 06일	447.51	447.51	453.88	447.48	–	-1.35%
1987년 10월 05일	453.63	453.63	453.67	451.61	–	0.45%
1987년 10월 02일	451.61	451.61	451.62	448.46	–	0.70%
1987년 10월 01일	448.45	448.45	448.49	444.30	–	0.94%
최고: **453.88**	최저: **288.49**	차이: **165.39**	평균: **385.05**		변동 %: **-27.23**	

충격적인 하락이다. 어퍼컷을 맞아 비틀거리고 있는데, 강펀치가 연이어 날아온다. 한 번 떨어지면 연속적으로 떨어지는 날이 이어졌다. 하지만 매일 떨어진 것은 아니었다. 크게 떨어지면 다시 크게 오른다.

10월 21일에는 하루에 무려 7.34%가 오르기도 했다. 만약 이때 떨어지면 팔고 다시 오르면 사고를 반복했다면 계좌는 돌이킬 수 없는 치명상을 입었을 것이다.

그렇다면 1987년 10월과 2008년 9월의 공통점을 찾아야 한다. 우선 '연속되는 큰 폭의 하락'을 들 수 있다. 블랙먼데이 당시 10월 6일부터 10월 12일까지 이어진 −1%대 또는 −1% 이하의 움직임은 평소에도 나타나는 현상이다. 그러나 평소에는 볼 수 없던 숫자들이 보인다. 큰 폭의 하락인데, 나는 여기서 −3%에 주목했다. 공황이 시작된 달에는 유난히 −3% 이상의 숫자가 많이 떴기 때문이다.

'−3% 이상의 숫자가 몇 번 나타나느냐에 따라 공황이 확정되는 것은 아닐까?'

이렇게 의문을 품으면서 분석을 계속하였다. 그랬더니 2008년 금융위기는 한 달 동안 −3% 이상의 숫자가 4번 발생했고, 1987년 블랙먼데이 때도 −3% 이상의 숫자가 4번이었다. 두 개의 사건 사이에 공통점이 발견되었던 것이다.

'−3% 이상의 숫자가 4번이 뜨면 공황의 시작인가?'라는 확신이 들기 시작했다. 그렇다면 2000년 닷컴버블로 다시 추론해 보자. 닷컴버블의 시작은 언제인지 알려져 있지 않다. 그러니 닷컴버블 시 그래프를 보면서 추론해 보자.

　　1998년부터 오르기 시작해 2000년 절정을 이루고 2000년 초반부터
떨어지기 시작한다. 1987년 10월 블랙먼데이와 2008년 9월 금융위기
때 한 달에 −3%가 4번 뜨면 이것을 공황의 시작이라고 했을 때 2000
년 닷컴버블의 시작은 언제인가? 2000년 4월이 가장 큰 하락폭을 보
였다. 이 때가 시작인가? 4월을 봤을 때 −3% 이상은 4번 발생하였다.
공황의 시작이다. 그런데 정말 이때가 시작일까? 의문이 들었다. 그
전에는 어땠는지 찾아 봤다. 그래서 찾아 봤더니 2000년 1월에 −3%
이상 떨어진 날이 4번이었다.

나스닥종합지수 내역

기간:
일간 ▾

⬇ 데이터 다운로드   2000/01/01 ~ 2000/01/31 🔲

날짜 ⬍	현재가 ⬍	오픈 ⬍	고가 ⬍	저가 ⬍	거래량 ⬍	변동 % ⬍
2000년 01월 31일	3,940.35	3,873.84	3,940.46	3,748.03	–	1.37%
2000년 01월 28일	3,887.07	4,010.14	4,048.31	3,856.23	–	-3.77%
2000년 01월 27일	4,039.56	4,120.50	4,140.09	3,973.59	–	-0.75%
2000년 01월 26일	4,069.91	4,174.72	4,174.72	4,069.91	–	-2.34%
2000년 01월 25일	4,167.41	4,124.75	4,167.63	4,028.51	–	1.74%
2000년 01월 24일	4,096.08	4,290.38	4,303.15	4,095.31	–	-3.29%
2000년 01월 21일	4,235.40	4,236.65	4,238.00	4,168.30	–	1.10%
2000년 01월 20일	4,189.51	4,205.06	4,227.35	4,143.61	–	0.92%
2000년 01월 19일	4,151.29	4,116.27	4,164.65	4,084.73	–	0.50%
2000년 01월 18일	4,130.81	4,059.65	4,148.00	4,053.21	–	1.64%
2000년 01월 14일	4,064.27	4,045.72	4,091.95	4,045.72	–	2.71%
2000년 01월 13일	3,957.21	3,915.14	3,957.47	3,858.22	–	2.78%
2000년 01월 12일	3,850.02	3,950.95	3,950.98	3,834.53	–	-1.82%
2000년 01월 11일	3,921.19	4,031.38	4,066.66	3,904.82	–	-3.17%
2000년 01월 10일	4,049.67	4,002.23	4,072.36	3,882.63	–	4.30%
2000년 01월 07일	3,882.62	3,711.09	3,882.67	3,711.09	–	4.17%
2000년 01월 06일	3,727.13	3,834.44	3,868.76	3,715.62	–	-3.88%
2000년 01월 05일	3,877.54	3,854.35	3,924.21	3,734.87	–	-0.62%
2000년 01월 04일	3,901.69	4,020.00	4,073.25	3,898.23	–	-5.55%
2000년 01월 03일	4,131.15	4,186.19	4,192.19	3,989.71	–	1.52%

최고: 4,303.15   최저: 3,711.09   차이: 592.06   평균: 4,013.49   변동 %: -3.17

결국 결론을 얻을 수 있었다. 닷컴버블 공황의 시작은 2000년 4월이 아니라 1월이었다. 그리고 공황이 발생할 때마다 나스닥지수 −3% 이상의 폭락이 한 달 동안 4번 이상 발생하였다.

그러면 공황에 대한 매뉴얼이 탄생한다.

'공황은 한 달에 나스닥지수 −3%가 4번 떴을 때 시작한다.'

2장

공황이 끝나는 달(月)과 주식을 사는 날(日)을
어떻게 알 수 있는가?

 나스닥지수 −3%가 4번 떴을 때 공황의 시작이라는 결론을 얻었다. 투자에서 실패하지 않으려면 시작을 알아야 하지만, 투자를 계속하려면 끝도 알아야 한다. 그래야 위기를 기회로 활용할 수 있다.

 결론을 먼저 얘기하면, '더 이상 −3%가 뜨지 않는 달이 있다면 공황의 끝'이라 할 수 있다. 구름 사이로 태양의 빛줄기가 보이면 폭풍의 끝이라고 할 수 있는 것처럼 말이다.

공황이 가장 길게 이어졌던 2000년 닷컴버블로 분석해 보자. 이때
는 숫자만으로는 알 수 없으니 그래프를 봐야 한다.

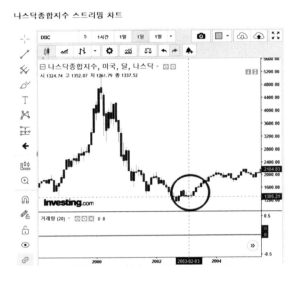

진정한 바닥은 2003년 초반 정도가 아닐까 생각한다. 그러나 이것
도 지나고 나서야 알 수 있다. 저 시점의 투자자는 지금이 바닥인지
아닌지 알 길이 없다. 하지만 역대 공황을 분석해 매뉴얼을 만들었다
면 이야기는 달라진다. 매뉴얼대로 공황의 끝을 확인하고 투자를 시작
하면 되니까 말이다. 자 그러면 이번에도 매뉴얼을 만들어보자. 나스
닥 월간 데이터로 한 달에 몇 번의 -3%가 떴는지 횟수부터 살펴본다.

날짜	등락	월간 −3% 발생 빈도	이벤트
2003년 6월	1.6800	0	닷컴버블 끝
2003년 5월	8.9900	0	닷컴버블
2003년 4월	9.1800	0	닷컴버블
2003년 3월	0.2700	1	닷컴버블
2003년 2월	1.2600	0	닷컴버블
2003년 1월	−1.0900	2	닷컴버블
2002년 12월	−9.6900	1	닷컴버블
2002년 11월	11.2100	0	닷컴버블
2002년 10월	13.4500	1	닷컴버블
2002년 9월	−10.8600	3	닷컴버블
2002년 8월	−1.0100	2	닷컴버블
2002년 7월	−9.2200	4	닷컴버블
2002년 6월	−9.4400	1	닷컴버블
2002년 5월	−4.2900	1	닷컴버블
2002년 4월	−8.5100	1	닷컴버블
2002년 3월	6.5800	0	닷컴버블
2002년 2월	−10.4700	2	닷컴버블
2002년 1월	−0.8400	0	닷컴버블
2001년 12월	1.0300	6	닷컴버블
2001년 11월	14.2200	8	닷컴버블
2001년 10월	12.7700	3	닷컴버블
2001년 9월	−16.9800	4	닷컴버블
2001년 8월	−10.9400	2	닷컴버블
2001년 7월	−6.2100	2	닷컴버블
2001년 6월	2.4000	0	닷컴버블

2001년 5월	−0.2700	3	닷컴버블
2001년 4월	15.0000	4	닷컴버블
2001년 3월	−14.4800	4	닷컴버블
2001년 2월	−22.3900	3	닷컴버블
2001년 1월	12.2300	4	닷컴버블
2000년 12월	−4.9000	6	닷컴버블
2000년 11월	−22.9000	11	닷컴버블
2000년 10월	−8.2500	4	닷컴버블
2000년 9월	−12.6800	1	닷컴버블
2000년 8월	11.6600	0	닷컴버블
2000년 7월	−5.0200	3	닷컴버블
2000년 6월	16.6200	1	닷컴버블
2000년 5월	−11.9100	5	닷컴버블
2000년 4월	−15.5700	6	닷컴버블
2000년 3월	−2.6400	4	닷컴버블
2000년 2월	19.1900	1	닷컴버블
2000년 1월	**−3.1700**	**5**	**닷컴버블 시작**

표를 보면 −3%의 횟수가 없는 달이 중간중간에 보인다. 2000년 8월 과 2001년 6월, 2002년 3월이다. 그런데 이 기간에도 공황은 지속되었 다. 따라서 공황의 끝을 따질 때 −3%가 한 번도 안 뜬 달이 있다고 하 여 공황의 끝이라고 단정할 수 없다. 그러면 공황의 끝은 언제인가?

바로 '공황이 시작되고 −3%가 두 달 연속으로 안 떴을 때'다.

닷컴버블의 경우 2000년 1월에 공황이 시작되어서 2003년 4월, 5 월 두 달 연속으로 −3%가 한 번도 뜨지 않았다. 그래서 공황의 끝은

2003년 6월 첫 거래일이다. 그래프는 이렇게 말한다.

시 4186.19 고 4303.15 저 3711.09 종 1622.80

닷컴버블 시작
2000년 1월

닷컴버블 끝
2003년 6월

'97   1998   1999   2000-01-03   2001   2002   200   2003-06-02 2004   2005   2006   2007

앞의 분석툴로 2008년 금융위기도 분석해 보자.

날짜	등락	월간 −3% 발생 빈도	이벤트
2009년 9월	5.6400	0	금융위기 끝
2009년 8월	1.5400	0	금융위기
2009년 7월	7.8200	0	금융위기
2009년 6월	3.4200	1	금융위기
2009년 5월	3.3200	1	금융위기
2009년 4월	12.3500	1	금융위기
2009년 3월	10.9400	2	금융위기
2009년 2월	−6.6800	3	금융위기
2009년 1월	−6.3800	4	금융위기
2008년 12월	2.7000	3	금융위기

2008년 11월	−10.7700	6	금융위기
2008년 10월	−17.7300	9	금융위기
2008년 9월	−11.6400	5	금융위기 시작

금융위기는 2008년 9월에 시작해서 2009년 7월과 8월 두 달 연속 −3%가 뜨지 않으면서 종료되었다. 그 끝은 2009년 9월이었다. 차트로는 다음과 같다.

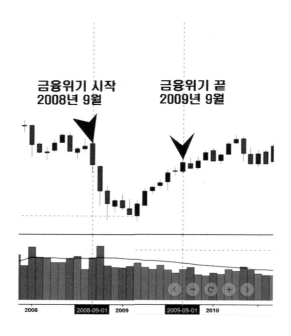

1987년 10월의 블랙먼데이는 어떤 모습이었을까?

날짜	등락	월간 -3% 발생 빈도	이벤트
1988년 4월	1.2300	0	블랙먼데이 끝
1988년 3월	2.1000	0	블랙먼데이
1988년 2월	6.4700	0	블랙먼데이
1988년 1월	4.2900	1	블랙먼데이
1987년 12월	8.2900	0	블랙먼데이
1987년 11월	-5.6100	1	블랙먼데이
1987년 10월	-27.2300	5	블랙먼데이 시작

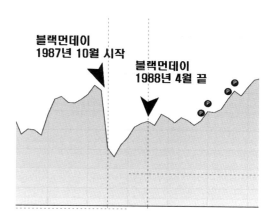

공통점들이 발견되었다. -3%를 대입하면 공황의 끝이 보인다. 그리고 이후 주가는 다시 항해를 시작한다. 공황의 끝을 알리는 빛줄기는 정리하면 다음과 같다.

'-3%가 두 달 연속으로 뜨지 않으면 그 다음 달 첫 거래일이 공황의 끝이다.'

-3% 공포지수 분석

　−3%를 분석하였다. −3%를 공포지수라 한 이유는 나스닥 일간 지수에 −3%가 뜨면 대부분 공황을 예견하거나 또는 공황이거나, 나스닥 월간지수가 심하게 마이너스로 가는 일이 벌어지기 때문이다. 나의 분석은 나스닥 일간지수와 나스닥 월간지수를 바탕으로 하였다.

　나스닥지수인 이유는, S&P500 지수는 우량기업 500개만 추린 지수

이므로 증시 왜곡이 일어날 수 있다. 이와 같은 이유로 다우지수도 분석의 의미가 없다. 나머지 뉴욕지수와 나스닥지수가 있는데 뉴욕지수는 너무 전통적인 기업 위주고 요즘 트렌드에서 조금 빗겨나 있다. 그리고 내가 분석에 활용하는 인베스팅 닷컴에도 뉴욕지수는 1980년대까지의 자료가 빠져 있다.

반면 나스닥지수는 미국을 대표하는 지수이며 최근 트렌드와 맞고, 1980년 자료부터 있어서 신뢰성을 구축하는 데 문제가 없다. 무려 39년을 분석하니 말이다.

분석 기간은 1980년 3월 18일부터 2019년 6월 3일까지다. 날수로 계산하면 9,874일이다. 증시가 열리지 않는 날은 제외했음을 밝힌다.

-3%가 뜬 경우

날짜	등락	딜레이	이벤트
1987년 10월 19일	-11.3500	1	블랙먼데이
2000년 04월 14일	-9.6700	5	닷컴버블
2008년 09월 29일	-9.1400	3	금융위기 시작
1987년 10월 20일	-9.0000	2	블랙먼데이
1987년 10월 26일	-8.9900	2	블랙먼데이 시작
2008년 12월 01일	-8.9500	3	금융위기
1998년 08월 31일	-8.5600	2	X
2008년 10월 15일	-8.4700	4	닷컴버블
2000년 04월 03일	-7.6400	2	닷컴버블
2001년 01월 02일	-7.2300	3	닷컴버블
2000년 12월 20일	-7.1200	1	닷컴버블
2000년 04월 12일	-7.0600	2	닷컴버블
1997년 10월 27일	-7.0200	52	동아시아 금융위기
2011년 08월 08일	-6.9000	2	미국신용등급위기

2001년 09월 17일	−6.8300	3	닷컴버블
2008년 11월 19일	−6.5300	1	금융위기
2001년 03월 12일	−6.3000	6	닷컴버블
2001년 01월 05일	−6.2000	3	닷컴버블
2001년 04월 03일	−6.1700	1	닷컴버블
2001년 03월 28일	−5.9900	6	닷컴버블
2000년 05월 23일	−5.9300	2	닷컴버블
2000년 04월 10일	−5.8100	1	닷컴버블
2008년 10월 07일	−5.8000	2	금융위기
2009년 01월 20일	−5.7800	7	금융위기
2000년 05월 10일	−5.5900	7	닷컴버블
1999년 04월 19일	−5.5700	18	X
2000년 10월 25일	−5.5600	10	닷컴버블
2000년 01월 04일	−5.5500	2	닷컴버블
2008년 11월 05일	−5.5300	1	금융위기
2008년 10월 09일	−5.4700	2	금융위기
2000년 11월 08일	−5.3900	2	닷컴버블
2001년 03월 09일	−5.3500	1	닷컴버블
2000년 11월 10일	−5.3500	4	닷컴버블
2011년 08월 18일	−5.2200	6	미국신용등급위기 시작
2008년 11월 12일	−5.1700	2	금융위기
2011년 08월 04일	−5.0800	2	미국신용등급위기
2008년 11월 20일	−5.0700	5	금융위기
2000년 11월 28일	−5.0500	2	닷컴버블
2000년 11월 20일	−5.0100	2	닷컴버블
2008년 11월 14일	−5.0000	2	금융위기
2001년 02월 16일	−5.0000	1	닷컴버블
2008년 09월 17일	−4.9400	3	금융위기
1998년 10월 05일	−4.8500	2	X
2001년 04월 23일	−4.8100	10	닷컴버블
1998년 10월 01일	−4.8100	2	X
2001년 03월 20일	−4.8000	6	닷컴버블
2008년 10월 22일	−4.7700	2	금융위기
2000년 07월 28일	−4.6600	1	닷컴버블
1998년 08월 27일	−4.6200	2	X
2008년 10월 02일	−4.4800	2	금융위기
1987년 10월 22일	−4.4700	2	블랙먼데이
2018년 10월 24일	−4.4300	10	X
2000년 04월 24일	−4.4300	5	닷컴버블
2001년 02월 20일	−4.4100	5	닷컴버블

2001년 10월 17일	−4.4000	9	닷컴버블
2001년 02월 02일	−4.3900	5	닷컴버블
2001년 02월 27일	−4.3600	3	닷컴버블
2000년 05월 02일	−4.3600	4	닷컴버블
2008년 11월 06일	−4.3400	4	금융위기
2008년 10월 06일	−4.3400	1	금융위기
2000년 12월 19일	−4.3000	1	닷컴버블
1991년 11월 15일	−4.2400	313	소련붕괴
2000년 11월 16일	−4.2200	2	닷컴버블
2009년 02월 10일	−4.2000	4	금융위기
2000년 05월 19일	−4.1900	2	닷컴버블
2002년 07월 23일	−4.1800	2	닷컴버블
2001년 05월 30일	−4.1800	1	닷컴버블
2008년 09월 22일	−4.1700	4	금융위기
1990년 08월 06일	−4.1700	14	X
2009년 02월 17일	−4.1500	4	금융위기
2008년 10월 21일	−4.1400	1	금융위기
2016년 06월 24일	−4.1200	98	중국위기
2010년 05월 20일	−4.1100	11	X
2011년 08월 10일	−4.0900	6	미국신용등급위기
2000년 03월 14일	−4.0900	4	닷컴버블
2018년 10월 10일	−4.0800	10	X
2002년 07월 01일	−4.0600	1	닷컴버블
2000년 11월 22일	−4.0400	3	닷컴버블
2000년 11월 30일	−4.0300	2	닷컴버블
2000년 03월 30일	−4.0200	1	닷컴버블
2009년 03월 05일	−4.0000	3	금융위기
2009년 03월 02일	−3.9900	3	금융위기
2001년 10월 29일	−3.9300	9	닷컴버블
2000년 03월 20일	−3.9200	4	닷컴버블
1996년 07월 15일	−3.9200	2	X
2000년 03월 29일	−3.9100	1	닷컴버블
1999년 02월 09일	−3.9100	3	X
2018년 02월 08일	−3.9000	4	X
2002년 10월 16일	−3.9000	29	닷컴버블
1990년 08월 23일	−3.9000	14	X
2002년 12월 09일	−3.8900	28	닷컴버블
2002년 07월 25일	−3.8900	5	닷컴버블
2011년 11월 09일	−3.8800	28	미국신용등급위기
2009년 04월 20일	−3.8800	16	금융위기

2002년 09월 03일	−3.8800	2	닷컴버블
2000년 01월 06일	−3.8800	2	닷컴버블
2007년 02월 27일	−3.8600	217	X
2000년 05월 08일	−3.8600	2	닷컴버블
2010년 06월 29일	−3.8500	18	X
1987년 10월 16일	−3.8300	1	블랙먼데이
2015년 08월 24일	−3.8200	1	X
2018년 12월 04일	−3.8000	11	X
1999년 09월 23일	−3.7900	47	X
2018년 02월 05일	−3.7800	4	X
2008년 01월 04일	−3.7700	22	X
2000년 01월 28일	−3.7700	4	닷컴버블 시작
2001년 09월 20일	−3.7200	1	닷컴버블
2000년 12월 13일	−3.7200	1	닷컴버블
2009년 02월 23일	−3.7100	4	금융위기
2008년 12월 11일	−3.6800	17	금융위기
2009년 01월 14일	−3.6700	3	금융위기
2001년 01월 25일	−3.6700	6	닷컴버블
1986년 09월 11일	−3.6700	279	X
2003년 03월 24일	−3.6600	34	닷컴버블
2001년 06월 14일	−3.6600	12	닷컴버블
2001년 07월 06일	−3.6500	2	닷컴버블
2000년 07월 27일	−3.6500	1	닷컴버블
2010년 06월 04일	−3.6400	11	X
1993년 02월 16일	−3.6400	316	X
2002년 08월 01일	−3.6300	2	닷컴버블
2001년 04월 06일	−3.6200	3	닷컴버블
1995년 07월 19일	−3.6100	121	X
2008년 09월 15일	−3.6000	2	금융위기
1987년 11월 30일	−3.5700	23	블랙먼데이
2001년 02월 09일	−3.5600	5	닷컴버블
2008년 10월 14일	−3.5400	1	금융위기
1998년 08월 04일	−3.5400	20	X
2015년 08월 21일	−3.5200	1	X
1980년 12월 08일	−3.5200	21	X
1999년 02월 12일	−3.4800	3	X
1999년 07월 20일	−3.4700	47	X
2010년 05월 06일	−3.4400	11	X
2000년 10월 10일	−3.4300	10	닷컴버블
2019년 05월 13일	−3.4100		X

2016년 01월 13일	−3.4100	5	중국위기
2000년 12월 29일	−3.4100	1	닷컴버블
2002년 08월 05일	−3.3600	18	닷컴버블
1998년 01월 09일	−3.3600	52	X
2009년 06월 22일	−3.3500	27	금융위기
2001년 05월 29일	−3.3500	1	닷컴버블
2001년 05월 03일	−3.3500	9	닷컴버블
2003년 01월 17일	−3.3400	4	닷컴버블
2002년 02월 21일	−3.3400	2	닷컴버블
2000년 12월 14일	−3.3400	1	닷컴버블
1999년 02월 04일	−3.3400	3	X
2008년 06월 26일	−3.3300	49	X
2003년 01월 24일	−3.3200	4	닷컴버블
1998년 11월 30일	−3.3200	11	X
2011년 10월 03일	−3.2900	6	미국신용등급위기
2002년 06월 03일	−3.2900	21	닷컴버블
2000년 01월 24일	−3.2900	4	닷컴버블
1981년 01월 07일	−3.2900	21	X
2002년 07월 02일	−3.2800	15	닷컴버블
2001년 08월 17일	−3.2800	12	닷컴버블
2016년 02월 05일	−3.2500	17	중국위기
2011년 09월 22일	−3.2500	6	미국신용등급위기
2001년 12월 20일	−3.2500	6	닷컴버블
2001년 09월 21일	−3.2500	1	닷컴버블
1996년 01월 09일	−3.2500	121	X
2009년 01월 29일	−3.2400	7	금융위기
2009년 01월 07일	−3.2300	5	금융위기
2008년 10월 24일	−3.2300	8	금융위기
2001년 12월 13일	−3.2300	6	닷컴버블
2000년 12월 06일	−3.2300	6	닷컴버블
2000년 07월 05일	−3.2300	7	닷컴버블
2008년 09월 04일	−3.2000	6	금융위기
2002년 09월 05일	−3.2000	2	닷컴버블
2000년 10월 06일	−3.2000	2	닷컴버블
1998년 10월 07일	−3.2000	2	X
1988년 01월 08일	−3.2000	28	블랙먼데이
2000년 10월 03일	−3.1700	3	닷컴버블
2000년 01월 11일	−3.1700	3	닷컴버블
2002년 08월 27일	−3.1600	4	닷컴버블
2000년 04월 11일	−3.1600	1	닷컴버블

2001년 07월 10일	−3.1500	2	닷컴버블
2008년 12월 04일	−3.1400	4	금융위기
2002년 04월 02일	−3.1300	28	닷컴버블
2000년 09월 06일	−3.1300	19	닷컴버블
2000년 06월 22일	−3.1300	7	닷컴버블
2010년 07월 16일	−3.1100	13	X
2001년 04월 02일	−3.1100	1	닷컴버블
2014년 04월 10일	−3.1000	345	X
1989년 10월 13일	−3.0900	205	X
2008년 02월 05일	−3.0800	22	X
1998년 12월 14일	−3.0700	11	X
2009년 10월 01일	−3.0600	72	X
2018년 12월 07일	−3.0500	2	X
2003년 09월 24일	−3.0500	128	X
1999년 03월 23일	−3.0500	18	X
1996년 07월 11일	−3.0500	2	X
2019년 01월 03일	−3.0400	18	X
2015년 09월 28일	−3.0400	71	X
2001년 05월 23일	−3.0400	3	닷컴버블
2018년 11월 19일	−3.0300	19	X
2016년 01월 07일	−3.0300	5	중국위기
2001년 09월 06일	−3.0300	3	닷컴버블
2001년 08월 08일	−3.0300	7	닷컴버블
2002년 02월 19일	−3.0200	2	닷컴버블
2000년 02월 18일	−3.0200	16	닷컴버블
2010년 08월 11일	−3.0100	19	X
2009년 05월 13일	−3.0100	27	금융위기
2002년 05월 10일	−3.0100	14	닷컴버블
2001년 03월 02일	−3.0100	5	닷컴버블

지난 40여 년의 기간 중 −3%가 뜬 날은 9,874일 중 204일이었다. 일어날 확률은 약 2.06%다. 1년으로 따지면 약 7일 정도에 해당한다. 언뜻 보면 자주 일어나는 것 같지만 집중적으로 발생한 닷컴버블, 금융위기, 블랙먼데이 등을 제외하면 −3%가 한 번도 뜨지 않았던 해도 많았다. 그러니 분명 자주 일어나는 일은 아니다. 이 말은 곧 −3%가

떴다면 위험하다는 의미다.

표를 보면 날짜, 등락률, 딜레이, 이벤트로 구성하였다. 날짜는 −3%가 뜬 날짜, 등락률은 하루에 얼마나 떨어졌는지이다. 딜레이는 −3% 이상 발생하고 다음번 발생한 날짜가 얼마나 빨리 왔는지를 나타낸다. 예를 들어 1이라면 1일 후에 다시 −3%가 떴다는 뜻으로 거래일로 보면 오늘 내일 연속으로 떴다는 말이다. 만약 금요일이라면 금요일에 −3%가 뜨고 그 다음 주 월요일에 −3%가 떴다면 이것도 1일로 친다. 장이 열리지 않는 주말은 분석일에서 제외한다. 이벤트는 공황이나 특별한 일이 있을 때를 기준으로 써 놓았다.

만약에 딜레이가 X, 이벤트 X라면 갑자기 −3%가 뜬 경우이다. 물론 찾아보면 1등 주식 어닝 쇼크 등의 이유가 있을 테지만, 그것까지 분석할 필요는 없다. 공황으로 치닫지 않고, 단발로 끝나기 때문이다.

이제 본격적으로 분석해 보자.

−3%가 뜨고 22 거래일(한 달)이 지나도 더 이상 −3%가 올라오지 않는다면 위기는 거의 끝났다고 봐도 된다.

날짜	등락	딜레이	이벤트
1987년 11월 30일	−3.5700	23	블랙먼데이
2009년 05월 13일	−3.0100	27	금융위기
2009년 06월 22일	−3.3500	27	금융위기
1988년 01월 08일	−3.2000	28	블랙먼데이
2002년 04월 02일	−3.1300	28	닷컴버블
2002년 12월 09일	−3.8900	28	닷컴버블
2002년 10월 16일	−3.9000	29	닷컴버블

2003년 03월 24일	−3.6600	34	닷컴버블
1999년 07월 20일	−3.4700	47	X
1999년 09월 23일	−3.7900	47	X
2008년 06월 26일	−3.3300	49	X
1997년 10월 27일	−7.0200	52	동아시아 금융위기
1998년 01월 09일	−3.3600	52	X
2015년 09월 28일	−3.0400	71	X
2009년 10월 01일	−3.0600	72	X
2016년 06월 24일	−4.1200	98	중국위기
1995년 07월 19일	−3.6100	121	X
1996년 01월 09일	−3.2500	121	X
2003년 09월 24일	−3.0500	128	X
1989년 10월 13일	−3.0900	205	X
2007년 02월 27일	−3.8600	217	X
1986년 09월 11일	−3.6700	279	X
1991년 11월 15일	−4.2400	313	소련붕괴
1993년 02월 16일	−3.6400	316	X
2014년 04월 10일	−3.1000	345	X

−3%가 뜬 204건 중 22거래일(한 달)을 넘어서 −3%가 뜨는 경우는 17일뿐이다. 22일을 넘더라도 거의 금융위기, 닷컴버블 등 위기상황과 겹친다. 그런 공황을 제외하고 특별한 이벤트 없이 단독으로 뜬 경우는 거의 22일(약 한 달)을 넘지 않는다. 왜냐하면 22거래일이 지나고 나서 이벤트(공황) 없이 가장 빠른 달은 47거래일 이후인데 이 정도 되면 거래일 특성상 공휴일 등을 제외하면 거의 3달 정도다.

그런데 3달이라는 시간은 한 분기이므로 다음분기로 넘어가면 그것은 다음분기에 1등이 어닝 쇼크가 났을 수도 있다. 공황이 아닌 다른 이유가 될 가능성이 크다. 그러므로 −3%가 뜨고 한 달이 지나면 거의 39년 동안 예외 없이 안전했다는 얘기다. 물론 공황을 제외하고 말이다.

공황은 −3%가 두 달 연속으로 안 떴을 경우 끝이라고 정의한 바 있다. −3%가 뜨고 2달을 기다려야 한다. 하지만 공황 확정이 아니라면 두 달이 아닌 한 달만 기다리면 된다.

즉 −3%가 최초로 뜨고 더 이상 −3% 없이 한 달이 지났다면 위기는 거의 지나갔다고 볼 수 있다. 위기상황에서 90% 이상은 −3%가 뜨고 한 달 안에 다시 −3%가 떴었다. 그러니 −3%가 뜨고 한 달이 지났는데 다시 −3%가 뜨지 않았다면 그것은 위기가 지났다고 봐도 된다.

공황이 아닌 상황에서 −3%의 의미를 매뉴얼로 만들 수 있다. 정리하면,

−3%가 뜨고 22거래일(약 30일)이 지나도 더 이상 −3%가 뜨지 않는다면 위기는 거의 끝났다고 봐도 된다.

2008년 금융위기는
어떻게 시작되었는가?

사회주의에서 부족한 것은 수요가 아니라 공급이다. 자본주의와는 정반대 현상이다. 사회주의에서 공급이 부족한 이유는 사람이 욕심을 부릴 동기가 없기 때문이다. 자기 것이 아닌데 열심히 할 이유가 없지 않은가? 열심히 해서 결과물을 얻어도 세금으로 다 떼어 가는데 더 이상 열심히 할 이유가 없지 않은가? 그래서 항상 공급은 부족하고 수요는 많다. 물자부족이 일상화다. 그래서 사람들은 자본주의가 결점이 많음에도 불구하고 선호하는 것이다.

자본주의 결점이라고 했는데, 그 결점이란 무엇인가? 대표적으로 호황과 불황(공황)의 반복이다. 할 만하면 불황이 닥쳐서 맥이 빠지게 만든다. 애써 쌓아온 공든탑을 하루아침에 무너뜨려 놓는다.

자본주의에서 공황과 호황이 반복되는 이유는 다음 3가지다. 공황의 이유와 호황의 이유는 같다.

욕심(Greed)

낙관론(Optimism)

군중심리(Herd mentality)

먼저 욕심(Greed)이란, 사돈이 땅을 사면 배가 아프다는 데서 출발한다. 나랑 다를 것 없어 보이는 친구가 부자가 되는 과정을 지켜보는 것만큼 자신을 괴롭히는 일도 없다. 이처럼 욕심이란 비교하는 마음에서 잉태된다. 사람은 욕심이 한번 생기면 그 다음부터는 욕심을 부리게 되어 있다.

낙관론(Optimism)을 보자. 2000년 닷컴버블을 예측한 펀드 매니저는 지금 이 상황이 비정상적이라고 생각했다. 그래서 주식을 사지 않았다. 하지만 그는 닷컴버블이 진행되는 동안 해고를 당했다. 결국 닷컴버블이 붕괴되었으니 이를 예측하여 대처를 잘한 그 펀드매니저는 다시 취직이 되었을까? 아니다. 그는 실업자 신세를 벗어나지 못했다. 비관론자는 펀드매니저로서 적당하지 않다. 대학에서 교수를 하는 편이 낫다.

마지막 군중심리(Herd mentality)다. 풀숲에서 후드득하는 소리가 들린다. 풀을 뜯던 사슴은 어떻게 해야 할까? 일단 도망이다. 왜냐하면 남들도 뛰기 때문이다. 같이 뛰면 즐겁다. 그리고 운동도 된다. 혹시 후드득하던 숲 뒤에 토끼가 있었어도 괜찮다. 안전하다면 다시 와서 풀을 뜯어도 손해가 아니다. 그러나 만약 풀 뒤에 사자가 있었다면 사슴은 사자의 먹이감이 되었을 것이다. 그러니 뛰지 않는 사슴은 이 세상에 유전자를 뿌리내릴 수 없다.

이 세 가지가 공황과 호황을 유발한다.

사람들은 왜 휴식 없이 100시간씩 죽도록 일해 놓고, 그렇게 번 돈을 쓰지도 않고 저축을 할까? 왜 사람들은 실패 확률이 95%나 되는 사업을 하는가? 이유는 분명하다. 모두 부자가 되고 싶기 때문이다. 이처럼 모험심 강한 사람이 많은 나라는 성공하고 개인도 성공한다.

대항해 시대를 열었던 나라인 영국은 세계를 제패했고, 스스로 배를 불태우고 스스로를 안에 가뒀던 청나라는 식민지가 되었다. 한국도 큰일이다. 너도 나도 사업이 아닌 공무원이나 의사가 되려는 나라이기 때문이다.

지금이 호황인지 아니면 불황인지 아는가? 그러면서 투자는 투자대로 계속하고 있지 않은가? 어쩌면 무책임·무대응의 자세로 말이다. 어쨌든 투자는 지속되어야 하고, 위험을 피해가려면 앞서 소개한 불황의 시그널을 감지할 수 있어야 한다. 그리하여 시그널이 감지되면 그때 우리는 사슴처럼 뛰면 된다. 호황도 시그널을 준다. 그때는 풀을 뜯으면 된다.

2008년 금융위기는 월가의 탐욕 때문에 일어난 일이다. 탐욕을 먹고 버블은 성장했고, 그 끝이 바로 금융위기였다. 여기서 버블이 만들어지는 과정과 위기의 시작 상황, 원인 등을 살펴보자.

2008년 금융위기를 설명하기 위해서는 브레튼우즈 2가설을 들고 와야 한다. 브레튼우즈 2가설이란, 2008년 금융위기는 중국의 미국 재무성 채권(이하 미국국채 : US Treasury) 대량 매입과 관련이 있다는 설이다.

중국의 미국 국채 대량매입설을 설명하기 전에 채권의 가격 형성을 보자. 채권의 가격과 수익률은 반비례 관계다. 채권 가격이 떨어지면 수익률이 오르고 채권 가격이 올라가면 수익률이 떨어진다. 중국이 미국 국채를 대량 매입했다. 따라서 미국 국채의 가격은 올라가고 수익률은 떨어지게 된다.

중국이 미국 국채를 대량 매입한 이유는 미국에 대한 막대한 무역흑자 때문이었다. 무역에서 대량의 흑자가 나면 위안화 절상이 예상된다. 무역흑자로 막대한 달러가 중국으로 들어오면 위안화가 올라가지 않는가? 그런데 만약 이 달러가 들어오면 중국은 큰 어려움에 빠진다. 왜냐하면 중국은 제조업 대국이 아닌가? 그런데 달러가 들어오면 달러가 흔해진다. 달러가 흔해지면 상대적으로 위안화의 가치가 올라간다. 그러면 수출이 잘 되겠는가? 아니다. 절대 안 된다. 그래서 있는 힘을 다해 자국 돈의 가치를 내리려고 하는 것이다.

이런 문제에 직면한 중국은 적극적으로 미국 국채를 사게 되었고, 미국 국채의 수익률은 이 당시 3.9%까지 떨어지게 되었다. 사상 최저 수준이었다.

그런데 말이다. 미국 국채와 미국 모기지율(주택 담보대출 이자율)은 연동되어 있다. 따라서 주택 모기지 이자도 덩달아 사상 최저로 떨어진다. 그러자 사람들은 너도 나도 주택을 사게 되었고 이것이 거대한 유동성을 만들어내고 결국 금융위기를 촉발하였다.

이것이 브레튼우즈체제 2의 가설이다. 그러나 사실은 더 큰 원인이 있었다. 바로 아들 부시와 앨런 그린스펀 간 모종의 거래 때문이라는 것이다. 이들이 꾸민 모종의 거래란 무엇일까?

2000년 닷컴버블이 일어나기 전 1차 산업혁명은 방직기, 방적기 혁명이었고, 2차 산업혁명은 전기혁명, 3차 산업혁명은 컴퓨터로 인한 자동화혁명이었다. 컴퓨터는 산업의 공정을 효율적으로 만들었고, 엄청난 생산성 향상을 불러왔다. 예를 들어 이전에는 프레젠테이션 시 큰 종이에 차트와 도표를 그려서 설명해야 했다. 그러나 마이크로소프트의 PPT로 인해 작업시간이 혁신적으로 줄었고 한 사람이 여러 사람의 작업분을 충분히 감당할 수 있게 되었다. 공장에서의 작업공정은 말할 것도 없다.

자동화혁명으로 국가의 GDP는 크게 성장했고, 실업률도 줄어들었다. 그럼에도 불구하고 인플레이션이 일어나지 않았다. 닷컴버블은 비이성적으로 과열되었으며, 결국 폭락으로 종결되었다.

1996년 12월 5일 저녁, 앨런 그린스펀 의장은 한 모임에 참석, '비이성적 과열(irrational exuberance)'이라는 유명한 말을 남겼다. 컴퓨터에 의한 혁신적인 생산성 향상에도 불구하고 끝없이 오를 수는 없다는 의미였다. 2000년 아들 부시가 대통령에 당선되었고, 이는 닷컴버블이 붕괴된 해와 일치한다.

2000년 말 대선에서 승리한 조지 W 부시(아들 부시)는 닷컴 버블의 폭락을 보았다. 아버지 부시 이야기로 거슬러 올라가, 아버지 부시는 이라크전에서 승리했음에도 불구하고 미국의 경기침체(6개월 연속 GDP 마이너스 발생)를 경험해야 했다. 그는 경기침체를 당시 연준 의장이었던 그린스펀의 대처가 잘못이었기 때문이라고 탓을 돌렸다. 그린스펀은 금리를 너무 늦게 내렸고 미국은 더욱 깊은 경기침체에 빠졌다. 결국 민주당 클린턴 후보는 '바보야, 문제는 경제야'라는 구호로 당선되었다.

아들 부시는 아버지 부시처럼 닷컴버블의 붕괴로 재선에 실패할 수도 있다는 두려움을 갖게 되었다. 그래서 아들 부시는 앨런 그린스펀의 재선을 약속했고, 대신 금리를 사상 최저로 낮춰줄 것을 요구 및 거래하였다.

이 때부터 미국 금리는 빠른 속도로 떨어진다. 6.5%에서 시작한 미국채 금리는 2001년 1월부터 2001년 11월까지 매월 0.5%씩 떨어져 연 2%에 도달하였다. 연 2%는 실질금리가 마이너스다. 미국의 인플레이션이 연 3% 수준이었기 때문이다.

결국 미국국채금리(2%) − 미국의 인플레이션(3%) = 실질금리 −1%가 되었던 것이다. 그리고 그린스펀은 2004년까지 금리를 추가로 인하하여 1% 수준에서 유지했다.

그러자 미국의 주택과 자동차 시장에 거대한 버블이 만들어졌다. 2005년 4월 주택매매건수는 4.5% 증가했고, 단독주택은 평균 15% 상승했으며 콘도미니엄 가격도 18% 상승하였다. 이에 미국의 투자은행은 갈 곳 없는 유동자금을 부동산 쪽으로 돌린다. 이때 나온 것이 바로 CDOs[부채 담보부 증권(Collateralized Debt Obligation, CDO)이란 금융기관이 보유한 대출채권이나 회사채 등을 한데 묶어 유동화시킨 신용파생상품]다.

본래 CDOs는 전혀 위험한 상품이 아니다. 프라임 모기지를 넣었기 때문에 디폴트가 날 상황이 아니었다. 그런데 여기에 서브 프라임 모기지(비우량 주택대출 상품)라는 불량 상품을 투자은행에서 끼워 넣으면서 문제가 생긴다.

〈빅쇼트〉라는 영화를 보면 주인공이 집이 다섯 채 있는 사람을 찾아가는 장면이 나온다. 그런데 그 사람은 다름 아닌 스트리퍼(옷 벗고 춤을 추는 여자)였다. 그래서 깜짝 놀란 주인공이 도대체 어떻게 집을 샀냐고 물어보자, 여자는 대출을 110% 받아서 10%로 이자를 내고 집값이 오르면 되팔 것이라 얘기했다. 이 이야기를 들은 주인공은 버블이 터질 것을 직감한다.

그러면 왜 CDOs에 프라임 모기지가 아닌 서브 프라임 모기지(비우량 모기지 대출)가 다수 섞이게 되었을까? 서브 프라임 모기지 상품이 CDOs에 들어간다면 신용등급이 좋을 리가 없다. 그런데 아이러니 하게도 서브 프라임 모기지 대출이 낀 CDOs가 폭발적으로 팔려 나갔다. 이유는 미국 신용평가시장의 85%를 장악한 S&P, 무디스와 거래를 통해 CDOs에 신용평가 최고 등급을 제공하였기 때문이다.

이에 미국의 부동산과 주식은 기록적으로 상승한다. 이에 놀란 앨런 그린스펀은 2006년부터 2007년까지 다시 금리를 올리기 시작하지만 이미 때는 늦었다. 버블이 엄청나게 끼어버린 상태였다. 이때 2007년 2번에 걸쳐 장단기 금리차가 역전되기 시작한다. 장단기 금리차의 역전은 2008년 금융위기를 1년 앞서 예견했다.

결국 신용평가기업의 도덕적 해이와 투자은행의 탐욕 그리고 아들 부시 대통령과 앨런 그린스펀 Fed 의장의 뒷거래가 합쳐져 커다란 버블을 만들고 그 버블이 꺼지면서 2008년 금융위기가 발생했고 기록적인 폭락으로 종결되었던 것이다.

공황 시 주식도 싸게 사고, 환전도 하여 부자 되기 1
- 2008년 금융위기

앞서 공황 매뉴얼을 제시했다. 나스닥 일간지수 기준 한 달 동안 −3%가 4번 뜨면 공황이다. 4번째 뜨는 날이 공황 확정일이다. 보유한 주식은 이미 모두 처분한 상태다(첫 −3%에 일단 주식을 팔기 때문). 주식을 팔고 현금만 보유해야 할까? 이 상황에서 자산을 불릴 방법은 없는가? 있다. 달러를 원화로 바꾸면 된다.

일단 공황이 시작되면 공황이 끝나기까지 1년이 걸리기도 하고 2000년 닷컴버블은 3년이 걸렸다. 이 기간 동안 현금이 잠자도록 방치해서는 안 된다. 다이나믹하게 투자해야 하는데, 바로 달러를 치솟는 원화로 바꿨다가 공황이 끝나면 다시 달러로 바꾼다. 그러니까 공황이 시작되면 기다렸다가 달러를 원화로 바꾼 다음(구체적인 방법은 뒤에 설명한다), 공황이 끝나는 날로 정의한 두 달 연속으로 나스닥 일간지수 −3%가 하루도 안 뜨면 다시 달러로 바꾸어 주식을 산다. 주식으로 수익을 낼 수는 없지만, 2번의 환전으로 그에 못지않은 수익이 가능하다.

2008년 금융위기

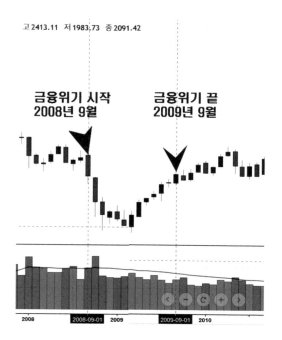

고 2413.11   저 1983.73   종 2091.42

금융위기 시작
2008년 9월

금융위기 끝
2009년 9월

날짜	등락	월간 -3% 발생 빈도	이벤트
2009년 9월	5.6400	0	금융위기 끝
2009년 8월	1.5400	0	금융위기
2009년 7월	7.8200	0	금융위기
2009년 6월	3.4200	1	금융위기
2009년 5월	3.3200	1	금융위기
2009년 4월	12.3500	1	금융위기
2009년 3월	10.9400	2	금융위기
2009년 2월	−6.6800	3	금융위기
2009년 1월	−6.3800	4	금융위기
2008년 12월	2.7000	3	금융위기
2008년 11월	−10.7700	6	금융위기
2008년 10월	−17.7300	9	금융위기
2008년 9월	−11.6400	5	금융위기 시작

공황은 2008년 9월 시작되어 2009년 9월 첫 거래일에 끝났다. 2009
년 7월과 8월에 −3%가 한 번도 안 떴기 때문이다. 그러면 금융위기
시 달러를 원화로 환전하고, 금융위기가 끝났던 2009년 9월에 원화를
달러로 환전하면 된다. 좀더 구체적인 날짜로 확인해 보자.

날짜	등락	-3% 발생 횟수	이벤트
2008년 09월 22일	−4.1700	4	금융위기 시작
2008년 09월 19일	3.4000		
2008년 09월 18일	4.7800		
2008년 09월 17일	−4.9400	3	금융위기

2008년 09월 16일	1.2800		
2008년 09월 15일	−3.6000	2	금융위기
2008년 09월 12일	0.1400		
2008년 09월 11일	1.3200		
2008년 09월 10일	0.8500		
2008년 09월 09일	−2.6400		
2008년 09월 08일	0.6200		
2008년 09월 05일	−0.1400		
2008년 09월 04일	−3.2000	1	금융위기
2008년 09월 03일	−0.6600		
2008년 09월 02일	−0.7700		

2008년 금융위기 당시 9월 4일 −3.2%를 시작으로 9월 22일에 −4.7%가 뜨면서 4번째 −3%가 발생했고, 공황이 확정되었다. 하지만 투자자는 공황이 확정되는 날까지 기다리지 않는다. 매뉴얼에 의하면 −3%가 뜨는 즉시 모든 주식을 매각한다. 1등 주식이라도 말이다. 그리고 한 달을 기다린다. 그런데 한 달을 기다리던 와중에 무려 4번의 −3%가 떴다. 그러니 2008년 금융위기로 돌아가서 투자를 했다 하더라도 금융위기 자체를 겪지 않는다.

그리고 2009년 7월, 8월 연속으로 −3%가 안 뜨면서 9월 첫 거래일이 금융위기 끝이 되었다.

날짜	등락	월간 -3% 발생 빈도	이벤트
2009년 9월	5.6400	0	금융위기 끝
2009년 8월	1.5400	0	금융위기
2009년 7월	7.8200	0	금융위기

　7월과 8월에 −3%가 더 이상 뜨지 않았고, 9월 첫 거래일에 비록 −2%로 하락했지만 −3%는 넘지 않았기 때문에 금융위기는 종결되었다. 따라서 9월 1일(거래일 기준으로는 9월 2일이다)이 공황의 끝이며, 이 때의 공황은 1년 동안 진행되었다.

2009년 09월 01일	−2.0000		금융위기 끝

　당시 시가총액 1등은 에너지 기업인 엑손모빌이었다. 공황이 확정된 2008년 9월 22일과 관계없이 매뉴얼에 의하면 −3%가 뜨는 첫날인 9월 4일에 엑손모빌을 전부 팔았으므로 9월 4일이 중요하다. 이날 엑손모빌의 가격은 76.14달러다.

날짜	주가	등락
2008년 09월 30일	77.66	4.8600
2008년 09월 29일	74.06	−8.1700
2008년 09월 26일	80.65	−0.0200
2008년 09월 25일	80.67	3.3800
2008년 09월 24일	78.03	0.4400

2008년 09월 23일	77.69	−1.5100
2008년 09월 22일	78.88	−0.9200
2008년 09월 19일	79.61	2.3900
2008년 09월 18일	77.75	3.2800
2008년 09월 17일	75.28	−1.5000
2008년 09월 16일	76.43	4.3400
2008년 09월 15일	73.25	−5.4800
2008년 09월 12일	77.5	2.5700
2008년 09월 11일	75.56	0.4100
2008년 09월 10일	75.25	2.7200
2008년 09월 09일	73.26	−4.5700
2008년 09월 08일	76.77	1.5200
2008년 09월 05일	75.62	−0.6800
2008년 09월 04일	76.14	−2.4100
2008년 09월 03일	78.02	0.9100

　　나스닥 일간지수가 −3%인 날이 하루도 없었던 2달 연속의 다음달 1일을 기준으로 한다. 9월 첫 거래일의 엑손모빌 주가를 보자.

날짜	주가	등락
2009년 09월 30일	68.61	−0.6700
2009년 09월 29일	69.07	−0.7500
2009년 09월 28일	69.59	1.3000
2009년 09월 25일	68.7	−0.3300
2009년 09월 24일	68.93	−0.1000

2009년 09월 23일	69	−1.1900
2009년 09월 22일	69.83	0.3700
2009년 09월 21일	69.57	−0.6000
2009년 09월 18일	69.99	0.2100
2009년 09월 17일	69.84	−0.7100
2009년 09월 16일	70.34	1.2200
2009년 09월 15일	69.49	−0.7300
2009년 09월 14일	70	0.0300
2009년 09월 11일	69.98	−0.9500
2009년 09월 10일	70.65	0.2100
2009년 09월 09일	70.5	−0.2100
2009년 09월 08일	70.65	2.1200
2009년 09월 04일	69.18	1.3500
2009년 09월 03일	68.26	0.1200
2009년 09월 02일	68.18	−0.3400

　이날 엑손모빌의 주가는 68.18달러였다. 결과적으로 76.14달러에
팔아서 68.18달러에 다시 산 것이다. 금액으로는 7.96달러, 수익률로
는 10.4% 싸게 샀다. 큰 수익률은 아니지만 공황을 지나오면서도 주
식을 더 싸게 샀다는 데 의미가 있으며, 무엇보다 주식이 떨어질 때
오르내리며 떨어지므로 이 때 패닉에 빠져 돈을 잃지 않았다는 사실이
중요하다. 보통 이런 구간에서 투자자들은 공포에 질려서 떨어지면 팔
고 오르면 본전 생각나서 사고 다시 떨어지면 공포에 팔고 오르면 사
고를 반복한다. 이 과정에서 자산이 빠른 속도로 줄어든다. 심지어 모

든 자산을 잃을 수도 있다. 따라서 공황 매뉴얼만 들고 있다면 이처럼 비정상적인 주식투자의 피해로부터 안전할 수 있다.

환전의 실제 효과는 어느 정도였는지도 자세히 살펴보자.

금융위기의 시작일인 2008년 9월 22일 달러당 원화 환율은 1137.61 원이었다. 금융위기가 시작되었지만 환율이 곧바로 치솟지는 않았다. 공황이 확정되자마자 달러를 원화로 바꾸면 수익을 낼 기회를 가질 수 없다. 기다려야 한다. 기다렸다가 달러 가치가 극대화되는 시점에서 바꾸는 것이 이익이다.

그날은 2009년 3월 5일이다. 이날 환율은 1569.42원이었다. 달러를 원화로 바꿔야 하는 날은 바로 이날이다. 하지만 이 시점을 아는 것은 불가능하다. 다만 공황으로 인해 환율이 심하게 요동칠 것이라는 감은 잡을 수 있다. 1997년 IMF 때는 원화는 달러당 2000원까지 치솟았다.

어느 정도 감은 잡을 수 있지만, 어디까지 환율이 치솟을지 모르는 상황에서 어떻게 환율을 짐작할 수 있을까? 방법은 이렇다. 일단 첫 번째 피크가 오면 지나가기를 기다린다. 그리고 두 번째 피크가 오면 그 때 비슷한 시점에서 사는 방법이다. 시간이 지나고 보니 두 번째 피크가 환율의 최고점은 아니었다. 하지만 좋은 가격에 환전을 한 것은 틀림없는 사실이다.

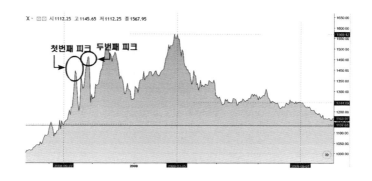

최고 시점에 사려고 해서도 안 되고, 최고 시점이 언제인지도 알 수 없다. 매뉴얼을 만들어 적당한 시점에 환전하면 된다. 첫 번째 피크를 기준으로 잡고 어느 정도가 피크인지를 감을 잡은 다음 첫 번째 피크 지점과 비슷하게 원화 환율이 올라오면 사는 것이다.

금융위기가 끝나는 날은 2009년 9월 1일이었고, 이날 환율은 달러 당 1137.61이었다. 수익률은 약 20.7% 정도였다. 수익을 내고 다시 달러로 바꾸면 된다.

6장

공황 시 주식도 싸게 사고, 환전도 하여 부자 되기 2
- 2000년 닷컴버블

닷컴버블 때 1등 주식을 팔고 환전까지 했다면 수익은 어땠을까?

닷컴버블의 시작은 언제인가? 2000년 1월 24일이다. 이날 한 달 -3% 이상이 4번째 뜬 날이었다.

날짜	등락	-3% 이상 발생 횟수	이벤트
2000년 01월 31일	1.3700		
2000년 01월 28일	-3.7700	5	닷컴버블
2000년 01월 27일	-0.7500		
2000년 01월 26일	-2.3400		
2000년 01월 25일	1.7400		
2000년 01월 24일	-3.2900	4	닷컴버블 시작
2000년 01월 21일	1.1000		
2000년 01월 20일	0.9200		
2000년 01월 19일	0.5000		
2000년 01월 18일	1.6400		
2000년 01월 14일	2.7100		
2000년 01월 13일	2.7800		
2000년 01월 12일	-1.8200		
2000년 01월 11일	-3.1700	3	닷컴버블
2000년 01월 10일	4.3000		
2000년 01월 07일	4.1700		
2000년 01월 06일	-3.8800	2	닷컴버블
2000년 01월 05일	-0.6200		
2000년 01월 04일	-5.5500	1	닷컴버블
2000년 01월 03일	1.5200		

당시 시가총액 1등은 GE였다. GE를 판 날은 2000년 1월 4일이다.

−3% 이상이 떨어졌으니 일단 팔고 한 달을 기다리던 와중에 공황이 확정되었을 것이다.

2000년 01월 04일	48	−4.00%

처음으로 −3%가 떴던 날 GE의 종가는 48달러였다. 투자자는 48달러에 GE를 팔았다. 닷컴버블의 끝은 그로부터 3년 후인 2003년 6월 첫 거래일이었다.

날짜	월간 등락	월간 −3% 발생 빈도	이벤트
2003년 6월	1.6800	0	닷컴버블 끝
2003년 5월	8.9900	0	닷컴버블
2003년 4월	9.1800	0	닷컴버블

2003년 06월 02일	29	1.0500

첫 거래일인 2003년 6월 2일 1등 주식 GE의 주가는 29달러였다. 48달러에 팔고 다시 29달러에 산 것이다. 무려 39% 싸게 살 수 있었다. 그런데 이게 다가 아니다. 알다시피 하나가 더 있다.

닷컴버블 공황은 2000년 1월부터 2003년 6월까지다. 이 기간 동안 돈을 놀려야 하나? 당연히 아니다. 환전을 했다면 얼마나 벌었을지 살펴보자.

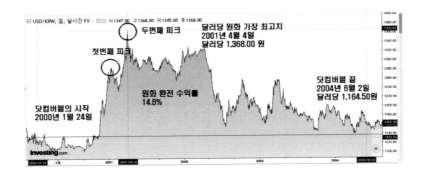

첫 번째 피크에는 일단 기다렸다가 두 번째 피크가 왔을 때 첫 번째 피크를 염두에 두고 비슷한 가격에 바꾸면 된다. '아! 이 정도 올랐구나. 또 다시 비슷한 가격이 오면 사야지'하고 마음을 먹고 있다가 다시 랠리가 오면 첫 번째 피크와 비슷한 가격에 산다. 이 때는 주식에 투자할 때처럼 환율을 예의주시해야 한다. 당시 두 번째 피크는 2001년 4월 4일 1,368원이었다. 물론 이날 환전을 했다면 운 좋은 사람이지만, 어쨌든 이날 환전을 했다고 가정해 보자.

이익은 14.8%가 나온다. 닷컴버블 공황이 시작되면서 GE를 매도한 후 닷컴버블이 끝났을 때 다시 매수하면서 거둔 수익은 39%였다. 두 개의 수익을 합하면 무려 53.8%다. 남들이 공황을 만나 반토막이 날 때 매뉴얼을 따른 투자자는 50%를 번 셈이다. 보다 정확히 말해 50% 수익을 거둔 효과를 봤다고 할 수 있다.

7장

공황을 피하는 방법_
1987년 블랙먼데이 때도 적용되는가

1987년 발생한 블랙먼데
이는 기록적인 폭락으로 익
히 알려져 있다.

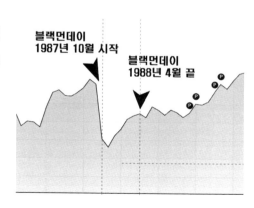

블랙먼데이
1987년 10월 시작

블랙먼데이
1988년 4월 끝

날짜	월간 등락	월간 -3% 발생 빈도	이벤트
1988년 4월	1.2300	0	블랙먼데이 끝
1988년 3월	2.1000	0	블랙먼데이
1988년 2월	6.4700	0	블랙먼데이
1988년 1월	4.2900	1	블랙먼데이
1987년 12월	8.2900	0	블랙먼데이
1987년 11월	−5.6100	1	블랙먼데이
1987년 10월	−27.2300	5	블랙먼데이 시작

블랙먼데이는 1987년 10월에 시작되어 1988년 2월, 3월 연속으로
두 달간 −3%가 안 뜨면서 1988년 4월 종결되었다. 이때도 −3% 대처
가 가능했을까? 물론이다. 일일 나스닥지수를 보자.

날짜	등락	-3% 발생 횟수	이벤트
1987년 10월 30일	5.2900		
1987년 10월 29일	5.2000		
1987년 10월 28일	−1.5100		
1987년 10월 27일	−0.8600		
1987년 10월 26일	−8.9900	5	블랙먼데이
1987년 10월 23일	−2.2800		
1987년 10월 22일	−4.4700	4	블랙먼데이 시작
1987년 10월 21일	7.3400		
1987년 10월 20일	−9.0000	3	블랙먼데이
1987년 10월 19일	−11.3500	2	블랙먼데이
1987년 10월 16일	−3.8300	1	블랙먼데이
1987년 10월 15일	−1.3500		

1987년 10월 14일	−1.5000		
1987년 10월 13일	0.4100		
1987년 10월 12일	−1.2300		
1987년 10월 09일	−0.3600		
1987년 10월 08일	−1.0400		
1987년 10월 07일	−0.6400		
1987년 10월 06일	−1.3500		
1987년 10월 05일	0.4500		
1987년 10월 02일	0.7000		
1987년 10월 01일	0.9400		

1987년 10월 16일 −3.8%를 찍은 날 바로 팔았다면 최악의 위기인 블랙먼데이를 피할 수 있었다. 그러니 항상 나스닥 종가를 모니터링해야 한다.

날짜	월간 등락	월간 −3% 발생 빈도	이벤트
1988년 4월	1.2300	0	블랙먼데이 끝
1988년 3월	2.1000	0	블랙먼데이
1988년 2월	6.4700	0	블랙먼데이

그리고 1988년 2월과 3월 연속으로 −3% 이상이 안 뜨면서 1988년 4월 첫 거래일에 블랙먼데이가 끝났다.

1988년 04월 04일	−0.7300		블랙먼데이 끝

하지만 아쉽게도 이 때의 정확한 자료는 찾을 수 없다. 당시 세계 시가총액 1등이 어떤 기업인지 알지 못해 기업 적용은 하지 못했다.

-3% 이후 공황으로 가는 경우,
단발성인 경우

　이제는 응용편이다. 2018년 10월 10일부터 2019년 6월 4일까지 미국 나스닥 주가는 큰 폭으로 떨어졌다가 다시 회복되었다. 전문가가 아니라면 가진 돈을 모두 날릴 수 있었다. 사실 나스닥 종합주가지수로 보면 하락률은 20% 정도였지만, −3%가 꽤 자주 발생하였다. 투자자들은 떨어지면 공포에 질려 팔고 오르면 본전 생각 때문에 사고를 반복하다가 결국 20%가 아닌 자산의 90% 이상을 날리고 주식을 떠나게 된다. 이런 경우 −3%룰을 적용하여 투자를 했다면 어떤 결과를 가져오는지 시뮬레이션을 통해 알아보자.

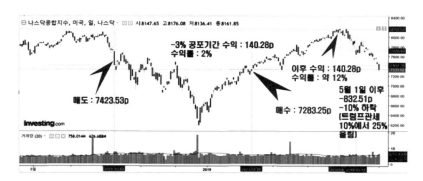

날짜	등락	딜레이	이벤트
2019년 06월 03일	−1.6100		
2019년 05월 31일	−1.5100		
2019년 05월 30일	0.2700		
2019년 05월 29일	−0.7900		
2019년 05월 28일	−0.3900		
2019년 05월 24일	0.1100		
2019년 05월 23일	−1.5800		
2019년 05월 22일	−0.4500		
2019년 05월 21일	1.0800		
2019년 05월 20일	−1.4600		
2019년 05월 17일	−1.0400		
2019년 05월 16일	0.9700		
2019년 05월 15일	1.1300		
2019년 05월 14일	1.1400		
2019년 05월 13일	−3.4100		X
2019년 05월 10일	0.0800		
2019년 05월 09일	−0.4100		
2019년 05월 08일	−0.2600		
2019년 05월 07일	−1.9600		
2019년 05월 06일	−0.5000		

내일의 부

2019년 05월 03일	1.5800		
2019년 05월 02일	−0.1600		
2019년 05월 01일	−0.5700		
2019년 04월 30일	−0.8100		
2019년 04월 29일	0.1900		
2019년 04월 26일	0.3400		
2019년 04월 25일	0.2100		
2019년 04월 24일	−0.2300		
2019년 04월 23일	1.3200		
2019년 04월 22일	0.2200		
2019년 04월 18일	0.0200		
2019년 04월 17일	−0.0500		
2019년 04월 16일	0.3000		
2019년 04월 15일	−0.1000		
2019년 04월 12일	0.4600		
2019년 04월 11일	−0.2100		
2019년 04월 10일	0.6900		
2019년 04월 09일	−0.5600		
2019년 04월 08일	0.1900		
2019년 04월 05일	0.5900		
2019년 04월 04일	−0.0500		
2019년 04월 03일	0.6000		
2019년 04월 02일	0.2500		
2019년 04월 01일	1.2900		
2019년 03월 29일	0.7800		
2019년 03월 28일	0.3400		
2019년 03월 27일	−0.6300		
2019년 03월 26일	0.7100		
2019년 03월 25일	−0.0700		
2019년 03월 22일	−2.5000		장단기 금리차 역전 시작
2019년 03월 21일	1.4200		
2019년 03월 20일	0.0600		
2019년 03월 19일	0.1200		
2019년 03월 18일	0.3400		
2019년 03월 15일	0.7600		
2019년 03월 14일	−0.1600		
2019년 03월 13일	0.6900		
2019년 03월 12일	0.4400		
2019년 03월 11일	2.0200		
2019년 03월 08일	−0.1800		

2019년 03월 07일	−1.1300		
2019년 03월 06일	−0.9300		
2019년 03월 05일	−0.0200		
2019년 03월 04일	−0.2300		
2019년 03월 01일	0.8300		
2019년 02월 28일	−0.2900		
2019년 02월 27일	0.0700		
2019년 02월 26일	−0.0700		
2019년 02월 25일	0.3600		
2019년 02월 22일	0.9100		
2019년 02월 21일	−0.3900		
2019년 02월 20일	0.0300		
2019년 02월 19일	0.1900		
2019년 02월 15일	0.6100		
2019년 02월 14일	0.0900		
2019년 02월 13일	0.0800		
2019년 02월 12일	1.4600		
2019년 02월 11일	0.1300		
2019년 02월 08일	0.1400		
2019년 02월 07일	−1.1800		
2019년 02월 06일	−0.3600		
2019년 02월 05일	0.7400		
2019년 02월 04일	1.1500		
2019년 02월 01일	−0.2500		
2019년 01월 31일	1.3700		
2019년 01월 30일	2.2000		
2019년 01월 29일	−0.8100		
2019년 01월 28일	−1.1000		
2019년 01월 25일	1.2900		
2019년 01월 24일	0.6800		
2019년 01월 23일	0.0800		
2019년 01월 22일	−1.9100		
2019년 01월 18일	1.0300		
2019년 01월 17일	0.7100		
2019년 01월 16일	0.1500		
2019년 01월 15일	1.7100		
2019년 01월 14일	−0.9400		
2019년 01월 11일	−0.2100		
2019년 01월 10일	0.4200		
2019년 01월 09일	0.8700		

날짜	값		
2019년 01월 08일	1.0800		
2019년 01월 07일	1.2600		
2019년 01월 04일	4.2600		
2019년 01월 03일	−3.0400	18	X
2019년 01월 02일	0.4600		
2018년 12월 31일	0.7700		
2018년 12월 28일	0.0800		
2018년 12월 27일	0.3800		
2018년 12월 26일	5.8400		
2018년 12월 24일	−2.2100		
2018년 12월 21일	−2.9900		
2018년 12월 20일	−1.6300		
2018년 12월 19일	−2.1700		
2018년 12월 18일	0.4500		
2018년 12월 17일	−2.2700		
2018년 12월 14일	−2.2600		
2018년 12월 13일	−0.3900		
2018년 12월 12일	0.9500		
2018년 12월 11일	0.1600		
2018년 12월 10일	0.7400		
2018년 12월 07일	−3.0500	2	X
2018년 12월 06일	0.4200		
2018년 12월 04일	−3.8000	11	X
2018년 12월 03일	1.5100		
2018년 11월 30일	0.7900		
2018년 11월 29일	−0.2500		
2018년 11월 28일	2.9500		
2018년 11월 27일	0.0100		
2018년 11월 26일	2.0600		
2018년 11월 23일	−0.4800		
2018년 11월 21일	0.9200		
2018년 11월 20일	−1.7000		
2018년 11월 19일	−3.0300	19	X
2018년 11월 16일	−0.1500		
2018년 11월 15일	1.7200		
2018년 11월 14일	−0.9000		
2018년 11월 13일	0.0000		
2018년 11월 12일	−2.7800		
2018년 11월 09일	−1.6500		
2018년 11월 08일	−0.5300		

2018년 11월 07일	2.6400		
2018년 11월 06일	0.6400		
2018년 11월 05일	−0.3800		
2018년 11월 02일	−1.0400		
2018년 11월 01일	1.7500		
2018년 10월 31일	2.0100		
2018년 10월 30일	1.5800		
2018년 10월 29일	−1.6300		
2018년 10월 26일	−2.0700		
2018년 10월 25일	2.9500		
2018년 10월 24일	−4.4300	10	X
2018년 10월 23일	−0.4200		
2018년 10월 22일	0.2600		
2018년 10월 19일	−0.4800		
2018년 10월 18일	−2.0600		
2018년 10월 17일	−0.0400		
2018년 10월 16일	2.8900		
2018년 10월 15일	−0.8800		
2018년 10월 12일	2.2900		
2018년 10월 11일	−1.2500		
2018년 10월 10일	−4.0800	10	X

나스닥 일간지수를 표로 모두 정리하였다.

−3% 공포지수 분석

매뉴얼: −3%가 뜨고 22거래일(한 달)이 지나도 더 이상 −3%가 뜨지 않는다면 위기는 거의 끝났다고 봐도 된다.

다음 표를 보면 −3%가 한 달 이내에 다시 떴을 경우에는 공황으로 이어졌고, 그렇지 않으면 아무 이벤트(블랙먼데이, 금융위기, 닷컴버블과 같은 공황)가 발생하지 않았다.

날짜	등락	딜레이	이벤트
1987년 11월 30일	−3.5700	23	블랙먼데이
2009년 05월 13일	−3.0100	27	금융위기
2009년 06월 22일	−3.3500	27	금융위기
1988년 01월 08일	−3.2000	28	블랙먼데이
2002년 04월 02일	−3.1300	28	닷컴버블
2002년 12월 09일	−3.8900	28	닷컴버블
2002년 10월 16일	−3.9000	29	닷컴버블
2003년 03월 24일	−3.6600	34	닷컴버블
1999년 07월 20일	−3.4700	47	X
1999년 09월 23일	−3.7900	47	X
2008년 06월 26일	−3.3300	49	X
1997년 10월 27일	−7.0200	52	동아시아 금융위기
1998년 01월 09일	−3.3600	52	X
2015년 09월 28일	−3.0400	71	X
2009년 10월 01일	−3.0600	72	X
2016년 06월 24일	−4.1200	98	중국위기
1995년 07월 19일	−3.6100	121	X
1996년 01월 09일	−3.2500	121	X
2003년 09월 24일	−3.0500	128	X
1989년 10월 13일	−3.0900	205	X
2007년 02월 27일	−3.8600	217	X
1986년 09월 11일	−3.6700	279	X
1991년 11월 15일	−4.2400	313	소련붕괴
1993년 02월 16일	−3.6400	316	X
2014년 04월 10일	−3.1000	345	X

2018년과 2019년에 매뉴얼대로 대처를 했다면 어떤 성적표를 받았을지 복기해 보자. 2018년 10월 10일 −4.08%가 뜨면서 일단 무조건 모두 팔고 한 달을 기다려야 했다. 그런데 10월은 어닝 시즌이다. 그러니 10월의 1, 2, 3등인 시가총액 상위 종목 애플, 아마존, 마이크로소프트의 실적을 보고 투자를 했어야 하는 달이다.

실적은 11월 1일 애플이 가장 마지막으로 발표되었기 때문에 애플의 실적을 보고 투자하는 것이 맞다. 비록 마이크로소프트가 어닝 서프라이즈를 달성하긴 했지만 당시 세계 1등이었던 애플의 어닝을 보고 들어가야 더 안전하다. 1등이 어닝 쇼크가 되면 시가총액이 큰 만큼 −3%가 다시 뜰 가능성이 크고, 그 전 다른 기업이 어닝 서프라이즈를 했어도 같이 쓸려 내려가기 때문이다. 대표적으로 넷플릭스다. 따라서 시가총액 1, 2, 3등은 어닝을 끝까지 확인한 후 들어가도록 하자.

다시 정리하면, 세계 1등의 어닝일을 기다린다. 애플 기준 11월 1일이었다. 그리고 10월 10일에는 다른 기업의 어닝 쇼크로 인해 −3%가 떴었다. 11월 1일 애플이 어닝 서프라이즈를 하더라도 11월 1일이 아닌 11월 11일에 들어가는 것이 맞다. −3% 이상이 뜨면 한 달은 무조건 기다려야 하니까 말이다.

그렇게 마음을 먹었는데 10월 24일에 −4%가 또 떴다. 그러면 다시 한 달이 연기된다. 11월 25일까지 기다려야 하는 것이다.

결국 애플도 어닝 쇼크가 발생했고 기다리는 와중에 다시 11월 19

일 −3%가 떴다. 원칙은 동일하다. 다시 한 달인 12월 20일까지 기다려야 한다.

이후 기다리는 와중에 12월 4일 다시 −3.8%가 떴고, 2019년 1월 5일까지 기다려야 하는 상황이 발생했고, 12월 7일에 −3.08%가 뜨면서 해를 넘겨 2019년 1월 7일까지 기다려야 했고, 1월 3일에 −3.04%가 뜨면서 2월 4일까지 기다려야 했다. 그리고 2월 4일까지 기다렸는데 더 이상 −3%가 뜨지 않았다. 드디어 공포 구간이 지나간 것이다.

2018년 10월 10일 −4%가 뜨는 순간 모든 주식을 정리하고 다음해인 2019년 2월 4일까지 달러만을 갖고 있어야 한다는 결론이 나온다. 매뉴얼대로 한다면 말이다.

만약 애플이 11월 1일 어닝 서프라이즈를 달성했다면 어땠을까? 그래도 −3%가 떴던 10월 24일로부터 한 달인 11월 25일까지 기다려야 한다. 그리고 세계 시가총액 1, 2, 3등의 실적발표를 모두 기다리고 세계 1등 기업이 누구든 어닝 서프라이즈를 달성하면 들어가야 한다.

−3%로 인한 공포는 2019년 2월 4일 끝났다. 만약 10월 10일 −4%가 뜨면서 전부 매도를 했다면 공포기간중이라도 2%를 벌었다. 그리고 이날 주식을 다시 사서 이 글을 쓰는 시점인 4월 24일 기준 수익은 12% 가까이 된다. 더불어 나스닥은 최고치를 경신하고 있다.

가장 최근의 경우를 보더라도 매뉴얼대로 행동했다면 공황이 올 수도 있는 위기를 손실 없이 무사히 넘겼고, 주식을 더 싸게 사는 효과와 위기 이후 랠리에 동참하는 효과를 거둘 수 있었다. 반드시 매뉴얼을 외우고 그대로 실천해야 하는 이유다.

중간 점검

세계 1등 주식을 매수하고 나스닥 −3%가 1번 떴을 때 팔아야 하는가?

공황이 발생했을 때는 세계 1등 주식이라도 당연히 파는 것이 맞다. 공황은 한 달에 나스닥 일간지수 −3%가 4번 떴을 경우다. 이는 연속이 아니다. 예를 들어 10월 30일, 31일, 11월 1일, 11월 2일 이렇게 4거래일 연속 4번 떴어도 이것은 공황이 아니다. 한 달에 4번이 떠야 한다. 달이 넘어가면 리셋이다. 공황이 되려면 10월이면 10월, 11월이면 11월 등 특정 한 달 동안 −3% 4번이 발생해야 한다. 10월 말과 11월 초 4번 연속 −3%가 떴어도 공황은 아니다. 연속과도 관계없다.

그런데 공황이 아니면서 갑자기 나스닥에 −3%가 떴고 내가 1등 주식을 보유하고 있다면 이때는 어떻게 해야 하는가? 아쉽게도 이때도 팔아야 한다. 이때까지 1등 주식의 수익률이 얼마인지 관계없이 일단 팔고 한 달을 관망해야 한다. 현재 수익률이 50% 이상이니 버틸 수 있다고 판단하지 말고, 소나기는 피해가는 것이 현명하다.

나스닥에 -3%가 떴을 때,
미국채로 손실 해지하는 법

주가가 오르는 기간은 호황, 떨어지는 기간은 불황이다. 그런데 주가와 반대인 경우가 있다. 바로 미국 국채다.

미국채가 주가와 반대로 가는 이유는 안전자산이기 때문이다. 주가가 떨어지는 기간에 투자자들은 주식을 팔고 미국채를 산다. 주식의 대체제로 안성맞춤이다. 2018년 10월 10일부터 2019년 9월 24일까지를 통해 나스닥에 −3%가 떴을 때 미국의 국채가 어떻게 움직였는지 살펴보자.

가장 많이 사는 미국채 TLT20년물을 기준으로 시뮬레이션을 해봤다. 상품명과 참조 사이트는 아래와 같다.

iShares Barclays 20+ Yr Treasury(TLT)
https://kr.investing.com/etfs/ishares-lehman-20-year-treas

우선 나스닥의 움직임은 다음과 같았다.

날짜	나스닥	미국채
2019년 02월 04일	1.15	−0.45
2019년 02월 01일	−0.25	−0.83
2019년 01월 31일	1.37	0.86
2019년 01월 30일	2.20	−0.07
2019년 01월 29일	−0.81	0.51
2019년 01월 28일	−1.10	−0.10
2019년 01월 25일	1.29	−0.48
2019년 01월 24일	0.68	0.66
2019년 01월 23일	0.08	−0.04
2019년 01월 22일	−1.91	0.68
2019년 01월 18일	1.03	−0.52
2019년 01월 17일	0.71	0.02
2019년 01월 16일	0.15	0.10
2019년 01월 15일	1.71	−0.37
2019년 01월 14일	−0.94	−0.37
2019년 01월 11일	−0.21	0.39

2019년 01월 10일	0.42	−0.64
2019년 01월 09일	0.87	−0.16
2019년 01월 08일	1.08	−0.26
2019년 01월 07일	1.26	−0.29
2019년 01월 04일	4.26	−1.16
2019년 01월 03일	−3.04	1.14
2019년 01월 02일	0.46	0.53
2018년 12월 31일	0.77	0.38
2018년 12월 28일	0.08	0.84
2018년 12월 27일	0.38	0.02
2018년 12월 26일	5.84	−1.07
2018년 12월 24일	−2.21	0.50
2018년 12월 21일	−2.99	−0.02
2018년 12월 20일	−1.63	−0.36
2018년 12월 19일	−2.17	1.32
2018년 12월 18일	0.45	0.36
2018년 12월 17일	−2.27	0.58
2018년 12월 14일	−2.26	0.35
2018년 12월 13일	−0.39	−0.24
2018년 12월 12일	0.95	−0.45
2018년 12월 11일	0.16	−0.02
2018년 12월 10일	0.74	0.41
2018년 12월 07일	−3.05	0.19
2018년 12월 06일	0.42	0.31
2018년 12월 04일	−3.80	1.67
2018년 12월 03일	1.51	0.48
2018년 11월 30일	0.79	0.37
2018년 11월 29일	−0.25	0.39
2018년 11월 28일	2.95	−0.49
2018년 11월 27일	0.01	0.11
2018년 11월 26일	2.06	−0.23
2018년 11월 23일	−0.48	0.10

2018년 11월 21일	0.92	−0.03
2018년 11월 20일	−1.70	0.03
2018년 11월 19일	−3.03	0.28
2018년 11월 16일	−0.15	0.58
2018년 11월 15일	1.72	−0.04
2018년 11월 14일	−0.90	0.06
2018년 11월 13일	0.00	−0.06
2018년 11월 12일	−2.78	0.65
2018년 11월 09일	−1.65	0.75
2018년 11월 08일	−0.53	−0.01
2018년 11월 07일	2.64	0.13
2018년 11월 06일	0.64	−0.06
2018년 11월 05일	−0.38	0.39
2018년 11월 02일	−1.04	−1.24
2018년 11월 01일	1.75	−0.15
2018년 10월 31일	2.01	−0.51
2018년 10월 30일	1.58	−0.50
2018년 10월 29일	−1.63	−0.23
2018년 10월 26일	−2.07	0.60
2018년 10월 25일	2.95	−0.42
2018년 10월 24일	−4.43	0.75
2018년 10월 23일	−0.42	0.32
2018년 10월 22일	0.26	−0.13
2018년 10월 19일	−0.48	−0.22
2018년 10월 18일	−2.06	−0.04
2018년 10월 17일	−0.04	−0.59
2018년 10월 16일	2.89	0.23
2018년 10월 15일	−0.88	−0.04
2018년 10월 12일	2.29	−0.35
2018년 10월 11일	−1.25	1.22
2018년 10월 10일	−4.08	−0.27
미국채 수익률		5.75

내일의 부

2018년 10월 10일에 발생한 나스닥 −4.08%로 위기가 시작되었다. 앞서 10월 3일, 파월은 금리를 더 올릴 것이라는 발언을 내놓았고, 그 영향으로 10월 10일에 −4%가 떴다.

파월 Fed 의장 "아직 금리인상 여지 남아있다"

(2018년 10월 3일, 금리 인상 발언)

파월 의장은 3일(현지시간) 워싱턴에서 열린 애틀랜틱 페스티벌에 참석해 "금리는 여전히 완화적"이라며 "중립금리 수준으로 넘어 설 수도 있지만, 아마도 현재는 중립 금리에서 먼 거리에 있다"고 말했다고 월스트리트저널(WSJ)과 CNBC 등이 보도했다.

_2018년 10월 4일자 중앙일보

10월 10일 이후 나스닥은 추락에 추락을 거듭하다가 2019년 1월 4일, 파월이 금리를 동결하겠다는 발표가 있고서야 상승 반전이 일어난다.

시장 긴축발작에 화들짝…파월, 올 금리인상 안 할 수도

(2018년 1월 3일, 금리 동결 발언)

'매파(통화 긴축 선호)'견해를 밝혔던 파월 의장은 이날 "경제 상황을 지원하기 위해 통화정책을 빠르고 유연하게 변경할 준비가 돼 있다"고 밝히면서 보유 자산 축소 문제에 대해서도 "만약 문제가 된다면 정책 변경을 주저하지 않을 것"이라고 기존 입장을 바꿨다.

이러한 파월 의장의 친시장적 발언으로 같은 날 뉴욕 증시는 급등세로 화답했다.

기술주 중심의 나스닥지수는 275.35포인트(4.26%) 상승했다.

_2019년 1월 6일자 매일경제

지금 세계는 엄청난 빚더미에 짓눌려 있기 때문에 Fed의장인 파월의 발언 이외에는 주가를 반등 시킬 여지가 없다고 봐도 무방하다. 주가를 떨어뜨릴 요인은 많으나 주가를 올릴 수 있는 사람은 현재 파월뿐이다.

2018년 10월 10일 나스닥 −3% 이상이 뜨면서 나스닥은 고점 대비 거의 20% 가까이 추락했다. 하지만 파월의 이 발언을 접하고 1월 4일부터 다시 주식을 샀다면 이후 한 달 동안 반등이 일어나 20%를 회복했다.

투자자에게 가장 합리적인 선택은 1월 4일부터 달러를 주식으로 바꾸는 것이다. 하지만 바로 전날인 1월 3일 다시 −3% 이상이 떴으므로 매뉴얼대로라면 2월 4일에 주식을 살 수 있다. −3%가 뜨면 한 달을 기다려야 하기 때문이다.

그렇다면 국채는 어떻게 되는가? 1월 3일 −3%가 떴으니 2월 4일까지 국채를 가지고 있다가 2월 4일에 국채 매도 후 주식을 산다. 따라서 국채 수익률은 2018년 10월 10일부터 2019년 2월 4일까지를 계산해야 한다.

이 기간 국채 수익률은,

무려 5.75%다.

2019년 나스닥 일간지수 −3%가 떴을 때를 가정해서 미국 국채 20년물 TLT를 사면 어떤 결과가 나오는지 시뮬레이션을 해보자.

날짜	나스닥	미국채
2019년 06월 14일	−0.52	0.25
2019년 06월 13일	0.57	0.34
2019년 06월 12일	−0.38	0.08
2019년 06월 11일	−0.01	0.06
2019년 06월 10일	1.05	−0.94
2019년 06월 07일	1.66	0.87
2019년 06월 06일	0.53	0.32
2019년 06월 05일	0.64	−0.57
2019년 06월 04일	2.65	−1.14
2019년 06월 03일	−1.61	0.46
2019년 05월 31일	−1.51	1.25
2019년 05월 30일	0.27	0.86
2019년 05월 29일	−0.79	0.23
2019년 05월 28일	−0.39	0.79
2019년 05월 24일	0.11	0.09
2019년 05월 23일	−1.58	1.12
2019년 05월 22일	−0.45	0.57
2019년 05월 21일	1.08	−0.16
2019년 05월 20일	−1.46	−0.21

2019년 05월 17일	−1.04	0.22
2019년 05월 16일	0.97	−0.33
2019년 05월 15일	1.13	0.61
2019년 05월 14일	1.14	−0.29
2019년 05월 13일	−3.41	0.79
미국채 수익률		5.27

2019년 5월 13일 −3.41%가 뜨면서 주식을 팔아야 하는 상황이 발생했다. 5월 1일 트럼프는 중국에 2000억 달러에 대해 관세를 10%에서 25%로 올린다는 트윗을 날렸다. 이에 맞서 중국은 5월 13일 미국 상품 600억 달러에 대해 5~25%의 보복관세를 물리면서 −3.41%가 떨어졌다.

이 기간 국채 수익률은,

무려 5.27%이다.

2019년 8월에도 −3% 이상이 발생했다. 이 기간의 국채 수익률도 시뮬레이션으로 돌려보자.

날짜	나스닥	미국채
2019년 09월 24일	−1.46	1.21
2019년 09월 23일	−0.06	−0.02
2019년 09월 20일	−0.80	1.32
2019년 09월 19일	0.07	0.30
2019년 09월 18일	−0.11	0.42
2019년 09월 17일	0.40	0.54

2019년 09월 16일	−0.28	1.27
2019년 09월 13일	−0.22	−2.14
2019년 09월 12일	0.30	−0.66
2019년 09월 11일	1.06	−0.18
2019년 09월 10일	−0.04	−1.75
2019년 09월 09일	−0.19	−1.78
2019년 09월 06일	−0.17	0.71
2019년 09월 05일	1.75	−1.81
2019년 09월 04일	1.30	0.15
2019년 09월 03일	−1.11	−0.05
2019년 08월 30일	−0.13	0.03
2019년 08월 29일	1.48	−0.38
2019년 08월 28일	0.38	0.13
2019년 08월 27일	−0.34	1.54
2019년 08월 26일	1.32	−0.40
2019년 08월 23일	−3.00	1.64
2019년 08월 22일	−0.36	−0.66
2019년 08월 21일	0.90	−0.67
2019년 08월 20일	−0.68	1.03
2019년 08월 19일	1.35	−1.43
2019년 08월 16일	1.67	−0.80
2019년 08월 15일	−0.09	1.11
2019년 08월 14일	−3.02	2.25
2019년 08월 13일	1.95	−0.34
2019년 08월 12일	−1.20	2.08
2019년 08월 09일	−1.00	−0.20

2019년 08월 08일	2.24	0.21
2019년 08월 07일	0.38	0.04
2019년 08월 06일	1.39	0.80
2019년 08월 05일	−3.47	1.73
미국채 수익률		5.24

2019년 8월 5일 −3.47%가 하락하면서 위기가 왔다. 돌이켜보면 이 달에만 −3% 이상이 3번 발생하면서 공황 직전까지 갔었다. 매우 중대하고 초조한 나날들이었다. 하지만 더 이상 발생하지 않으면서 공황이 확정되지는 않았다. 8월 5일의 하락은 중국 상품 3000억 달러에 대해 관세 10%를 올린다는 트럼프의 발표 때문이었다.

이 기간의 국채 수익률은,

무려 5.24%이다.

우리는 여기서 또 하나의 중요한 매뉴얼을 얻었다. 주식 대체제로써 말이다.

나스닥 −3%가 뜨면 가만 있지 말고 달러로 미국 국채를 샀다가 −3% 위기가 지나면 다시 주식을 사는 것이 유리하다.

2011년 미국 연방 정부 신용 등급 강등 위기
미국채로 위기 극복하기

2011년 미국 연방 정부 신용 등급 강등 위기 분석

2011년 미국 연방 정부 신용 등급 강등은, 2011년 8월 5일, 미국의 신용평가기관 스탠 더드 앤드 푸어스(S&P)가 미국이 발행하는 채권(국채)의 신용등급을 트리플A(AAA)에 서 더블A플러스(AA+)로 한 등급 내린 사건으로, 기축통화인 달러화를 발행하는 유일 한 국가인 미국의 달러패권에 금이 가는 상징적 사건으로 받아들여진다.

이 때문에 8월 8일 열린 대한민국 주식시장에서 코스피지수는 전날보다 74.30포인트 (3.82%) 떨어진 1869.45를 기록했고, 중화인민공화국(−3.79%), 중화민국(−3.82%), 홍콩(−2.17%), 일본(−2.18%) 등 아시아 증시 또한 같이 떨어졌다. 또한 스탠더드 앤드 푸어스(S&P)는 미국의 증권 관련 정부기관 4곳과 주택담보대출을 책임지는 공기업 2곳의 신용등급도 잇따라 내렸다.

출처: 위키백과

2011년은 가장 최근의 공황이다. 언제 위기가 왔고 지나갔는지 알아보자.

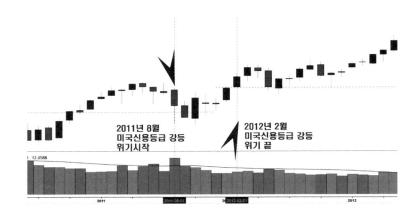

그래프에서 보는 바와 같이 2011년 8월에 와서 2012년 2월에 끝났다. 생각보다 오래 갔다. 이때 버핏은 BOA(Bank of America)를 아주 싸게 매입했고, 수익은 10배였다.

언제가 시작인가? 나스닥 일간지수를 보면 된다.

날짜	등락	−3% 이상 발생 횟수	이벤트
2011년 08월 31일	0.1300		
2011년 08월 30일	0.5500		
2011년 08월 29일	3.3200		
2011년 08월 26일	2.4900		
2011년 08월 25일	−1.9500		
2011년 08월 24일	0.8800		
2011년 08월 23일	4.2900		
2011년 08월 22일	0.1500		
2011년 08월 19일	−1.6200		
2011년 08월 18일	−5.2200	4	공황시작
2011년 08월 17일	−0.4700		
2011년 08월 16일	−1.2400		
2011년 08월 15일	1.8800		
2011년 08월 12일	0.6100		
2011년 08월 11일	4.6900		
2011년 08월 10일	−4.0900	3	미국신용등급위기
2011년 08월 09일	5.2900		
2011년 08월 08일	−6.9000	2	미국신용등급위기
2011년 08월 05일	−0.9400		
2011년 08월 04일	−5.0800	1	미국신용등급위기
2011년 08월 03일	0.8900		
2011년 08월 02일	−2.7500		
2011년 08월 01일	−0.4300		

2011년 8월 4일 미국의 신용등급 위기는 시작되었고 2거래일 2거

래일 2거래일 계속 −3%가 뜨면서 며칠 만에 −20% 가까이 급락한다. 투자자에게는 매우 공포스러운 상황이다.

가만히 넋놓고 있어야 하는가? 당연히 아니다. 예상할 수 없으니 대응하자. 2011년 8월 4일 −5%가 뜨자마자 모든 주식을 팔아야 한다. 그러면 이후 공포스럽게 전개되는 상황을 피할 수 있다.

월간지수를 통해 언제 끝났는지도 확인하자.

날짜	월간 등락	월간 −3% 발생 빈도	이벤트
2012년 2월	5.4400	0	미국신용등급위기 끝
2012년 1월	8.0100	0	미국신용등급위기
2011년 12월	−0.5800	0	미국신용등급위기
2011년 11월	−2.3900	1	미국신용등급위기
2011년 10월	11.1400	0	미국신용등급위기
2011년 9월	−6.3600	1	미국신용등급위기
2011년 8월	−6.4200	4	미국신용등급위기

2011년 8월에 −3% 이상이 4번 떴고 10월에 −3%가 안 떴지만 공황의 끝은 연속으로 두 달 뜨지 않아야 한다. 그러니 11월에 또 −3%가 뜨면서 다시 두 달을 기다려야 한다. 12월과 2012년 1월에 안 떴으니 바로 2012년 2월 첫 거래일이 공황의 끝이다.

공황이 끝나면 다시 1위 주식을 산다. 어닝 서프라이즈를 달성한 주식도 이때 사면 된다.

2012년 02월 01일	1.2200		미국신용등급 위기 끝

바로 이 날 2012년 2월 1일이다.

2011년 8월 4일 −5%가 뜨자마자 주식을 모두 팔고 SPTL(채권 ETF)을 샀다면 어떻게 되었을까?

날짜	수익률
2012년 02월 01일	−1.19
2012년 01월 31일	0.53
2012년 01월 30일	1.46
2012년 01월 27일	0.53
2012년 01월 26일	0.46
2012년 01월 25일	0.53
2012년 01월 24일	0.13
2012년 01월 23일	−0.65
2012년 01월 20일	−0.89
2012년 01월 19일	−1.47
2012년 01월 18일	−0.97
2012년 01월 17일	0.37
2012년 01월 13일	0.89
2012년 01월 12일	−0.17
2012년 01월 11일	1.30
2012년 01월 10일	−0.25
2012년 01월 09일	0.13
2012년 01월 06일	0.47
2012년 01월 05일	−0.26
2012년 01월 04일	−0.72
2012년 01월 03일	−1.30
2011년 12월 30일	−0.04

2011년 12월 29일	0.37
2011년 12월 28일	1.62
2011년 12월 27일	0.34
2011년 12월 23일	−1.13
2011년 12월 22일	0.09
2011년 12월 21일	−1.02
2011년 12월 20일	−1.95
2011년 12월 19일	0.92
2011년 12월 16일	1.00
2011년 12월 15일	−0.37
2011년 12월 14일	1.76
2011년 12월 13일	0.73
2011년 12월 12일	1.03
2011년 12월 09일	−1.50
2011년 12월 08일	0.78
2011년 12월 07일	0.50
2011년 12월 06일	−0.93
2011년 12월 05일	0.13
2011년 12월 02일	0.91
2011년 12월 01일	−0.75
2011년 11월 30일	−1.57
2011년 11월 29일	−0.57
2011년 11월 28일	−0.13
2011년 11월 25일	−1.44
2011년 11월 23일	1.45
2011년 11월 22일	0.74
2011년 11월 21일	0.70
2011년 11월 18일	−0.51
2011년 11월 17일	1.01
2011년 11월 16일	0.76
2011년 11월 15일	−0.26
2011년 11월 14일	1.47

내일의 부

2011년 11월 11일	−0.77
2011년 11월 10일	−1.11
2011년 11월 09일	1.83
2011년 11월 08일	−0.93
2011년 11월 07일	0.59
2011년 11월 04일	0.03
2011년 11월 03일	−1.27
2011년 11월 02일	−0.68
2011년 11월 01일	2.64
2011년 10월 31일	3.36
2011년 10월 28일	0.84
2011년 10월 27일	−3.02
2011년 10월 26일	−1.56
2011년 10월 25일	2.48
2011년 10월 24일	−0.26
2011년 10월 21일	−0.93
2011년 10월 20일	−0.30
2011년 10월 19일	−0.03
2011년 10월 18일	−0.49
2011년 10월 17일	1.51
2011년 10월 14일	−1.18
2011년 10월 13일	0.69
2011년 10월 12일	−1.34
2011년 10월 11일	−0.38
2011년 10월 10일	−1.34
2011년 10월 07일	−0.42
2011년 10월 06일	−1.52
2011년 10월 05일	−1.26
2011년 10월 04일	−0.51
2011년 10월 03일	2.04
2011년 09월 30일	2.07
2011년 09월 29일	0.68

2011년 09월 28일	−0.16
2011년 09월 27일	−1.24
2011년 09월 26일	−1.59
2011년 09월 23일	−1.40
2011년 09월 22일	2.90
2011년 09월 21일	2.71
2011년 09월 20일	−0.22
2011년 09월 19일	2.07
2011년 09월 16일	0.66
2011년 09월 15일	−1.24
2011년 09월 14일	0.33
2011년 09월 13일	−1.05
2011년 09월 12일	0.26
2011년 09월 09일	0.83
2011년 09월 08일	0.44
2011년 09월 07일	−0.96
2011년 09월 06일	0.84
2011년 09월 02일	2.54
2011년 09월 01일	0.66
2011년 08월 31일	−0.39
2011년 08월 30일	1.48
2011년 08월 29일	−1.13
2011년 08월 26일	0.52
2011년 08월 25일	0.95
2011년 08월 24일	−3.17
2011년 08월 23일	−0.35
2011년 08월 22일	0.28
2011년 08월 19일	0.23
2011년 08월 18일	1.58
2011년 08월 17일	1.46
2011년 08월 16일	1.16
2011년 08월 15일	−0.58

내일의 부

2011년 08월 12일	1.18
2011년 08월 11일	−3.80
2011년 08월 10일	2.95
2011년 08월 09일	−0.10
2011년 08월 08일	2.46
2011년 08월 05일	−1.74
2011년 08월 04일	2.80
수익률	14.70

수익률은 무려 14.7%다.

공황은 위기가 아니라
부자 될 기회다

공황은 준비하지 못한 사람에게는 무시무시한 재앙과도 같지만, 준비한 사람에게는 물반고기반 기회의 장이다.

자본주의에서 공황이 발생하는 원인은 물건이 넘치기 때문이다. 반면 물건이 항상 모자라는 사회주의에서는 공황이 발생하지 않는다. 자기 것이 아닌데 열심히 만들 리가 없으므로 공급과잉이 일어나지 않고, 공급과잉의 필연적 결과인 공황도 일어나지 않는 것이다.

자본주의에서는 반드시 공황이 오게 되어 있다. 시기의 문제일 뿐, 필수적으로 발생하는 운명과도 같다. 따라서 반드시 일어날 그 일을 대비하고 준비해야 한다.

공황이 오면 어떤 일이 일어나는가? 1997년 IMF위기와 2008년 금융위기를 돌이켜 보자.

개인

공황을 만나면 개인은 상상하기 어려울 정도로 힘든 상황으로 빠져든다. 멀쩡히 회사 잘 다니던 사람 중 상당수가 실업상태로 들어간다. 회사가 통째로 사라지거나, 명예퇴직 바람이 불면서 개인은 회사 밖으로 내몰린다. 따라서 공황이 오면 개인은 돈을 벌기는커녕 실업자가 되어 당장 6개월, 1년치의 생활비를 걱정해야 한다.

IMF 당시 나는 건설회사에 다니고 있었다. 위기가 발생하자 90% 이상의 직원이 잘렸다. 필수 인원을 제외하고는 모두 나가야 했다. 그 중에는 이제 막 결혼한 직원도 있었다. 회사에서 내몰린 후 이들이 주로 향한 곳은 보험회사 등이었다. 몇 개월이 지나자 퇴직한 직원들이 보험을 팔기 위해 회사를 방문한 경우가 많았다.

만약 지금 공황이 닥친다면 보험회사보다는 배달이나 물류업 등을 비롯한 서비스업 쪽에 들어갈 것으로 보인다. 공황 때는 보험을 해약

하지 새로 보험에 들지 않기 때문이고, 보험은 저금리 상태가 지속되면 적자가 쌓이기 때문에 지금은 IMF 때처럼 뽑지 않을 것이다.

공황을 만나 개인에게 가장 중요한 문제는 최소 1년치의 생활비를 마련할 수 있느냐 없느냐일 것이다.

부동산

부동산으로 현금흐름을 만든다는 말을 하지만 알고 보면 모두 허황된 말이다. 왜냐하면 주택의 월세입자들은 공황으로 인해 퇴직한 경우가 많다. 따라서 월세가 밀리는 경우가 더 잦아진다. 내가 주택에 월세를 놓고 있다면 월세를 받지 못할 가능성이 있고 월세 중 절반이 들어오지 못하는 상황이 된다면, 나머지 절반으로는 월세 못 받은 주택이자를 갚기에도 버거울 것이다. 그러니 생활비는 고사하고 이자 앞에 무릎을 꿇어야 한다.

내가 월세입자나 전세입자라면 주인과 연락이 안 될 가능성이 있다. 갭투자를 많이 해놓은 집주인이라면 이 현상은 더욱 심해진다. 집값이 떨어지면서 집주인은 월세입자나 전세입자의 전화에 시달려 전화기를 꺼 놓고 잠적했을 가능성이 높다.

따라서 월세를 살고 있다면 집주인이 이자를 안 내서 경매에 들어가거나, 전세라면 전세가가 떨어지고 있음에도 불구하고 더 싸고 좋은 집 전세로 옮기지 못하는 상황이 벌어진다. 게다가 집값이 떨어지면서 전세가격도 같이 떨어져서 전세자금 대출 만기가 왔을 때 전세자금을 오히려 갚아야 하는데 집주인이 연락이 안 돼 난감한 경우가 생긴다. 집을 수십 채 가지고 있는 집주인이라면 잠적하는 경우가 비일비재하며 심지어 자살을 하기도 한다.

공황의 시기, 집값이 떨어지는 이유

그런데 공황 때 집값이 떨어지는 이유는 무엇일까? 집값이 공포상황에 놀라 저절로 떨어지는 것일까? 물론 아니다. 거기에는 그만한 이유가 있다.

공황이 닥치면 달러가 빠져 나가고 환율이 오른다. 이때 사업을 하는 사람들이 가장 큰 어려움에 빠진다. 사업가들은 달러와 엔화 대출을 했을 것이고, 환율상승으로 달러가격이 오르고 이자율도 같이 오르니 죽을 맛이다. 사업이 잘 나간다 하더라도 흑자 도산할 가능성이 있다. 내가 받은 어음은 부도가 나고 내가 줄 돈을 주지 않으면 나도 연쇄부도를 맞을 수밖에 없기 때문이다. 따라서 나는 돈을 주고 내가 받은 어음은 부도가 났으니 돈이 모자라는 상태가 된다. 그렇다면 할 수 있는 방법은 무엇인가? 좋은 부동산을 파는 것이다. 안 좋은 부동산은 아예 팔리지 않는다. 그래서 좋은 부동산인 강남 부동산부터 처분을 한다. 그것도 헐값에 말이다.

이들이 좋은 부동산을 싼 값에 처분하면 어떤 일이 생기는가? 당연히 집값이 떨어진다. 강남부터 시작해 강북 그리고 1기 신도시, 수도

권, 지방으로 쓰나미처럼 집값이 추락하기 시작한다.

집주인들은 빌린 돈이 문제가 된다. 주택담보 대출과 전세다. 주택담보대출은 KB시세가 떨어지는 만큼 떨어지게 되어 있다. 따라서 강남부터 우량 물건들이 떨어지는데 은마아파트는 14억 하던 것이 2008년에는 8억7000만 원까지 떨어졌고, 압구정 현대아파트는 27억 5천만 원 하던 것이 2010년에는 무려 10억이 떨어진 18억까지 떨어졌다. 이렇게 떨어지면 주택담보대출의 1년 연장되는 만기가 돌아오는 순간 KB시세를 반영해서 은행에서는 떨어진 만큼 대출금을 갚으라는 통보를 한다.

나도 인천에 라이프 아파트라고 있었다. 매가는 1억 8천만 원이었으나 대출금이 1억 3200만 원이었다. 그런데 시세가 9천만 원으로 하락했고 은행에서는 1년이 지나 대출만기가 돌아오자 1억 원을 갚으라 했었다.

이렇게 된 이유는, 은행은 KB시세를 보고 있고 이는 지점이 아닌 대출을 한 은행원이 관할을 하고 있기 때문이다. 이 은행원은 자신이 빌려준 대출금의 KB시세를 항상 모니터링하고 있으며 만기가 돌아올 때 자신이 일으킨 대출이 문제가 되지 않도록 담보조정을 한다. 그런데 만약 KB시세가 떨어졌는데 대출금 회수를 하지 않으면 직무유기가 되고 은행원은 퇴직과 함께 대출금을 자신이 갚아야 하는 의무도 지게 된다.

은행원 입장에서는 곧바로 대출 상환에 들어가고, 만약 대출금 상환이 되지 않으면 경매에 넘기는 것이 자신을 지키는 길이다. 따라서 공황이 오면 많은 아파트가 경매로 들어가는 것이다.

그런데 부동산의 특성상 급매로 판다고 팔리지 않는다. 특정지역 특히 강남과 같은 선호도가 높은 지역에서나 일부 거래가 될 뿐이지 강북, 수도권, 지방 등은 어림도 없다.

지방은 더욱 심각한데 2008년 금융위기 당시 나는 충남에 아파트 30채 정도를 보유하고 있었다. 월세는 30만 원 정도로 저렴했었는데 삼성전자와 가까워 삼성전자 협력업체 직원들이 주로 숙소로 이용했었다. 금융위기가 닥치자 삼성전자는 공장건설을 중단하고 바로 라인을 뜯어서 중국으로 들어갔다. 그러자 1000세대 아파트 단지에 500세대가 공실로 남게 된다. 엘리베이터는 30만 원에서 10만 원으로 떨어진 월세 전단지로 도배가 되었고, 살고 있던 세입자들도 방을 빼달라고 악다구니를 썼다. 집주인들은 단지 내 부동산에 아예 진을 치고 앉아 자기 집부터 월세를 넣어 달라고 아우성이었다.

2008년에는 재개발, 재건축이 유행이었다. 이때 많은 사람들이 단기매매를 하려고 무리하게 대출을 끌어들여 여러 채의 집을 샀었다. 이들은 이자를 감당 못해 경매로 넘어가거나 파산하였고 심지어는 자살하는 경우도 있었다.

부동산은 공황이 닥치면 대처가 되지 않는다. 도대체가 팔리지 않고 높은 레버리지가 독으로 작용하여 한순간에 전재산을 날리는 최악의 상황을 불러온다. 따라서 공황이 오면, 부동산을 가지고 있는 사람이 돈을 버는 것이 아니라 부동산을 가지고 있지 않는 사람이 돈을 번다.

주식

주식은 국내주식과 해외주식으로 나눌 수 있다.

국내주식

국내주식은 삼성전자 등 일부 우량주를 제외하고는 모두 안 팔린다고 보면 된다. IMF 때 주가는 70% 이상 떨어졌으며 상장폐지 된 종목도 허다했다. 2008년 금융위기 때는 한국이 아닌 미국이 망했는데도 불구하고 한국주식이 폭락했다. 증권회사 직원들은 할 일이 없었다. 왜냐하면 장 시작하자마자 전종목 하한가를 맞고 아예 거래가 안 되기 때문이다.

내가 아는 지인 중 하나는 당시 부실주에 투자했는데 무려 30일 후에 주식을 팔았다. 사줄 사람이 없었기 때문이다. 외국인과 기관이 엄청난 물량을 쏟아 붓기 때문에 30일 동안 아무리 싸게 내놓아도 아예 팔리지 않았다. 결국 30일 후 외국인, 기관이 모든 물량을 다 팔고 나서 고점대비 80% 떨어진 가격에 매도를 하고 빠져 나왔다고 한다. 그러니 국내주식은 공황이 닥치면 일부 종목을 제외하고는 거래 자체가 안 된다고 볼 수 있다.

그리고 심각한 문제가 하나 더 있는데, 대부분의 사람들이 공황이 무엇인지 언제가 공황인지를 알지 못한다는 사실이다. 공황이 닥쳤는데도 불구하고 기준이 없으니 코스피가 50% 떨어진 다음에나 그제서야 '아 공황이구나' 탄식하며 겨우 알 수 있다는 것이다. 따라서 국내주식은 공황이 오면 팔 수도 없으며 원금을 회복하기는커녕 파산하는 기업이 속출해서 모든 투자금을 잃을 수도 있다.

해외주식

해외주식은 공황이 왔을 때 가장 안전하게 손실을 헤지하며 오히려 돈 벌 수 있는 기회를 제공한다. 위기를 피하고 기회를 얻으려면 공황에 대한 정의가 필요하다. '나스닥 일간지수가 −3% 이상 한 달에 4번 뜨면 공황이다.'

이 책의 5장(공황 시 주식도 싸게 사고, 환전도 하여 부자 되기 1− 2008년 금융위기)에서 소개한 바와 같이 공황을 알면 공황이 오기 전 대비할 수 있고, 공황이 언제 끝나는지도 예상할 수 있다. 더하여 위기를 기회로 활용할 수도 있다.

공황이 오면 한국의 환율은 어떻게 되는가? IMF 때는 700원대에서 2000원대로 무려 3배 가까이 올랐고, 2008년 금융위기 때는 1100원에서 1600원대로 30% 가까이 올랐다. 따라서 공황이 왔을 때 미국 주식을 가지고 있으면 부자 될 기회가 생기는 것이다. 왜냐하면 달러 자산이기 때문이다.

미국의 1등 주식을 비롯한 우량주식을 가지고 있다면 좀 더 안전하다. 공황이라 하더라도 미국주식은 다른 나라에 비해 거래량이 많기 때문에 팔면 팔린다는 얘기다. 그리고 '−3%의 법칙'을 알면 공황이 오기 전에 공황을 피할 수 있다. 나스닥 일간지수에 −3%가 한 번이라도 뜨면 모든 주식을 팔고 미국의 국채 ETF(나스닥 : TLT)로 갈아타면 되기 때문이다.

−3%가 한 달에 4번 뜨면 공황 확정이다. 하지만 투자자는 −3%가 한 번만 떠도 보유한 주식을 모두 팔고 미국 국채 ETF로 갈아탄다. 공황이 확정되기 전 주식시장에서 빠져 나왔기 때문에 공황을 피해갈 수 있다.

결론적으로 개인은 미국주식에 투자를 하고 있다가 공황이 오는 징조를 보고 미국 국채로 빠져 나오면 부자의 길이 열린다는 얘기가 된다. 2008년 금융위기를 예로 들어 어떻게 부자가 되는지 보다 구체적으로 알아보자.

2008년 금융위기는 미국주식이 50%나 빠지는 대폭락의 시기였다.

2008년도 금융위기

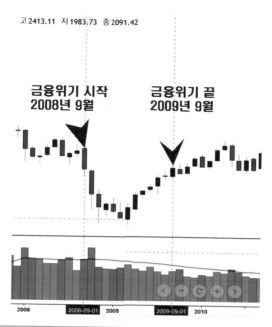

고 **2413.11** 저 **1983.73** 종 **2091.42**

금융위기 시작
2008년 9월

금융위기 끝
2009년 9월

날짜	등락	월간 -3% 발생 빈도	이벤트
2009년 9월	5.6400	0	금융위기 끝
2009년 8월	1.5400	0	금융위기
2009년 7월	7.8200	0	금융위기
2009년 6월	3.4200	1	금융위기
2009년 5월	3.3200	1	금융위기
2009년 4월	12.3500	1	금융위기
2009년 3월	10.9400	2	금융위기
2009년 2월	−6.6800	3	금융위기
2009년 1월	−6.3800	4	금융위기

2008년 12월	2.7000	3	금융위기
2008년 11월	−10.7700	6	금융위기
2008년 10월	−17.7300	9	금융위기
2008년 9월	−11.6400	5	금융위기 시작

2008년 9월에 시작된 금융위기는 2009년 9월에 종료되었다. 세상 어디에도 공황에 대해 설명한 책이 없다. 공황이 그처럼 위험한데도 불구하고 공황에 대한 연구가 없다는 것은 아이러니다.

1987년 블랙먼데이, 2000년 닷컴버블, 2008년 금융위기, 2011년 미국 신용등급 위기를 분석한 결과 공황은 한 달에 4번의 나스닥 −3% 가 뜨면 온다는 것이 나의 일치된 연구결과였다. 이렇게 한 달에 나스 닥 일간지수에 −3%가 4번이 뜨면 공황이니 2008년 금융위기는 9월 에 시작되었다.

날짜	등락	−3% 발생 횟수	이벤트
2008년 09월 22일	−4.1700	4	금융위기 시작
2008년 09월 19일	3.4000		
2008년 09월 18일	4.7800		
2008년 09월 17일	−4.9400	3	금융위기
2008년 09월 16일	1.2800		
2008년 09월 15일	−3.6000	2	금융위기
2008년 09월 12일	0.1400		
2008년 09월 11일	1.3200		

2008년 09월 10일	0.8500		
2008년 09월 09일	−2.6400		
2008년 09월 08일	0.6200		
2008년 09월 05일	−0.1400		
2008년 09월 04일	−3.2000	1	금융위기
2008년 09월 03일	−0.6600		
2008년 09월 02일	−0.7700		

　−3%가 한 달에 4번 떴던 9월 22일이 공황의 시작이었다. −3%가 한 번이라도 뜨면 미국주식이건 국내주식이건 모두 정리하고 미국 채권을 사는 것이 가장 안전하며 돈을 많이 버는 방법이다.

만약 2008년 9월 4일에 −3%가 떠서 주식을 팔았다면 곧바로 9월 8일에 미국 국채 ETF(나스닥 : TLT)를 사면 된다. 국채시장이 9월 8일에나 열렸기 때문에 달러를 조금 보유하고 있다가 9월 8일에 TLT를 사면 된다.

이 당시 TLT는 98.94 달러에서 12월 15일 122.26 달러까지 2달 조금 넘는 시점에 무려 28%나 치솟는다. 남들은 주식으로 망하고 부동산으로 돈 줄 막혀 있을 때 나는 28%의 수익을 2달 만에 거둘 수 있는 것이다.

이것이 끝이 아니다. 한국의 달러 원 환율은 급등락을 하면서 춤을 춘다.

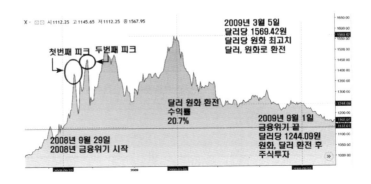

이 그래프는 2008년 금융위기 당시 달러 원 환율을 나타내고 있는데 고점에 원화를 사고 금융위기가 끝나는 시점에 판다면 20.7%의 수익을 올릴 수 있다는 것을 보여준다.

그런데 말이다. 투자를 한 번만 하고 말아야 할까? 원화는 1200원에서 1600원 구간을 오고 가면서 25%씩 움직이는 것을 볼 수 있다. 따라서 1200원일 때는 원화를 달러로 바꾸고 1600원일 때는 달러를 원화로 바꾼다면 등락으로 인한 25%의 수익 기회가 1년 동안 무려 4번 생긴다.

해외증권 HTS에서 환전만 한 번 클릭하면 된다. 아무것도 필요 없다. 그러면 1.25X1.25X1.25X1.25=약 2.44배가 오르게 된다.

물론 이론과 실제는 다르다. 바닥에 사서 꼭대기에서 팔기란 여간 어려운 일이 아니다. 미국 국채로 30%, 한국의 원화로 2.44배의 수익을 온전히 벌 수는 없다. 다만 대부분의 사람들이 공황을 만나 직장을 잃고 파산으로 노숙자가 될 때 나는 미국주식과 미국채권, 달러와 원을 오가며 엄청난 수익을 거둘 수 있는 것이다.

평소 신기에 가까운 투자실력을 발휘했다 하더라도 공황을 만나면 순식간에 모든 재산이 휘발유처럼 증발해 버린다. 투자에서 환금성이 없다면 10년에 한 번 꼴로 오는 공황의 시기에 10년 공든탑이 무너진다.

따라서 재테크에 있어서 가장 중요한 것이 바로 환금성이다. 공황이 언제 오고 끝나는가를 알고, 나아가 환금성이 높은 미국 주식과 미국 채권의 속성까지 꿰뚫는다면, 공황은 더 이상 공황이 아니다. 비로소 위기가 기회의 장으로 바뀌는 것이다.

12장

-3%가 뜨면
왜 반드시 팔아야 하는가?

극도로 적은 확률이지만 그 날이 온다면 한 번에 파산한다

연간	수익률	-3% 횟수	이벤트
2008년	−47.40	26	금융위기
2000년	−39.57	43	닷컴버블
2002년	−33.09	16	닷컴버블

1990년	−16.58	3	
2001년	−13.62	34	닷컴버블
1984년	−10.71	0	
1994년	−2.63	0	
1981년	−1.81	1	
2011년	−0.64	6	미국신용등급위기

1980년부터 2019년까지 38년간 나스닥이 떨어진 해는 단 9번밖에 없었다. 확률로는 23%다. 게다가 10% 이상 떨어진 해는 단 6번이다. 확률로는 16%다. 거꾸로 얘기하면 77%의 확률로 올랐다는 얘기이고 치명적인 하락을 빼면 무려 84%나 올랐다는 말이 된다.

이 사실은 무엇을 뜻하는가? 매일 올랐으나 만약 치명적으로 떨어질 때는 한 해에 무려 50%까지 떨어졌다는 말이다. 이를 평균값의 비대칭성이라 한다.

얼마나 극단적일까? 2008년 금융위기의 경우 AIG는 파산 직전까지 간다. 1200달러가 넘던 AIG의 주가는 서브프라임 모기지에서 파생상품인 CDO(주택담보부증권)를 잘못 팔았다가 0.46센트까지 떨어져 99.99%나 떨어진다. 지금도 50 달러 정도에 머물고 있으니 장단기 모두 큰 손해를 끼쳤다.

이 외 시티은행도 폭락을 면치 못했고, 파산한 기업도 부지기수다. 만약 전재산을 AIG에 걸었다면 공든탑이 한 번의 바람에 와르르 무너져 내린 격이다.

극도로 낮은 확률이지만 그 날이 온다면 파산하고야 만다. 따라서 위험을 잘 회피해야 한다. 그런데 대부분의 사람들은 회피보다는 버티기를 택한다. 그러다가 나락으로 떨어지는 것이다. 주가가 1000일 동안 올라도 며칠 만에 50%가 떨어지고 나면 투자는 실패다. 그러니 위험은 철저히 피해가는 습관을 들이도록 해야 한다. .

인공지능 트레이더 시대, 공포는 더욱 강화된다

주식트레이더 600명→2명…그 자리 AI엔지니어가 꿰차

펀드매니저·변호사·의사 등 전문직 일자리 위협 받아 AI·빅데이터가 수사 돕고 인공지능 작곡 음반도 나와 예측불허 '일자리 충격파'…직장인 10명 중 7명 "어떻게 대비할지 몰라 막막"

2000년 600명이던 골드만삭스의 주식 트레이더는 2018년 두 명까지 줄었다. 그 대신 200명의 컴퓨터 프로그래머들이 고용됐다. 현재 약 3만5000명에 달하는 골드만삭스 전체 임직원 중 4분의 1가량이 컴퓨터 엔지니어인 것으로 알려졌다.

펀드매니저는 "투자는 결국 데이터와 심리 분석이 좌우하게 돼 있다"며 "시장 구조가 크게 변하지 않는다면 점점 더 AI의 강점이 두드러질 것"이라고 했다.

_2018년 1월 17일자 매일경제

왜 골드만삭스는 주식트레이더를 잘라내고 컴퓨터 프로그래머를 앉혔을까? 사람보다 인공지능이 훨씬 투자를 잘 하기 때문이다. 투자라는 영역은 아무리 공부해도 늘지 않는다. 새해만 되면 올해의 주식이 떨어진다, 오른다 주장도 많고, 책도 많지만 시간이 지나고 보면 모두 틀린 예상일 뿐이다.

공부를 통해 혹은 경험이 쌓이면서 기술이 느는 영역은 목수, 배관공, 의사 등과 같은 기술직이다. 경제학자, 애널리스트 등은 아무리 투자공부를 해도 내일 아침 주가를 맞히지 못한다. 따라서 골드만삭스는 전망도 틀리고 주가도 맞히지 못하는 트레이더들을 쓰느니 차라리 인공지능을 트레이더로 쓰는 것이 낫다고 생각한 것이다.

인공지능의 투자방식

그렇다면 인공지능의 특징은 무엇인가? 살 때는 지속적으로 사서 주가를 올리고 한 번 팔기 시작하면 마음먹은 물량을 다 털어 낸다. 즉 매뉴얼화 되어있기 때문에 오른다고 포지션을 잡으면 사려는 물량을 끝까지 따라가서 마지막 한 주까지 전부 사들이고, 팔려고 포지션을 잡으면 마지막 한 주까지 전부 팔아버리는 특성이 있다. 따라서 오를 때는 끊임없이 오르고 떨어질 때는 하염없이 떨어진다.

그래서 앞으로 공황이 온다면 인공지능 때문에 더 확실하게 −3%가 뜰 것이다. 한 달에 4번이 아니라 10번이라도 뜰 것이다. 이것이 인공지능의 특징이다.

사람의 투자방식

반면 사람은 어떻게 투자하는가? 트레이더는 7년 동안 2억 달러를 회사에 벌어주고 공황이 온 단 며칠 만에 6억 달러의 손해를 입히고 쫓겨나며 그를 고용한 기업은 파산하고야 만다.

왜 이 트레이더는 6억 달러의 손해가 났을까? 7년 동안 주식시장이 올랐기 때문에 공황이 왔어도 공황이 온 줄 모르고 그전처럼 단기조정인줄 알고 더 많은 돈을 물타기 했기 때문이다.

트레이더도 사람이다. 손해를 일으키면 자신의 경력에 치명적인 오점이 생긴다는 사실을 잘 안다. 따라서 손해보고 팔기가 쉽지 않다. 그래서 모든 자금을 끌어 모아 손해를 만회하려고 한다. 이런 이유로 트레이더는 공황에서 엄청난 손해를 입고 파산하고야 마는 것이다.

그런데 이제는 인공지능이 인간을 대신한다. 'AI 자산관리'라는 말을 들어 봤을 것이다. AI 자산관리를 실행하는 주체는 당연히 인공지능이고 인공지능은 떨어질 때 매도하고 공매도까지 감행한다. 결국 −3%가 떴을 때 팔지 못하면 공황이 왔을 때 치명적인 손해를 볼 수 있다. 대부분의 사람들은 −3%가 떴을 때 트레이더처럼 행동하는 경향이 있다.

평균값의 비대칭성

사건	확률	결과
A	999/1000	1
B	1/1000	−10,000

매일 1을 벌었지만 1000번에 한 번 오는 공황에서 −10,000을 까먹는다. 매일 벌어들인 1을 다 합해봐야 1000밖에 되지 않는다.

파생상품 시장이 커졌다

2008년 금융위기 당시 세계를 거의 파산시킬 뻔했던 파생상품의 규모가 700조 달러였다면 2018년 기준 파생상품의 규모는 무려 1200조 달러로 늘어났다. 다음 번에 공황이 온다면 다시 금융위기로 올 것이다. 왜냐하면 이 정도로 큰 파생상품 시장이 붕괴된다면 금융위기는 반드시 닥치기 때문이다. 그래서 언젠가는 반드시 공황이 오고 공황이 온다면 바닥을 모르고 추락할 것이다. 따라서 −3%가 뜨면 반드시 팔고 채권으로 갈아타야 한다.

그렇다면 우리가 투자상품을 고를 때 어느 것을 골라야 가장 안전한가? 무엇보다 위험헤지가 우선이다.

한국 주식 – 위험하다

2008년 금융위기 당시 한국 주식을 갖고 있었는가? 대형주라도 하한가를 피하기 힘들었을 것이다. 대부분의 중소형 주식은 팔고 싶어도 팔지 못한다. 장이 시작하자 마자 바로 하한가를 맞고 대기 물량이 엄청나게 쌓여 있다. 외국인과 기관이 엄청난 물량을 털어내서 결국은 30일 동안 폭락을 경험하고 80% 이상 빠진 금액에서 정리가 된다. 첫날부터 팔고 싶었는데 개인은 안 팔리고 외국인과 기관의 물량이 다 털린 다음에서야 겨우 팔 수 있다.

주식은 팔기 쉽다고들 하지만 공황이 닥치면 그마저도 여의치 않다. 미국의 우량주에나 해당하는 말이다. 따라서 한국의 주식은 위험헤지가 전혀 되지 않는다.

한국 부동산 - 위험하다

2008년 금융위기 당시 강남의 은마아파트는 2006년 14억에서 2008년 11월 8억 7000만 원까지 떨어진다. 그나마 강남이어서 팔렸고, 실거래가도 찍힌 것이다. 강남이 아니었다면 역전세난이 일어나고 대출금을 못 갚아 경매로 넘어가는 일들이 비일비재하기 때문에 한국의 부동산 위기는 2008년이 아닌 2012년에 일어난다. 2012년은 하우스푸어 관련 뉴스가 미디어를 휩쓸었다.

팔고 싶어도 팔리지 않고 팔린다 하더라도 50%씩 떨어진 가격에나 겨우 팔린다. 부동산은 한 채 당 가격이 높기 때문에 레버리지를 이용할 수밖에 없고, 이 레버리지는 평소에는 돈을 벌어주는 것처럼 보이나 공황과 같은 일이 닥쳤을 때는 한번에 파산으로 몰고 간다.

이 또한 평균값의 비대칭성이라 할 수 있다. 매일 1을 버나 한 번에 −10,000이 되는 구조다. 부동산에서 한 번에 −10,000은 돌아오는 대출금 상환기일에 한꺼번에 모든 대출금을 갚거나, 이자에 대출원금을 더한 금액을 매달 내는 조건으로 바뀌는 상황을 말한다. 따라서 공황이 오는 순간 레버리지를 일으켜 구매한 사람들은 파산이라는 막다른 길로 내몰리고 만다. 즉, 한국의 부동산 또한 위험헤지가 되지 않는다는 의미다.

미국주식 - 안전하다

미국 주식은 안전하다. 단 −3%가 떴을 때 팔았을 경우다. 특히나 우량주식, 세계 시가총액 1등 주식은 −3%가 떴을 때 안 팔릴 이유가 없다. 아직 공황이 오지도 않았다. −3%가 뜨자마자 그날 판다면 말이다. 그러다가 한 달에 −3%가 무려 4번이나 뜬다면 그날이 공황 확정이다.

곡소리가 울려퍼질 때는 AIG처럼 파산 지경까지 떨어진 주식이 없는가 살펴봐야 한다. AIG가 0.46센트까지 떨어진 시점은 2009년 1월이었다. 2008년 9월 금융위기가 터지고 겨우 5개월 만에 일어난 일이다. 0.46센트까지 떨어진 AIG는 최근 66달러까지 오르며 무려 143배가 올랐다. 만약 금융위기 당시 0.46센트까지 떨어진 AIG를 1000만 원어치 샀다면 지금은 14억 6천만 원이 되었다는 얘기다.

공황이 오면 돈 버는 사람은 따로 있다. 그러나 한국 주식과 부동산을 갖고 있었다면 이러한 기회조차 잡을 수 없다. 위험헤지가 안 되므로 그 전에 자산시장에서 퇴출되고 말기 때문이다.

미국채권, 금선물 – 더 안전하다

미국의 채권과 금선물은 완전한 위험헤지 상품이다. 금융위기 당시 미국채권은 9월 말부터 12월까지 단 2개월만에 30%가 폭등했다. 따라서 위험헤지로는 좋은 수단이다. 하지만 평소에 채권을 계속 들고 있었다면 얼마 벌지 못한다. 평소에는 매일 주식을 가지고 있다가 −3%가 떴을 때만 주식을 팔고 채권을 사는 것이 좋다. 위험을 피할 뿐 아니라 추가 수익도 낼 수 있기 때문이다.

나는 어느 하나의 자산이 좋다 나쁘다는 편견을 갖고 있지 않다. 한때는 부동산에 올인했었고, 여러 투자자산에 개입했었다. 그러나 연구를 하면 할수록 결론은 항상 한 지점으로 모였다. 위험하지 않으면서 오랫동안 안전하게 큰 이익을 거둘 수 있는 투자상품을 찾다 보니 결국 미국 주식과 채권에 도달하게 되었고, 언제 주식을 팔아야 하고, 환율의 차이를 어떻게 이용해야 하는지 깨닫게 되었다. 공황은 위기가 아닌 기회라는 사실도 알게 되었다. 안전을 생각하다 보면 위험한 상품은 피하게 되며, 수익 극대화를 위해 노력하다 보면 남들이 보지 못했던 길이 보인다.

나는 이 책을 통해 그 동안 연구했던 결과물을 아낌없이 그리고 가

감 없이 공개하고 있다. 선택은 당신의 몫이다. 다만 의심에 빠져 실행을 미루기보다는 한 발씩 들여놓으면서 부의 꿈을 꾸고, 또 이루기를 바랄 뿐이다.

13장

반드시 외워야 할 '공황 매뉴얼'

−3%가 뜨면 팔고 무조건 한 달을 기다린다

−3%가 뜨면 어떤 주식이든 판다. 그리고 한 달을 기다린다. 그리고 한 달 동안 한 번도 −3%가 안 뜨면 그 때는 위기가 지나갔다고 볼 수 있다.

−3%가 한 달에 4번 뜨면 공황이다

한 달에 4번의 마이너스가 뜨면 환전을 준비하자. 2008년 금융위기, 2000년 닷컴버블, 1987년 블랙먼데이 등이었다. 한 달에 4번이라는 기준은 '달(月)'기준이다. 8월 말에 2번 뜨고 9월 초에 2번 떴다고 해서 공황은 아니다. 한 달에 무조건 4번이 떠야 공황이다.

−3%가 2달 연속으로 안 뜨면 공황 끝이다

일단 공황이 시작되면 두 달 연속으로 −3%가 안 떠야 공황 끝이다. 블랙먼데이와 미국신용등급 위기가 여기에 해당하는데, 바닥에 사는 것은 힘들다. 언제가 끝일지 알 수 없으므로 매뉴얼대로 두 달 연속으로 −3%가 안 뜨면 공황 끝이라고 판단하는 것이 좋다.

VIX지수가 15 이하라면 완연한 평화의 시기가 맞다

VIX지수로 공포를 판가름하는 평균 수치는 15이다. 15 이하라면 투자를 해도 무방한 시기다.

이것이 매뉴얼이다. 공포가 닥쳤을 때 매뉴얼을 모른다면 내릴 때 팔고 오를 때 사면서 모든 자산을 까먹을 수 있다. 그러니 외우고, 나아가 반드시 실천하여 귀중한 자산을 지키길 바란다. 매뉴얼을 요약하여 휴대하거나 모니터 옆에 붙여두는 것도 좋다.

어닝 서프라이즈 주식 투자법

어닝 서프라이즈 주식을 판별하기 위해 먼저 어닝 시즌이 무엇인지 알아야 한다.

이윤을 추구하는 기업에는 어닝시즌(실적 발표 달)이 있다. 어닝일(실적 발표일) 오르면 어닝 서프라이즈(실적이 좋은 것), 어닝일에 떨어지면 어닝 쇼크(실적이 안 좋은 것)다. 어닝일은 발표일 그날 당일이거나 아니면 다음

날이다.

왜 차이가 나는가? 어닝일이 1월 27일이라면 27일이 어닝일이다. 그런데 아닐 수도 있다. 왜냐하면 27일 증권시장이 시작할 때 기업이 실적을 발표하면 27일에 실적이 반영되어 주가가 오르거나 떨어질 것이다. 그러나 만약 27일 시장이 끝나고 기업이 실적을 발표하면 그 다음날인 28일자에 실적이 반영되는 것이다.

어닝 반영일이 27일인지 28일인지 헷갈릴 수 있는데, 거래량을 보면 문제가 해결된다. 거래량이 더 많은 날이 어닝일이라 보면 된다. 그래도 더 확인하고 싶다면 뉴스를 찾아본다.

https://finance.yahoo.com

위의 사이트에는 모든 미국기업의 뉴스가 나온다. 당연히 영어이므로 크롬과 같은 인터넷 브라우저를 쓰고 플러그인으로 구글 번역기를 깔면 한글로 전환된다.

어닝 서프라이즈 기업이란 실적이 좋은 기업을 뜻한다. 1등 이외의 주식은 모두 어닝 서프라이즈 주식이다. 예외적으로 시가총액 세계 1등 기업과 시가총액 10% 이내의 2등 기업이라면 이것도 1등 기업과 동일하게 취급한다. 이 경우에는 1, 2등 기업을 제외한 기업이 어닝 서프라이즈 기업이다.

세계 1등 기업은 장기투자만이 답이다. 반면 어닝 서프라이즈 기업은 방식이 다르다. 이런 기업은 어닝 서프라이즈를 달성했을 때만 투자하고 어닝 쇼크가 나면 투자하지 않는다. 즉, 장기투자가 아니며, 단기로 그것도 분기별로 아주 짧게 단기투자를 한다.

어닝 서프라이즈 기업에 단기로 투자하는 이유는 어떤 주식도 믿지 못하기 때문이다. 예를 들어 삼성전자가 있다. 5만 원에서 3만 원까지 주가가 떨어졌다. 그렇다면 팔아야 하나? 말아야 하나? 기준이 없다. 그런데 세계 1등 주식은 기준이 정확히 정해져 있다. 2등으로 떨어지면 판다.

1등의 가장 큰 장점은 2등으로 순위가 바뀌었을 때 판다'는 명확한 기준이 있다는 점이다. 그러나 1등 이외의 주식은 이러한 기준이 없다. 앞의 삼성전자처럼 기업실적이 나빠진 것인지 아니면 정말 회사가 망할 지경인지는 내부자가 아니면 알 수 없고, 심지어 내부자도 모르는 경우가 많다.

피처폰 세계 1등이던 노키아는 스마트폰이 나오고 2년 반 만에 망했다. 세계 1등이었는데도 불구하고 말이다. 어떤 기업도 언제 팔아야 하는지 알 수 없지만 시가총액 1등 기업은 팔아야 하는 타이밍이 정확하다. 그러니 장기간 가져갈 수 있고 큰돈도 벌 수 있다. 반면 1등 이외의 기업은 언제 팔아야 할지 알 수 없고, 따라서 1등 이외의 기업은 모두 어닝 서프라이즈를 달성했을 때만 투자하는 어닝 서프라이즈 기업이다.

그러면 어떤 기업이든 어닝 서프라이즈 투자가 통할까? 아니다. 한국, 중국, 일본, 유럽 등의 기업은 어닝 서프라이즈를 달성했다고 하여 모두 오르지 않는다. 오히려 어닝 서프라이즈 발표가 나오고 기관이나 외국인이 물량을 털어 개미들만 손해를 보는 경우가 많다.

그러나 미국만큼은 예외다. 어닝 서프라이즈를 했다면 반드시 오르는 것은 아니지만 대부분 오른다. 정직하다는 얘기다. 그래서 미국기업만 통한다고 봐야 한다. 아무래도 미국은 증권거래에 있어서 관리감독이 투명하고 주가조작을 하다가 발각되면 몇 십 년의 징역을 살 수도 있다. 더구나 시가총액이 커서 작전을 하기에도 부적합하다. 그래서 미국기업만 투자해야 한다.

미국의 어닝 서프라이즈 기업에 투자하려면 아래 인베스팅 닷컴을 적극 활용하자.

https://kr.investing.com

여기에서 개별기업을 찾아 실적을 확인한다. 그 기업의 '재정상황→실적'순으로 누르면 실적이 표시된다. 내용으로 들어가 보자.

출시 날짜	기말	주당순이익 / 예측	수익 / 예측
2020년 02월 24일	12/2019	-- / 0.42	-- / 184.31M
2019년 05월 07일	03/2019	-- / 0.34	-- / 151.43M
2019년 02월 26일	12/2018	0.34 / 0.32	174.36M / 173.76M
2018년 11월 06일	09/2018	0.28 / 0.24	136.66M / 126.1M
2018년 08월 09일	06/2018	0.34 / 0.31	140.55M / 130.99M
2018년 05월 08일	03/2018	0.27 / 0.27	121.33M / 115.58M

위의 표에서 실적 발표일은 2019년 2월 26일이다. 과거데이터도 확인할 수 있다.

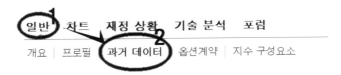

'일반→과거 데이터'순으로 누르면 달력 화면이 나온다.

달력에서 숫자를 직접 기입하거나 2월 26일 날짜를 마우스로 클릭해도 된다. 그러면 일자별 자료가 뜬다.

날짜				거래량	변동 %
2019년 03월 19일	68.07	67.72	68.46	67.17	1.20M	1.22%
2019년 03월 18일	67.25	67.54	67.86	66.73	987.90K	-0.07%
2019년 03월 15일	67.30	67.68	67.99	67.02	1.47M	-0.69%
2019년 03월 14일	67.77	67.08	67.93	66.88	1.00M	1.06%
2019년 03월 13일	67.06	66.90	67.79	66.60	1.67M	0.74%
2019년 03월 12일	66.57	65.84	66.81	65.78	1.21M	1.28%
2019년 03월 11일	65.73	64.50	65.74	64.47	1.26M	2.64%
2019년 03월 08일	64.04	63.40	64.13	62.70	1.32M	0.23%
2019년 03월 07일	63.89	63.66	64.43	63.07	1.46M	0.17%
2019년 03월 06일	63.78	63.87	64.50	63.07	2.09M	0.25%
2019년 03월 05일	63.62	61.93	63.93	61.40	2.27M	3.05%
2019년 03월 04일	61.74	61.55	61.94	60.57	2.28M	0.93%
2019년 03월 01일	61.17	59.41	61.23	59.36	1.99M	4.07%
2019년 02월 28일	58.78	58.28	59.08	57.38	1.94M	0.56%
2019년 02월 27일	58.45	60.90	61.90	58.25	3.81M	2.74%
2019년 02월 26일	56.89	56.90	57.55	56.21	2.52M	0.30%
최고: 71.77		최저: 56.21		차이: 15.56		평균: 66.07		변동 %: 26.00

앞서 이 주식의 실적발표일은 2월 26일이었다. 그러나 실제 실적이 주가에 반영된 날은 2월 26일이 아니라 2월 27일이다. 2월 27일 맨 끝으로 가면 2.74%라는 상승률이 표시되어 있다. 바로 앞쪽에는 3.81M이라는 수치가 보인다. 26일 2.52M보다 높다. 거래량이 더 많았다는 의미다. 어닝 서프라이즈 반영도 26일이 아닌 27일에 일어났다. 그러면 언제가 진짜 어닝일인가? 투자자 입장에서는 27일이다.

복잡하게 여러 수치를 판단할 필요는 없다. 단순한 게 최고다. 실적을 발표하고 주가가 오르면 어닝 서프라이즈, 떨어지면 어닝 쇼크, 이렇게 판단하면 된다. 위에 예를 든 주식도 전형적인 어닝 서프라이즈 주식이다.

이후 주가가 어떤 방향으로 움직였는지 살펴보자. 어닝 서프라이즈 달성 후 주가는 지속적으로 오르고 있다. 28일(0.56%), 3월 1일(4.07%), 3

월 4일(0.93%) 이렇게 계속 말이다. 그러다가 3월 15일쯤 가서 −0.69%
떨어졌다. 계산하면 어닝일 포함 12거래일 연속으로 올랐다. 바로 이런
종목이 어닝 서프라이즈를 한 후 큰 수익을 주는 종목이다. 표의 맨 아
래 동그라미를 표시를 보면 '변동 % : 26'을 확인할 수 있다. 이 수치는
수익률이다. 어닝일 이후 현재까지의 수익률이다. 2달이 채 안 된 시점
이었다.

　이러한 방식으로 어닝 서프라이즈 기업에 투자하면 소위 '대박'의 수
익률이 가능하다. 1억 원을 투자해서 분기당 20%씩의 수익률을 기록
했다고 하자. 수익률은 복리로 가기 때문에 10년 후에는 1,470억 원
이 된다. 즉 1,470배의 수익률이다.

　1억 원을 투자해서 분기당 수익이 10%라 하더라도 대단한 투자다.
10년 후에는 약 450억 원이 되기 때문이다. 첫술에 배부를 수는 없지
만 매번 적지 않은 밥을 뜨기 때문에 소화불량이 걸릴 정도로 많은 양
을 배불리 먹을 수 있다.

　1분기당 수익률이 20%만 넘어도 대성공이다. 한 기업에 투자했는데
분기당 수익이 20%가 넘었다면 20% 아래로 떨어지는 순간 팔아야 한
다. 그것으로 만족해도 충분하다.

　나의 경우 2018년 실수를 한 적이 있다. 어닝 서프라이즈 기업에 투
자해 수익률이 35%까지 갔었다. 수익이 좋으니 '다음 어닝일까지 가
지고 가야지.' 이렇게 생각하다가 계속 미끄러져 결국에는 2% 수익에
만족하고 팔아야 했다.

그러니 항상 10% 또는 20% 정도의 분기수익률을 정해 놓고 있다가 그 이상의 수익을 거둔다면 언제든지 팔고 나올 수 있어야 한다. 이 역시도 매뉴얼을 정해놓고 그대로 실천하면 된다. 또 어닝 서프라이즈 주식은 많다. 한 종목에 목맬 이유가 없다. 다음 어닝시즌에 또 들어가면 된다.

대박이 있으면 쪽박도 존재한다. 쪽박 종목(일반 종목)을 살펴보자.

출시 날짜	기말	주당순이익 / 예측	수익 / 예측
2019년 04월 25일	03/2019	-- / 0.56	-- / 185M
2019년 03월 04일	12/2018	0.26 / 0.2	177.23M / 177.2M
2018년 11월 05일	09/2018	0.6 / 0.58	177.21M / 177.2M
2018년 08월 07일	06/2018	0.35 / 0.27	149.37M / 149.4M
2018년 05월 08일	03/2018	0.51 / 0.49	171.77M / 171.8M
2018년 03월 13일	12/2017	0.14 / 0.11	149.53M / 149.6M

이 종목은 3월 4일이 어닝일이다.

2019년 03월 25일	76.00	74.99	76.52	74.51	94.78K	1.16%
2019년 03월 22일	75.13	76.74	77.19	75.05	94.75K	-2.25%
2019년 03월 21일	76.86	75.75	77.92	75.08	137.58K	0.88%
2019년 03월 20일	76.19	76.94	76.97	75.70	157.28K	-1.00%
2019년 03월 19일	76.96	77.46	77.46	76.26	116.95K	-0.44%
2019년 03월 18일	77.30	76.87	77.69	76.18	142.16K	0.70%
2019년 03월 15일	76.76	76.59	77.87	76.59	212.38K	0.64%
2019년 03월 14일	76.27	75.84	76.52	74.96	691.46K	0.95%
2019년 03월 13일	75.55	77.68	78.34	75.31	517.64K	-2.58%
2019년 03월 12일	77.55	78.24	78.29	77.18	232.66K	-0.53%
2019년 03월 11일	77.96	78.70	78.84	77.72	164.74K	-0.41%
2019년 03월 08일	78.28	78.31	79.10	77.82	77.96K	-0.05%
2019년 03월 07일	78.32	78.87	78.99	78.06	72.40K	-0.71%
2019년 03월 06일	78.88	78.78	79.10	77.84	176.55K	0.47%
2019년 03월 05일	78.51	76.30	78.85	75.20	181.67K	2.23%
2019년 03월 04일	76.80	80.15	80.99	75.56	224.73K	2.07%
최고: 80.99	최저: 74.39	차이: 6.60	평균: 76.72	변동 %: 2.05	

투자자 입장에서는 4일인가, 5일인가? 4일 당일이다. 4일이 5일보다 거래량이 더 많기 때문이다. 그런데 이 종목은 맨 아래 '변동 %'를 보면 2.05로 수익률이 크지 않다.

우리는 여기서 중요한 사실을 알 수 있다. 어닝일 이후 10일간의 추이가 중요하다는 점이다. 대박종목은 내리 12일이 오른 반면 일반종목은 2일 오르고 내리 5일 떨어지고 다시 오른다. 평균을 내면 별 볼일이 없다.

지금까지 어닝 서프라이즈 두 종목을 살펴보았는데, 패턴이 발견되지 않는다. 그런데 최근 어닝 서프라이즈 주식을 40종목 이상 살펴본 결과 한 분기 동안 대박을 치려면 어닝 서프라이즈 후 10일 동안 1번이나 2번 정도만 떨어지고 나머지 날은 상승하였다. 수익률을 살펴보니 최소 수익률 10%~45%까지다. 반면 사흘 연속으로 떨어지는 경우가 있다면 최소 대박은 아닐 수 있다.

요약하면, 어닝 서프라이즈 후 투자할 때 내리 오르면 가져가고, 떨어지는 날이 훨씬 많으면 그냥 팔고 다른 어닝 서프라이즈 주식을 사는 것이 낫다. 어닝 서프라이즈 주식 투자를 정리하면 다음과 같다.

어닝 서프라이즈 주식 매수 · 매도 매뉴얼

매수조건

꾸준히 오르는 종목 – 그래프가 안정적이며 오르는 종목

예를 들어 –3%의 횟수가 1년에 20번 이하인 종목

①어닝 서프라이즈 이후 5일 중 4일 오른 주식은 4일 오른 날 산다.
②어닝 서프라이즈 이후 10일 중 6일 이상 오른 주식은 6일 오른 날 산다.

조금 더 복잡하고 디테일한 매수 매뉴얼이 나온 이유는, 수없이 많은 종목을 모두 판단하기 어렵기 때문이다. 어닝 서프라이즈 주식은 가이던스, 기업의 펀더멘털, 향후 발전성, 다음 분기까지의 실적추이 등 여러 가지 항목을 보고 종합적으로 판단해야 한다. 그런데 투자자가 이 모두를 모니터링하기란 사실상 불가능하다. 그래서 보다 까다로운 매뉴얼을 만들어 실수를 줄이고자 하였다. 또한 이와 같은 방식으로 투자하면 성공률이 높아질 뿐, 대박을 보장하지는 않는다. 따라서 어닝 후 최초 10일 중 오르는 기세를 보고 판단한다.

③자산의 3/10 정도를 10개로 나누어 산다. – 나머지 7/10은 1등 주식을 산다.

급격히 오르는 종목 – 그래프가 불안정하며 급격히 많이 오르는 종목

1년에 –3%의 횟수가 20번 이상이면서 1년 수익률이 100% 이상 인 종목

④어닝 서프라이즈 후 무조건 많이 떨어진 것(최소 5% 이상)을 확인 후 오를 때 종가에 산다. 급격히 오르는 주식은 아래 매도조건 ④번에 해당하지 않는다.

매도조건

①나스닥 일간지수에 −3%가 뜨면 팔고 한 달 기다린다.

②다음 어닝일 전날에는 무조건 판다 − 어닝 쇼크가 날 수 있기 때문이다.

③매수 가격에서 수익률이 −10% 이상 떨어진다면 판다(손절매 기준).

④어닝 서프라이즈 이후 10일 중 6일 오르지 않았다면 판다.

⑤분기 수익률이 20% 이상이라면 20% 아래로 떨어지면 판다.

인베스팅 닷컴에서 실적발표일 알람 생성하는 법

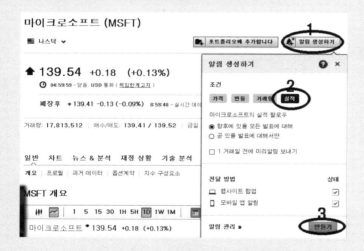

주식 〉 알람생성하기 〉 실적 〉 만들기

이 순서대로 눌러 놓으면 알람이 생성된다. 실적발표 하루 전에 인베스팅 닷컴의 앱, 이메일, 인터넷으로 알람이 온다. 어닝 서프라이즈 주식은 실적 발표 전날 팔면 된다. 실적발표 후 어닝 쇼크가 날 수도 있으니 말이다. 어닝 서프라이즈를 확인하고 잘 오르는지 보고 들어가도 충분하다.

주식은 시가에 사는가?
종가에 사는가?

　사고 싶은 주식이 생겼다. 더구나 오늘 어닝 서프라이즈를 기록했다. 호재가 떠서 확실히 오를 것으로 판단된다면 장 시작 후 바로 사야 하는가? 아니면 장이 끝나기 전에 사는가?

　결론은 장이 끝나기 전이다. 시가는 호재로 인해 이미 오른 가격에서 시작할 확률이 높기 때문이다.

만약 사고 싶은 주식이 어제 100달러였고, 장이 끝나고 실적발표를 했다. 그런데 장외에서 15% 올라서 115달러에 거래되고 있다. 그러면 마음이 급해진다. 다음날 장이 시작하기를 기다렸다가 116, 117달러, 혹은 그 중간 어디쯤에서 살 확률이 높다.

미국 주식시장은 평소에는 밤 11시 30분에 시작해 다음날 새벽 6시에 끝난다. 섬머타임 적용 기간에는 한 시간씩 앞당겨진다. 총 6시간 30분이다. 정말 그 주식이 좋았을 때는 시가보다 종가가 높을 수 있다. 하지만 떨어져서 끝날 확률이 조금 더 높다.

이유는, 15% 상승은 매우 많이 오른 수치다. 여기서 더 오르려면 매수세가 지속적으로 붙어야 한다. 6시간 30분 동안 내리 말이다. 많이 올랐을수록 높은 상승세를 지속하기 힘들다. 어차피 다음날까지 오를지 말지 확실하지 않은 미미한 상승률이라면 그렇게 서둘러서 사지도 않았을 것 아닌가? 그래서 종가에는 떨어질 확률이 높다. 만약 종가에 시가보다 올라서 끝났다 하더라도 이 정도 기세면 다음날 시가에 다시 오를 확률이 높다.

그리고 기분 문제인데 사놓고 자고 다음날 새벽에 일어나 보니 떨어져 있다면 그날은 기분이 나쁘다. 그러나 종가 근처에서 사면 어차피 장 끝나기 직전이므로 사고 나서 많이 오르거나 떨어질 확률이 거의 없다. 그러니 기분이 나쁘지 않다.

뿐만 아니라 어닝 서프라이즈라고 생각해서 사놓고 잤는데 다음날 전날보다 주가가 오히려 떨어져서 어닝 쇼크가 되는 낭패를 겪을 일이 없다. 물론 실적발표 후 떨어진다고 무조건 어닝 쇼크는 아니다. 이를 믿고 다음 분기까지 오히려 오를 수도 있다. 그렇지만 실적발표 날 떨어지면 어닝 쇼크일 확률이 높으므로 팔아야 하나 말아야 하나 고민이 된다.

그리고 어닝일이 아니더라도 한 분기는 3개월이다. 결코 짧은 시간이 아니니 오를 주식은 3개월 동안 오를 것이고 오르지 않을 주식은 어닝 서프라이즈를 달성했어도 며칠 만에 상승분을 모두 반납할 수도 있다. 그러니 급할 게 없다. 시간을 두고 천천히 관찰하면서 사도 늦지 않는다.

이러나 저러나 오르는 주식은 종가에 사는 것이 맞다.

16장

어닝 서프라이즈 참고 사이트

인베스팅 닷컴 https://kr.investing.com

개별종목 ▶ 재정상황 ▶ 실적으로 검색하면 된다.

나스닥 어닝 캘린더 – 구글로 검색 nasdaq earning calendar

https://www.nasdaq.com/earnings/earnings-calendar.aspx

날짜별로 종목을 찾을 수 있다.

야후 파이낸스 – 구글로 검색 https://finance.yahoo.com

오른쪽 아래 프로필에 기업 소개가 자세히 나와 있다. 나도 새로 찾은 기업은 이곳에서 어떤 일을 하는 기업인지 확인한다. 기업뉴스를 볼 수 있고, 뉴스로 어닝 서프라이즈 확인이 가능하다. 영어를 모르면 크롬에서 번역기를 설치한 후 확인하면 된다.

시가총액 1등 이외의 주식은
어닝일 이전에 모두 매도

기대주 넷플릭스에서 어닝 쇼크가 발생했다. 이유는 8년 만에 가입자가 감소했기 때문이다. 이 여파로 넷플릭스 주가는 당일 시간외 거래에서 10% 넘게 폭락했다.

한 기업에 대한 지나친 신념은 잘 풀리면 나를 부자로 만들어주기도 하지만, 잘못 풀리면 큰 대가를 치러야 한다. 기대주 넷플릭스처럼 말이다.

1등 이외의 주식은 기준이 없으므로 본인의 판단 하에 투자해야 한다. 넷플릭스와 같은 주식은 이후 더 빠질 수도 있고 심지어 반토막이 날 수도 있다. 물론 이후 낙폭을 줄이며 다시 반등할 수도 있다.

만약 반토막이 난다면 비자발적인 장기투자자가 되어야 한다. 또는 큰 손실을 보고 빠져 나와야 한다. 만약 반등을 했다면 팔지 않고 보유했을 경우에는 문제가 없지만, 팔았다면 땅을 치고 후회할 일이다.

애초에 이런 문제가 발생한 이유는 무엇일까? 어닝일 이전에 팔지 않았기 때문이다. 어닝일 이전에 팔았다면 이런 고민 자체가 있을 수 없다.

1등이 아닌 주식은 언제나 어닝 서프라이즈를 확인한 후 들어가도 된다. 많이 올랐겠지만 어차피 어닝 서프라이즈 주식이니 한 분기를 보고 들어가는 것이다. 수익은 그 후에 내도 적지 않다. 그리고 안전하다.

만약 어닝 쇼크가 났다면 어떻게 하는가? 다른 어닝 서프라이즈 주식을 사면 된다. 고민할 필요가 없다. 주식을 믿지 말고 매뉴얼을 따르면 된다. 1등 주식 이외에는 모두 단타 개념이다.

1등 주식의 어닝일 대처법

1등 주식은 어닝일 이전에 팔아야 하는가? 아니다. 팔 필요가 없다. 1등 주식은 장기투자다. 그래야 부자가 될 수 있다. 좋은 주식이므로 단기적으로 사고팔 필요가 없다. 오래 보유할수록 유리하다.

그런데 1등 주식에서 어닝 쇼크가 났다면 어떻게 해야 하는가? 1등 주식이 팔아야 할 조건에 부합하는지를 보고 팔면 된다.

①어닝 쇼크가 나서 2등으로 순위가 밀렸는가?

②2등으로 떨어졌다면 시가총액이 새로 올라온 1등 주식과 10% 이상 차이나는가?

이 두 조건이 맞아야 판다. 어닝 쇼크가 났어도 2등으로 떨어지지 않았다면 팔 필요가 없다. 만약 1등 주식이 어닝 쇼크가 나서 2등으로 떨어졌다 하더라도 아직 1등과 시가총액이 10% 이내라면 팔 필요가 없다.

이 2가지 조건에 부합하면 당연히 팔아야 하고, 아니면 보유다. 2등으로 떨어지고 시가총액도 새로 올라온 1등과 10% 이상 벌어졌다면? 당연히 팔아야 한다. 그리고 새로 올라온 1등으로 갈아타면 된다.

시가총액 1등 주식은 이렇게 팔 타이밍을 확실히 알려준다. 그러나 1등 이외의 주식은 팔 타이밍을 알려주지 않는다. 그래서 1등 이외의 주식은 떨어졌을 때 본인이 판단해야 하는데, 쉽지도 않고 매우 까다롭다.

그러니 1등 주식 이외에는 믿을 주식 없다고 생각하고 일단 어닝일 이전에 팔자.

18장

음성혁명의
파괴적인 미래

[필동정담] 번역기의 진화

"이러려고 통역대학원 나왔나. 자괴감이 들고⋯."

　최근 구글 번역 서비스의 업그레이드에 감탄한 한 네티즌이 인터넷에 올린 글이다. 과거 구글 번역기를 몇 차례 시도해 봤지만, 뒤죽박죽 어순과 오류투성이 결과물에 실망하기 일쑤였다. 구글 번역이 획기적으로 바뀌었다기에 한번 테스트 해보기로 했다. 지난 20일자 월스트리트저널에 게재된 한국 관련 영문 기사를 긁어서 번역기를 돌려봤다.

_2016년 11월 21일자 매일경제

진화하는 번역기… 사라지는 번역가?
구글 등 인터넷 번역기 AI 도입
단어별로 번역하는 수준에서 맥락 파악하는 방식으로 진화
"비문학, 기계번역 대세 될 것"

_2017년 1월 18일자 조선일보

인공지능이 점점 똑똑해지고 있다. 번역 실력도 일취월장했다. 스마트폰만 있어도 통번역이 쉽게 된다. 아마존의 에코나 구글의 구글홈은 말로 하면 음악도 틀어준다.

이런 기기들은 번역가들을 없애버리기 위해 나왔을까? 당연히 아니다. 결과적으로 번역가들의 설 땅을 잃게 만들고 있지만, 이들의 목적은 거기서 그치지 않는다. 핵심은 '이 기계들이 우리 말을 알아듣는다는 데' 있다.

기계는 먼저 말을 알아들어야 반대급부의 행동을 할 수 있다. 지금이야 음악을 틀어주거나 번역을 하는 정도지만, 이들이 바꿀 미래는 지금으로써는 상상하기 힘들만큼 거대하고 광범위할 것이다.

스마트폰이 나오기 전까지 사람들은 지하철에서 책이나 신문을 보았다. 포커스, 벼룩시장과 같은 무가지 신문의 종류도 다양했다. 그런데 지금 누가 지하철에서 신문을 펼쳐놓고 뉴스를 보는가? 이미 상당히 어색한 풍경이 되었다. 스마트폰이 나오기 전 음식배달을 시키려면 상가수첩이라는 책을 찾아 사진을 보고 전화로 주문을 했다. 하지만 지금은 배달의 민족, 요기요 등 배달앱을 이용한다.

변화를 열거하자면 끝이 없다. 우리는 여기서 스마트폰이 일으킬 후폭풍에 주목하고자 한다. 앞으로는 터치의 시대가 아닌 음성의 시대가 열린다. 귀찮고 눈 아프게 좁은 스마트폰 안을 들여다볼 필요가 없어진다.

어떤 이는 2020년 이후에는 일상적으로 쓰는 앱이 5000개가 넘을 것이라 했다. 하지만 이 예상은 빗나갈 확률이 높다. 앱은 스마트폰 전용이다. 앞으로는 모든 것을 음성으로 컨트롤 하기 때문에 앱이 필요없어진다.

그러면 앱을 대신할 주체는 무엇인가? 바로 음성을 잡는 기업이다. 이들 기업이 음성 생태계를 지배한다.

나는 한때 LG폰을 썼다. LG폰의 단점은 음성비서가 없다는 점이다. 그래서 네이버에서 나온 네이버 클로바 앱을 깔아서 썼다. 이 앱을 쓰면서 깨달은 바가 있다. 예를 들어 "홍대에서 강남역까지 어떻게 가야 해?"라고 물으면 두 가지 방법을 가르쳐 준다. 하나는 대중교통으로 가는 방법, 다른 하나는 자동차로 가는 방법이다. 그런데 자동차로 가는 방법을 보다가 깜짝 놀랐다. 나는 평소 SKT의 T맵을 쓰는데, 네이버 지도로 길을 가르쳐 주는 것이다. 그렇다고 다시 T맵을 켜서 목적지를 손으로 누를 수는 없지 않은가? 운전을 해야 하니 말이다. 결국 네이버 지도를 쓸 수밖에 없었다.

이것이 뜻하는 바는 무엇인가? 아마존이든 구글이든 음성 플랫폼을 잡는 순간 그 기업이 음성 생태계를 장악할 것이라는 사실이다.

쇼핑을 예로 들어보자. 지금은 네이버 쇼핑과 같은 인터넷 가격비교 사이트를 이용한다. 만약 노트북을 사고 싶다면 인터넷 창에는 약 43개 정도의 판매 상품이 뜬다. 거기서 일일이 가격과 성능을 비교한다. 그런데 만약 아마존 에코나 구글의 구글홈에게 노트북 좀 골라달라고 하면 어떤 결과가 나올까? 인터넷처럼 수많은 쇼핑리스트를 말해줄까? 아니다. 3가지만 말해준다.

대세는 음성 쇼핑인데… 'AI 스피커'에 고민 커진 유통기업들

지난달 28일(현지시간) 월스트리트저널(WSJ)은 알렉사 등 음성 비서들이 수십 년 된 소비재 마케팅 모델을 위협하고 있다고 보도했다. 음성 비서 시장의 70%를 장악하고 있는 아마존 알렉사는 주인이 물으면 한 가지, 많아야 두 가지 상품을 추천한다. 수많은 제품과 브랜드를 배열해놓은 상점이나 온라인쇼핑몰과 다르다. 아마존에서 일했던 세바스천 슈페파니아 네슬레 SA 전자상거래 총괄 임원은 "음성 검색 시장에서는 1위나 2위가 아니면 미래가 없다"고 말했다.

_2018년 3월 1일자 한국경제

기사 내용처럼 음성혁명 시대에는 리스트가 단 세 가지뿐이다. 그러면 나머지 기업들은 어떻게 하라는 말인가? 한 마디로 음성쇼핑의 시대가 온다면 음성 플랫폼에 종속될 수밖에 없다는 얘기다.

다가올 음성혁명 시대에는, "듀라셀 건전지 좀 주문해줘", "크리넥스 휴지가 떨어졌네?" "질레트 면도기 중 어떤 것이 괜찮을까?"와 같이 구체적인 브랜드가 없다면 회사가 망할 수도 있다는 뜻이다. 따라서 제조업체들은 음성쇼핑 플랫폼에 종속될 수밖에 없다. 그리고 신제품을 홍보할 길은 음성비서밖에 없다. 신제품을 출시하는 기업은 거액을 주고서라도 음성비서에게 자신의 상품홍보를 부탁할 수밖에 없다.

그런데 문제가 또 있다. 내가 건전지 주문을 했다. 그런데 음성비서가 추천하는 물건은 3가지 종류뿐이다. 그런데 아마존의 알렉사가 가격이 가장 싼 아마존의 PB상품(Private Brand : 자체 개발 상품이란 어떤 기업이 생산하거나 제공하는 제품에 다른 기업의 상표를 붙인 제품을 말한다)을 추천한다면 어떻게 될까? 혹은 아무거나 주문해달라고 했을 때 음성비서의 PB상품을 배달해 준다면 어떻게 될까? 쇼핑의 판이 바뀐다. 브랜드 네임을 알아야 그나마 음성혁명에서 살아남는다.

그런데 문제가 더 있다. 패키지로 시킬 때다. 여러 가지 물건을 한꺼번에 시키는데 그럴 때는 그냥 음성비서에 맡길 가능성이 크다. 예를 들어 휴지, 비누, 생수, 샴푸, 기저귀, 물티슈, 계란, 우유 등을 묶어서 시킨다면? 브랜드 네임을 일일이 얘기할까? 아니면 기존에 시켰던 그대로 시킬까? 그리고 음성비서로부터 어떤 제품인지 일일이 확인을 받을까? 기존에 시켰던 제품을 반복하거나 음성비서가 추천하는 제품으로 넣을 가능성이 크다. 이쯤 되면 음성비서에 종속된다고 볼 수 있다. 음성비서 기업은 거대 제조업체가 될 수 있다. 조짐은 이미 나타나고 있다.

조성진 "아마존 세탁기도 나올 텐데⋯어떻게 살아남을지 고민"

조 부회장은 이날 "신년사를 준비하면서 '아마존이 과연 전자레인지만 만들겠냐' 하는 생각이 들었다"며 "세탁기도 냉장고도 가능할 것"이라고 말했다. 가전에 탑재되는 각종 소프트웨어(SW)를 아마존클라우드서비스(AWS) 서버에 저장하면 코딩을 통해 어떤 가전제품이든 성능 업그레이드가 지속적으로 가능하다는 분석이다.

_2019년 1월 11일자 중앙일보

즉 아마존이 냉장고, 세탁기를 직접 만들어 홍보한다면 기존 가전제품기업은 강력한 경쟁자를 만나게 되는 것이다. 게다가 경쟁에 밀린 기업은 아마존, 구글 등의 기업 PB상품 개발업체로 전락할 수도 있다. 마진은 매우 박하고, 그 모든 마진은 음성비서 기업이 독식하는 애플 모델이 될 수도 있다.

美 '反기업 정서' 폭주⋯민주당 후보 "아마존·구글·페북 해체해야"

예를 들어 미국 전자상거래 시장의 절반 가까이를 차지하는 아마존이 자 미국에서는 기업 PB상품을 만들지 못하도록 해야 한다는 주장까지 나오고 있다. 인터넷 시대에도 이 정도인데, 음성혁명 시대가 오면 요구는 더 거세질 것이다. 현재 가장 강력한 음성비서 투탑은 아마존과 구글이다.

아마존고라는 아마존 매장이 있다. 미국에 매장을 새로 오픈하고 있는데 이 매장들의 특징은 직원이 없다는 점이다. 계산대와 계산원이 없는 무인 편의점 방식이다.

이런 무인매장을 가리켜 언택트라고 한다. 언택트란 로봇 카페, 로봇 레스토랑처럼 사람과 직접 대면하지 않고 서비스하는 방식이다. 아마존고도 있지만 중국의 F5 미래상점(未來商店)은 식음료와 생필품을 판매한다.

매장 안은 자판기처럼 운용된다. 고객은 물건을 직접 만지거나 보지 못하고 대신 벽면에 붙은 터치스크린이나 키오스크에서 상품을 선택하고 결제하면 내부 자판기에서 물건을 보내준다.

언택트를 도입하는 이유는 컴퓨터 비전, 머신러닝 등을 통해 쇼핑의 동선을 확보하고 고객의 상품선호도와 선택패턴을 파악하기 위해서다. 그리고 아직은 시행 초기이기 때문에 고객들도 SNS를 통해 이용자 경험을 공유하면서 입소문이 난다.

또한 청년층의 특징은 카카오톡과 같은 메신저 서비스에 익숙해져 있어 사람들과 말을 나누는 직원 대면 서비스를 두려워하거나 꺼려하는 경향이 있다. 따라서 이들은 언택트 매장을 오히려 편안해 할 수도 있다.

다음 이유는 무엇일까? 캐셔를 없애는 것인데, 단순히 직업 하나 없애려는 목적은 아니다.

https://www.youtube.com/watch?v=YzlltkfTsVM

이 영상을 보면 한 시민이 스마트폰을 아마존고 매장 입구에서 찍고 들어간다. 그리고 물건을 가방에 넣고 그냥 나오면 스마트폰에 내가 가져 나온 물건의 목록이 뜨고 자동으로 결제된다. 이 영상을 더 자세히 보면 처음 매장에 들어갈 때 QR코드를 스캔한다. 이것이 포인트다.

우리는 인터넷 쇼핑 시 '삼성 페이', '네이버 페이' 등을 애용한다. 그런데 카드가 반드시 있어야 한다. 비밀번호 6자리를 누르기는 하지만 먼저 카드를 등록해야 한다.

그러나 아마존고에서는 결제도 자사의 고객이어야만 가능하다. 아마존이 만약 가상화폐를 만든다면 카드마저 없어지지 않을까?

아마존 사용자 12.7% "아마존 브랜드 암호화폐 원해"

아마존 브랜드의 암호화폐가 발행된다면 일정량의 수요가 있을 수도 있다고 코인텔레그래프는 지적했다.

_2019년 2월 7일자 중앙일보

이런 요구가 있었다. 그래서 먼저 치고 나온 것이 페이스북의 리브라다.

가상화폐 리브라 좌초하나…파월 "보안에 심각한 우려"

제롬 파월 미국 중앙은행(Fed) 의장이 페이스북의 가상화폐 '리브라(Libra)' 출시 계획에 대해 일시 중단할 것을 촉구했다. 돈세탁, 개인정보 보호 등과 관련한 '심각한 우려'를 먼저 해결해야 한다는 것이다. 정보기술(IT)업계에서도 리브라 출시가 어려울 것으로 보는 시각이 확산되고 있다.

_2019년 7월 11일자 한국경제

그러나 페이스북의 리브라를 얘기하자마자 미국의 Fed의장 파월은 페이스북의 리브라를 견제했다. 그러나 페이스북이 리브라를 하려는 이유는 따로 있다. 인터넷 은행이다. 왜냐하면 사용자의 나이가 몇 살인지부터 남자인지 여자인지 등 개인정보뿐 아니라 그 사람의 취향이나 쇼핑정보까지도 알 수 있고, 사는 집까지 올린다면 그 사람의 개인적인 부(富)까지도 알 수 있게 된다. 그렇다면 은행을 만들어도 잘될 것이다.

인터넷 은행으로 성공한 예가 하나 있다. 그 은행은 중금리 대출로 성공했다. 중금리 대출이란 신용도가 좋은 사람들은 시중은행을 이용할 테니 제외하고, 신용도가 극악인 사람은 저축은행이나 사채를 이용할 테니 이들을 제외하면 중금리를 받을 사람들이 필요한데 이들을 어떻게 구별할 것인가가 문제다.

성공한 은행은 중국의 알리바바다. 중국의 알리바바는 자금을 조달할 창구가 있었다. 그 창구란 바로 알리페이다. 알리페이는 직불카드 개념이다. 먼저 돈을 적립하고 그것을 알리페이를 통해 쓴다. QR코드만 비추면 노점에서도 음식을 사먹을 수 있다. 현금거래를 하지 않고 말이다. 그리고 알리바바 쇼핑몰에서 쓸 수도 있다. 알리페이는 정말 쓸 데가 많다.

알리페이를 쓰려면 일단 돈을 알리페이에 넣어야 한다는 뜻인데, 그것이 알리바바 인터넷 은행 조달자금으로 일부 쓰인다. 그리고 알리바바가 어디에 돈을 빌려주나? 중금리 대출로 알리바바의 수많은 입점업체다. 시중은행에서 보면 이들 기업의 신용도는 낮은데 알리바바는 누가 돈을 잘 벌고 매출이 많은지 이미 알고 있다. 알리바바는 이런 정보를 이용해 중금리 대출이 가능하다.

만약 돈을 빌려줬는데 이자를 안 갚는다면 해결책은 무엇일까? 어차피 나중에 상품 판매대를 그 업체에게 줘야 하니, 그 돈만큼 차감하면 된다. 얼마나 안정적인 틈새시장인가? 이러니 페이스북이 알리페이와 같은 도구로 리브라를 쓰려고 추진했던 것이다.

쇼핑은 더 발전할 수도 있다. 페이스북과 아마존의 콜라보레이션 말이다. 아마존은 쇼핑이고 페이스북은 SNS다. 가장 난감한 경우가 여자친구가 생일일 때 아닌가? 선물을 사줘야 하니까 말이다.

예를 들면, 어느 날 페이스북에서 당신이 아는 사람의 생일이 며칠 남았다고 메시지가 뜬다. 그래서 확인해 보니 여자친구의 생일이다. 그런데 여자친구가 무엇을 좋아하는지 모른다. 그렇다고 현금을 줄 수도 없다. 현금은 당신의 진심을 아는 부모님에게 주는 것이다. 여자친구에게 현금을 줬다가는 뺨을 맞고 헤어질 수도 있다. 반드시 그의 마음을 뒤흔들 선물을 줘야 한다.

선물에는 강력한 팁이 하나 있다. 가장 비싼 선물이 최고다. 그것을 누가 모르나? 문제는 돈이다. 하지만 요령은 있다.

만약 당신이 여자친구에게 선물을 한다고 하자. 예산은 10만 원이다. 마침 겨울이라 따뜻한 패딩이 떠올랐다. 좋아할까? 좋아할 수도 아닐 수도 있다. 10만 원짜리 패딩은 아주 비싼 것은 아니기 때문이다. 그러면 무엇이 좋을까? 비싼 선물이 요령이라 했다. 10만 원짜리 가죽장갑은 어떨까? 꽤 고급이다. 동종 레벨 중 비싼 축에 속한다.

이렇게 고민해서 선물을 선사해도 여자친구가 좋아할지는 알 수 없다. 그렇다고 물어볼 수도 없다. 그런데 페이스북은 여자친구가 아마존 쇼핑몰에서 주로 이런 상품들을 본다고 알려준다. 그러면 생일선물로 무엇이 좋을지 금방 알 수 있다. 이것이 바로 페이스북과 아마존의 콜라보레이션이다.

이런 시대가 열리면 당신은 무엇을 봐야 하는가? 강남 아파트를 보러 다녀야 할까, 아니면 음성혁명의 미래를 봐야 할까? 사물인터넷 시대는 세상 모두를 컨트롤하는 시대다. 집뿐 아니라 자동차에도 음성비서가 깔리고 내가 가는 곳은 모두 음성으로 제어된다. 그래서 그 모든 것들이 하나로 합쳐진다. 마치 아이언맨의 자비스처럼 말이다. 이 거대하고 중대한 변화의 물결을 결코 놓쳐서는 안 된다.

19장

세상을 바꿀 **클라우드**가 온다

생태계기업의 바탕은 클라우드에 있다.

지금까지의 정보처리는 주로 내 컴퓨터에서 이루어졌다. 그런데 예를 들어 엄청난 양의 영화가 있다고 하자. 내 컴퓨터에 모두 저장할 수 없다. 너무 많은 메모리가 필요하다. 그래서 메모리 용량을 늘리느니 저장공간을 제공하는 기업을 찾게 되었고, 그곳에 클라우드가 있었다.

그 최초의 기업이 아마존이다. 아마존은 인터넷 쇼핑몰이다. 그런데 왜 그들이 클라우드 컴퓨팅 사업을 시작했을까? 그들이 영위하는 사업 자체가 엄청난 데이터 공간을 필요로 했기 때문이다. 고객과 상품의 데이터를 저장해야 했고, 이들이 잘 돌아갈 수 있도록 소프트웨어도 개발해야 했다. 세일 기간에는 일시적으로 사람들이 몰려 트래픽(과부하)이 많이 걸릴 때도 있다. 이런 데이터 저장과 운용에 관한 노하우가 쌓인 곳이 바로 아마존이다.

게다가 통신 속도가 점점 빨라지면서 인터넷으로 다운을 받아서 쓰는 것이 더 유용해졌다. 그래서 지금은 USB와 같은 저장매체를 들고 다니지 않는다. 웬만한 파일은 클라우드에 올려놓고 그때그때 접속하여 파일만 내려 받으면 된다. 이러한 빠른 통신환경이 어우러지면서 클라우드가 대세가 된다.

마침내 클라우드 DB의 시대가 열리고 있다

아마존웹서비스(AWS)는 지난 2년간 6만 4000개 데이터베이스를 자사 클라우드로 이전했다고 밝혔지만, 아직도 수백만 개가 기업 데이터센터에서 운영중이다.

그러나 이런 상황은 오래가지 않을 것으로 보인다. 최근 유럽 최대 항공사인 라이언에어(Ryanair)가 대규모 클라우드 전환 계획을 발표했다. 인프라스트럭처를 모두 AWS로 이전하는 것으로 문자 그대로 '클라우드 올인'이다. 이번 발표에서 가장 주목해야 할 부분은 "WS 데이터베이스로 표준화한다"는 대목이다. 마이크로소프트 SQL 서버를 아마존 오로라(Aurora)로 완전히 대체한다는 것이다.

_2018년 5월 14일자 CIO Korea

아마존에서 시작한 클라우드 서비스는 이제 기업 클라우드 시대를 열고 있다. 앞은 유럽의 최대 항공사 라이언 에어가 클라우드로 전환을 하는데 기존의 서버인 마이크로소프트의 SQL 서버를 버리고 아마존의 클라우드로 바꾸고 있다는 기사다.

제주항공의 파격 실험!… 이익 40%를 IT에 투자

제주항공의 기술력은 지난 1월에도 한 차례 입증됐다. 제주항공 서버는 지난달 5일 열린 초특가 이벤트 '찜(JJim) 항공권'판매 당시 30분간 쏟아진 70만여 명의 동시 접속을 성공적으로 버텨냈다. 비슷한 시기 접속자가 몰려 홈페이지가 마비된 경쟁사와 상반된 모습이었다. 김 전무는 "클라우드 서비스를 제공하는 아마존과 손잡고 최적의 구조를 만들어낸 결과"라며 "최대 100만 명이 동시에 접속해도 끄떡없다"고 자신했다.

_2018년 2월 14일자 한국경제

국내도 예외가 아니다. 제주항공도 아마존 클라우드를 이용한다. 안정적이면서 저렴하기 때문이다. 예를 들어 기사와 같이 30분간 70만 명이 동시에 접속을 하면 어떻게 될까? 웬만한 서버는 다운이다. 그런데 아마존 클라우드는 다운이 되지 않는다. 동시접속을 하더라도 트래픽을 분산할 AI를 가지고 있기 때문이다.

그런데 만약 제주항공이 이 정도의 데이터 서버를 만들려면 천문학적인 돈이 들어간다. 거기에 관리 인력도 필요하고, 사무실도 임대해야 한다. 그리고 그 많은 컴퓨터는 어떻게 살 것인가? 더구나 컴퓨터는 시간이 지나면 버리거나 교체해야 한다. 원가를 뽑기도 전에 말이다.

그래서 차라리 클라우드를 이용하면 가격적인 측면과 운용의 측면에서 유리해진다. 제주항공은 효과를 보자 이익 40%를 IT에 투자한다고 했다. LCC항공사(저비용항공사)로서 메이저 항공사와 대등하게 싸우려면 IT 특히 클라우드에 투자를 해서 고객과의 소통을 늘려야 한다.

그런데 제주항공의 이익 40%는 제주항공을 살찌울까? 아니다. 왜냐하면 모든 항공사가 따라 하는 순간 제주항공이 쏟아 부은 클라우드 정책은 그리 큰 힘을 발휘하지 못한다. 그러나 앞으로는 클라우드를 하지 않으면 망하는 시대다. 이익은 되지 않지만 그렇다고 안 하면 망하는 그런 시대 말이다. 그렇다면 모든 이익은 어디로 가나? 바로 클라우드 서비스를 제공하는 업체로 빨려들어간다.

에어부산, 항공권 최대 99% 할인 행사

저비용항공사(LCC) 에어부산이 8일부터 초특가 항공권 판매 이벤트인 '플라이앤세일'을 운영한다. 정가 대비 최대 99%까지 대폭 할인하는 행사다.

에어부산은 8일 오전 11시부터 11일 오후 4시까지 플라이앤세일 이벤트를 한다. 이 회사는 예매 성공률을 높이는 노하우까지 소개했다. 에어부산 모바일 앱(응용프로그램)을 내려받고 자동 로그인 설정을 해놓아야 한다. 또 앱에 있는 '즐겨 찾는 탑승자' 메뉴를 활용해 여권 등 기본 정보를 미리 저장해두면 시간을 절약할 수 있다.

_2019년 7월 7일자 한국경제

에어부산도 제주항공과 마찬가지로 항공권을 99% 싸게 파는 행사를 시작했다. 물론 클라우드 서비스를 이용한 마케팅이다. 이 행사로 많은 사람들을 모을 것이다. 그래서 항공사는 팁을 하나 제공한다. 앱에 있는 '즐겨 찾는 탑승자' 메뉴를 활용해 여권 등 기본 정보를 미리 저장해 두면 시간을 절약할 수 있다.

그렇다. 미리 여권을 등록해 놓아야 한다. 동시접속자는 70만 명이다. 이들의 정보는 이벤트로 인해 항공사로 들어가게 된다. 항공사는 남는 장사 아닌가? 후발 항공사로서 메이저 항공사만큼의 고객정보를 한 번의 이벤트로 가져올 수 있다. 저렴한 비용으로 말이다. 이 모든 것이 클라우드로 인해 벌어지는 일들이다.

클라우드의 미래는 과연 이벤트에서만 있을까? 당연히 아니다.

클라우드 전면 도입한 대한항공…"머신러닝으로 엔진소리 분석해 고장 예측"

"앞으로는 비행기 엔진소리를 머신러닝(기계학습)으로 분석해 엔진이 고장

날지 예측할 수 있습니다. 클라우드를 도입하기 전에는 꿈도 꾸지 못한 일이죠."

_2018년 11월 28일자 한국경제

머신러닝으로 엔진소리를 분석해 고장을 예측한다. 어떻게 이런 일이 가능할까? 엔진에 수많은 센서를 달았기에 가능한 일이다. 예를 들어 런던에서 뉴욕까지 가는 비행기가 이륙을 했다. 그런데 원래 엔진 속의 온도는 약 5000도 정도가 적당한데 비행 내내 6000도의 온도로 올라왔다면 고장일 확률이 높다. 미리 정비사를 뉴욕에 파견하여 엔진을 손본다면 비행기 연착시간을 획기적으로 줄일 수 있다.

그리고 비행기마다 런던에서 뉴욕까지의 기류를 파악해서 여러 경로로 가보게 하고 연료 소모가 가장 적은 항로를 찾으면 연료 소모를 줄일 수 있다.

이 모든 과정에 클라우드가 쓰인다. 앞으로 기업은 너나없이 클라우드를 쓸 것이고 따라서 클라우드는 대세가 된다. 기업은 이제 컴퓨터를 사는 대신 화면과 최소한의 CPU 그리고 인터넷 연결과 입출력만 되는 컴퓨터를 살 것이다. 지금보다 훨씬 저렴한 가격으로 말이다. 그 밖에도 기업이 클라우드를 써야 하는 이유는 다양하다.

대한항공 사내업무 시스템, 클라우드 기반 'G스위트'로 전환
대한항공[003490]은 다음달부터 사내업무 시스템을 구글의 클라우드 기반 소프트웨어 'G스위트'(G Suite)로 전환한다고 30일 밝혔다.

'G 스위트'는 지메일, 캘린더, 드라이브, 문서 도구, 채팅 등 서비스를 이용해 온라인 공동 문서 작성 등 협업이 가능한 서비스다.

이 서비스를 이용하면 장소에 구애받지 않고 협업을 통한 문서 작성과 결재 등이 가능하다. 높은 수준의 보안 표준과 암호화를 적용해 개인정보 및 데이터 보호 등 보안도 강화한다.

_2019년 6월 30일자 매일경제

대한항공이 도입한 구글의 G스위트란, 온라인으로 문서를 작성하는 서비스다. 구글이 제공하는 클라우드 서비스로 이전보다 보안과 암호화에 더 유리하다.

CGV도 '워너크라이'에 당했다⋯랜섬웨어 피해 현실화

월요일을 맞아 '워너크라이' 랜섬웨어 피해가 현실화되고 있다.

_2017년 5월 15일자 파이낸셜뉴스

CJ CGV는 워너크라이라는 랜섬웨어에 감염되어 고객의 모든 데이터가 날아가고 서버가 복구되기까지 영업의 방해를 받았다. 클라우드는 이런 보안 사태도 방지해 준다.

클라우드,
어떻게 세상을 바꾸어 가는가?

마이크로소프트의 예를 통해서 어떻게 클라우드가 발전되어 왔고 앞으로 어떻게 나아갈 것인지 가늠해 보자.

MS, 애플 제치고 16년 만 글로벌 시총 1위

외신들은 마이크로소프트가 사티아 나델라 최고경영자(CEO) 취임 이후

2019년 7월 현재 전세계 시가총액 1위 기업은 마이크로소프트다. 어떻게 마이크로소프트는 애플을 제치고 시가총액 1위에 올랐을까? 바로 클라우드 때문이다.

2007년 스마트폰이 나오자 마이크로소프트의 주력인 PC는 사양길로 접어든다. PC 출하량이 급격히 떨어진 시기는 2012년부터다. 어느 기업이나 성장을 멈추면 주가는 하락하거나 정체한다. 앞으로는 이러한 현상이 더 극심해질 것이다.

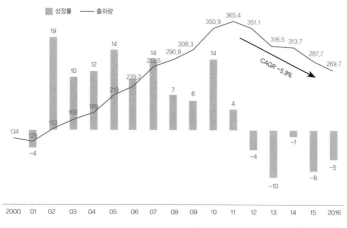

자료: '03~ 가트너, '02 이전은 업계 자료

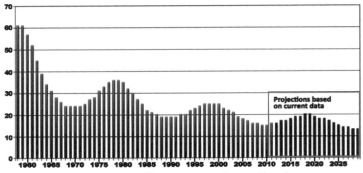

Average company lifespan on S&P 500 Index (in years)

Projections based on current data

Year (each data point represents a rolling 7-year average of average lifespan)
DATA: INNOSIGHT/Richard N. Foster/Standard & Poor's

　표에서처럼, S&P500 기업에 들어가 있는 기업의 평균 수명이 1960년대에는 60년이었다면 앞으로는 15년 정도로 줄어들 전망이다. 그만큼 기업의 흥망성쇠가 빠르게 변한다. 따라서 한 기업에 오랫동안 묻어놓고 투자한다는 것은 1960년대 방식이고 앞으로는 빠르게 잘 적응하는 기업을 바꿔가면서 투자해야 한다.

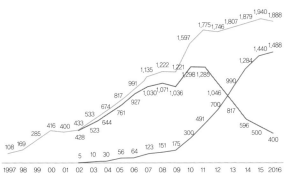

　　　　　　　　　　　　　　　　　　　　　　　　　　　　내일의 부

PC와는 달리 스마트폰은 2012년을 기점으로 생산량이 증가한다. 이 때 마이크로소프트의 CEO인 스티브 발머는 어떤 생각을 가지고 있었을까? 그는 이렇게 평가했다.

"아이폰, 너무 비싸고 키보드도 없잖아!"

사실 스티브 발머의 생각도 크게 틀리지는 않았다. 키보드도 없고 입력은 불편하고 화면도 조그맣고 플레이 되는 어플리케이션도 거의 없는데 가격은 PC와 똑같은 200만 원이었으니 말이다. 당시에는 말이 안 되는 가격이었다.

그러나 발머의 생각과는 달리 스마트폰은 온 세상을 변화시켰다. 마이크로소프트도 피처폰 업체인 노키아를 인수했지만 대실패로 끝나고 만다.

그리고 새롭게 CEO로 들어온 자가 바로 사티아 나델라다. 그는 마이크로소프트 내에서 엔터프라이즈와 클라우드 담당 수석부사장을 맡고 있었다. 즉 클라우드 전문가가 CEO가 된 것이다.

이후 마이크로소프트는 본격적으로 클라우드 사업을 시작한다. 왜 클라우드 사업이었을까? 원래 마이크로소프트가 클라우드와 비슷한 SQL서버 등에 사업을 해본 적이 있고 서버 쪽에 강점이 있었기 때문이다.

현재 클라우드 1등은 누구인가? 바로 아마존의 AWS다. 아마존의 AWS가 클라우드 서비스를 거의 최초로 시작했고 과감한 투자로 현재 1등이 되었다.

AWS의 강점과 약점을 알아보자.

강점은 가장 먼저 시작했다는 점이다. 따라서 데이터 센터 용량이 최고다. 나머지 업체를 다 합쳐도 AWS의 용량을 따라가지 못한다. 다음으로 많은 기업들이 쓰고 있으니 풍부한 써드파티(소프트웨어)가 있다는 점이 장점이다.

반면 단점은 대형화다. 무슨 뜻이냐면, AWS는 클라우드라는 개념조차 없을 때 시작되었다. 그래서 아마존의 AWS 언어를 새로 배워야 한다. 신규로 들어오는 기업은 AWS라는 체계에 맞춰서 새로운 설계를 해야 한다. 그러니 번거롭다. 그리고 옮기는 데 시간이 많이 든다.

넷플릭스는 왜 데이터센터를 버리고 클라우드로 갔나

넷플릭스는 지난 2008년 8월부터 클라우드 이전 작업을 준비했다. 갑작스럽게 클라우드 서비스 이전을 결정한 건 아니란 얘기다. 당시 넷플릭스는 데이터베이스(DB) 손상으로 3일간 DVD 배송이 지연되는 문제를 겪었고, 이 일을 계기로 클라우드로 서비스를 이전해야 할 필요성을 느꼈다.

넷플릭스는 7년이라는 시간을 들인 끝에 2016년 1월, 스트리밍 서비스를 위한 데이터센터 운영을 중단하면서 사내 모든 컴퓨팅 인프라를 클라우드 환경으로 옮겼다.

2008년 대비 스트리밍 서비스 이용 회원 수가 8배 증가하고, 지난 8년간 월간 스트리밍 시간이 무려 1천배 가량 증가했음에도 무리없이 탄력적으로 시스템을 운영할 수 있게 됐다.

스트리밍에 소요되는 클라우드 비용이 데이터 센터 운영 비용의 극히 일부에 불과해 비용 절감 효과까지도 얻을 수 있게 됐다.

_bloter

넷플릭스는 옮기는 데 무려 7년이나 걸렸다. 그러니 한 번 옮기면 다시 옮길 일이 없다. 더구나 앞으로는 데이터가 더욱 늘어날 것이므로 시간도 더욱 늘어날 것이다.

이런 구조적인 이유 때문에 지금 상위권을 차지한 기업이 앞으로도 계속해서 상위권을 차지할 것이다. 그리고 아마존이 새로 들어가는 곳마다 새로운 영역을 파괴하기 때문에 아마존을 싫어하는 기업들이 있다. 전통적인 쇼핑 기업인 월마트, 코스트코, 타겟 등과 보험업이나 제약업 등 아마존이 뛰어드는 곳마다 아마존에 대한 거부감이 더해진다.

그래서 아마존보다는 마이크로소프트를 택했다. 비록 아마존에 비해 클라우드에 진입하는 시기는 늦었지만 마이크로소프트는 아마존의 약점을 알고 파고들었다. 아마존의 약점은 무엇인가?

언어

새로 언어를 배워야 한다. 클라우드 서버는 원래 SQL서버와 같이 비용문제 등 때문에 인트라넷 서버를 인터넷으로 옮긴 것이다. 가격도 싸고 효율도 높다.

그런데 회사 서버를 클라우드로 옮기려면 작업은 누가 하나? 바로 프로그래머들이다. 프로그래머들은 자신이 쓰던 프로그램 언어를 기반으로 클라우드 서버 설계를 하고 싶어 한다. 한국 사람이 소설을 쓴다면 영어보다는 한국말이 좋다. 익숙하기 때문이다.

맞다. 서버 프로그래머는 리눅스를 쓰는 경우가 많은데 이 리눅스 프로그램 언어로 클라우드에 올리고 싶어 하지 않을까?

그리고 원래 마이크로소프트가 하던 사업은 서버 사업이다. 따라서 마이크로소프트의 서버를 관리하던 프로그래머는 새로운 언어를 배울 필요가 없다. 마이크로소프트는 사용자에 맞게 자신을 바꿔 사용자가 새로운 언어를 배울 필요가 없게 하였다.

"기존 쓰던 언어로 설계도를 가져와서 그대로 여기로 옮기면 된다"고 얘기하는 것이다.

보안

마이크로소프트가 사업에 뛰어들면서 수많은 업체를 필요로 하게 되었다. 클라우드 업계에서 M&A가 수시로 일어나는 이유가 여기에 있다.

마이크로소프트, 대형 보안 업체 M&A까지 나설까?

지난해 5월 인공지능 기반 네트워크 보안 업체인 헥사다이트를 인수했고 2015년에는 데이터 보호 기술을 주특기로 하는 시큐어 아일랜드 테크놀로지스를 인수했다.

이외에도 마이크로소프트는 IT시스템 접근에 대한 모니터링 소프트웨어를 제공하는 아오라토, 클라우드 보안 업체 아달롬을 손에 넣었다. 시큐어 아일랜드는 8000만달러, 아달롬은 3억2000만달러, 헥사다이트는 인수에는 1억달러를 쏟아부었다.

_2018년 1월 2일자 TECH M

마이크로소프트는 보안 업체를 수시로 인수하고 있다. 보안을 더 강화하면 각종 관공서도 클라우드 서버로 옮길 수 있다. 국방부, CIA, FBI처럼 최고의 보안이 필요한 곳도 클라우드로 편입될 수 있다. 은행도 마찬가지다.

오픈소스

MS의 8조짜리 깃허브 인수가 의미하는 것은?

마이크로소프트(MS)가 세계 최대 오픈소스 저장소 깃허브(GitHub)를 거액에 인수한 것은 무엇보다도 MS 윈도운영체제(OS)를 오픈소스 위주로 전환하겠다는 의지를 반영한다. 또한 전세계 개발자들이 급성장하는 클라우드 시장에서 MS 클라우드인 애저를 더욱더 인기있게 만들 서비스와 앱을 만들도록 하겠다는 의미로도 읽힌다. 심지어 MS가 개발중인 인공지능(AI)제품 개발에서도 깃허브의 데이터의 도움을 받을 수 있게 된다. 따라서 이번 인수를 가장 긴장하며 바라보는 업체는 AWS 클라우드와 알렉사 AI로 깃발을 날리고 있는 아마존이라는 분석까지 나온다.

_2018년 6월 7일자 Digital Today

프로그래머들은 처음부터 끝까지 코딩을 새로 짜지 않고, 비슷한 명령어가 있다면 가져다 쓴다. 마이크로소프트는 프로그래머들이 많이 쓰는 위키피디아와 같은 사이트인 깃허브를 인수했다. 프로그래머에 친화적이고 프로그래밍하는 데 시간을 엄청나게 단축 시켜준다. 웬만한 소스는 여기에 다 있기 때문이다.

인력관리, 회의

어떤 시너지 가능할까?··· MS가 링크드인을 인수하는 5가지 이유

나델라는 "현재 작업 중인 프로젝트와 관련 있는 피드가 나타난다고 생각해보라. 일정 정보가 나타날 수도 있다. 마이크로소프트의 머신러닝과 AI가 관련성 수준을 더욱 높여주기까지 할 것이다"라고 말했다.

"회의실에 들어가고 있는데, 코타나가 미팅 상대방에 대해 적절한 정보를 알려주는 상황을 생각해보라. 코타나가 링크드인 전문가 네트워크에 접근할 수 있게 되면 충분히 가능해지는 경우다"라고 말했다.

_2016년 6월 14일자 CIO Korea

마이크로소프트는 인력관리 사이트인 링크드인도 인수했다. 앞으로는 기업이 일반적으로 쓰는 회계관리 프로그램 등도 전부 클라우드에서 할 수 있을 것이다. 이런 기업들을 인수하거나 만들어서 클라우드 사용업체가 이용할 수 있도록 해준다.

인공지능

MS, "인텔리전트 클라우드로 진화"

작업 현장 곳곳에 설치된 CCTV는 사물을 인지하는 컴퓨터 비전 머신러닝 시스템에 연결된다. 이 시스템은 모든 공구가 실시간으로 파악되고, 작업자들의 움직임도 읽는다. 등록되지 않는 방문객이 위험한 공구를 만지거나 안전을 해칠 수 있는 기계가 제대로 관리되지 않는 상황들을 파악해서 관리자에게 알려준다.

"윈도우 안에, 오피스365 안에, 또 애저 안에 어디에나 인공지능과 관련된 요소가 자연스럽게 더해진다"

_2017년 5월 11일자 동아사이언스

인공지능도 집어넣어서 기업 고객의 사용자 분류, 취향, 성향까지도 파악할 수 있을 것이다.

마이크로소프트는 아마존을 따라잡기 위해 클라우드와 관련된 여러 기업을 인수합병하고 있다. 현재 클라우드 세계시장 점유율 1위는 아마존이지만, 점유율보다 중요한 것이 있다.

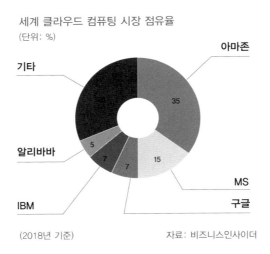

세계 클라우드 컴퓨팅 시장 점유율
(단위: %)

아마존 35

MS 15

구글 7

IBM 7

알리바바 5

기타

(2018년 기준) 자료: 비즈니스인사이더

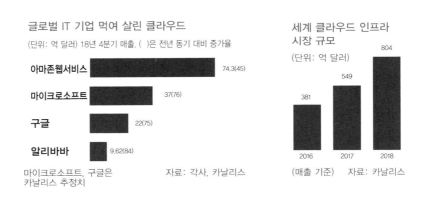

글로벌 IT 기업 먹여 살린 클라우드
(단위: 억 달러) 18년 4분기 매출. ( )은 전년 동기 대비 증가율

아마존웹서비스 74.3(45)
마이크로소프트 37(76)
구글 22(75)
알리바바 9.62(84)

마이크로소프트, 구글은 자료: 각사, 카날리스
카날리스 추정치

세계 클라우드 인프라
시장 규모
(단위: 억 달러)

381 2016
549 2017
804 2018

(매출 기준) 자료: 카날리스

바로 매년 늘어나는 클라우드 인프라의 규모다. 점유율도 늘어나지만 시장 자체가 커지고 있다. 이와 반대의 기업이 있다. 2012년 마이크로소프트를 위험으로 몰아넣었던 애플이다.

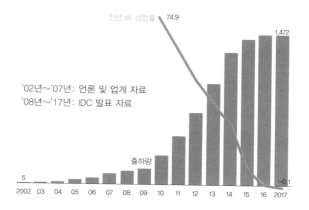

전년 비 성장률 74.9

1,472

'02년~'07년: 언론 및 업계 자료
'08년~'17년: IDC 발표 자료

출하량

5

-0.1

2002 03 04 05 06 07 08 09 10 11 12 13 14 15 16 2017

　현재 스마트폰 출하량은 정체 상태다. 마켓이 정체하거나 줄어들면 주가가 오르지 않는다. 앞으로 애플은 애플TV를 통해서 동영상 분야로 나아가려고 하지만 문제는 넷플릭스, 디즈니 등 영상 쪽에서도 만만찮은 경쟁자들이 즐비하다. 그런 면에서 마이크로소프트와 아마존, 구글 등은 커나가는 시장을 잘 잡은 케이스라 하겠다.

유통·제조·콘텐츠…전산업 파괴적 혁신

　구글은 최근 게임을 PC로 내려받거나 CD나 칩을 사서 전용 게임기로 돌리는 형태가 아닌 인터넷 접속만으로 게임을 즐길 수 있는 '스트리밍 게임' 서비스인 '스타디아'를 공개했다.

　이렇게 되면 소비자로서는 게임을 즐기기 위해 플레이스테이션, 엑스박스, 스위치와 같은 비싼 가격의 게임 전용 콘솔이나 고사양 PC를 살 필요가 없게 된다.

게임이 저장된 클라우드상 서버가 자체적으로 고화질 그래픽을 사용자 디바이스로 전송하기 때문이다. 게임을 내려받거나 타이틀을 별도 구매할 필요도 없다. 모바일게임, PC게임, 콘솔게임 등 디바이스에 따라 구분됐던 게임 플랫폼의 경계도 허물어진다. PC·모바일·콘솔로 삼분화됐던 1600억달러 글로벌 게임 시장이 하나로 통합되는 셈이다. 구글이 스트리밍 게임 서비스를 발표한 후 콘솔 회사인 소니·닌텐도 주가가 줄줄이 하락하고 있다.

_2019년 3월 15일자 매일경제

클라우드는 게임시장도 노리고 있다. 인터넷 접속만으로 게임이 가능하다. 지금 게이밍 PC는 엄청난 고사양인데 만약 이렇게 된다면 입출력 정도만 되는 컴퓨터라도 온라인 고사양의 게임을 즐길 수 있다는 얘기다. 구글이 스타디아라는 플랫폼을 발표하자 마이크로소프트도 곧바로 엑스클라우드를 발표한다.

MS 스트리밍 게임 서비스 '엑스 클라우드' 10월 개시

마이크로소프트의 스트리밍 게임 서비스는 서버에서 원격 구동되는 엑스 클라우드와 사용자가 보유한 엑스박스 원 기기를 활용해 스마트폰 등으로 게임을 즐기는 '콘솔 스트리밍' 두 가지 방식으로 나뉜다.

_2019년 6월 10일자 매일경제

이 곳도 구글보다는 마이크로소프트가 유리해 보인다. 왜냐하면 마이크로소프트는 엑스박스라는 콘솔게임 플랫폼을 운영하고 있기 때문에 게임업체와의 협업이 구글보다 유리하다.

클라우드 호황, 얼마나 지속될 것인가?

그렇다면 앞으로 클라우드의 호황은 얼마나 지속될까? 이제야 시작 단계다.

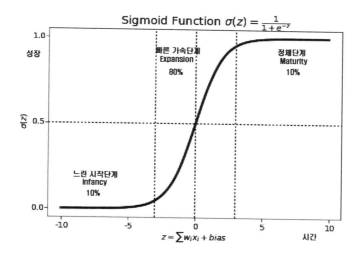

위의 그림은 시그모이드 곡선이다. 아메바는 2분법으로 무성생식을 한다. 10번 분열하면 1,024개가 된다. 그리고 22번 분열을 하면 100만 이상으로 늘어난다. 이렇게 기하급수적으로 늘어나면 세상은 아메바로 뒤덮인다. 그러나 일정 개수 이상이면 개체수가 증가하다가 정체하는 현상이 벌어진다.

이러한 현상은 현실세계에서도 일어난다. 시장점유율이 10%까지는 아주 천천히 늘어나다가 10%가 넘는 구간을 지나면 폭발적으로 늘어나 80%까지 가고, 그 후 정체된다.

자동차는 1900~1914년까지 14년이 10% 구간이었다. 이후 폭발적인 성장을 하면서 1928년에 80%까지 도달했고 그 기간은 14년이었다. 그리고 이후 정체 시기를 맞는다. 정체시기를 맞는 때가 하필 1929년 대공황이었다.

스마트폰은 10% 구간까지는 16년(1992~2008년)이 걸렸다. 그리고 2017년인 이후 9년 동안 80% 구간까지 도달했다. 그리고 정체되었다. 애플은 2018년 1위 자리를 마이크로소프트에게 빼앗기게 된다.

마이크로소프트와 아마존 클라우드가 현재 전체 시장의 10%를 점유하고 있다고 하면, 앞으로 10년간은 폭발적인 성장의 시기다. 그래서 지금은 시그모이드 곡선의 10%에서 80%가 되는 출발점이다.

결국 클라우드가 성장하고 커나가다가 2029년 정도가 되면 성장이 정체될 것이다. 물론 그 때는 또 새로운 먹거리를 찾는 기업이 시가총액 1등으로 치고 나갈 것이다. 그러나 지금은 클라우드의 시대다. 빅데이터를 가공하고 구현하는 시대로의 전환이다.

따라서 클라우드는 앞으로 최소 10년 이상 주가 상승을 기대할 수 있다.

21장

자율주행차의 시대가 온다

　최근 자동차 판매량이 감소하고 있다. 전기차와 자율주행차 개발에 투여되는 자본은 많고, 판매는 감소하면서 감원 이야기가 자주 나온다. 전기차 개발에 성공해도 감원은 필수다. 부품 수가 3만 개에서 5천 개 정도로 줄어들기 때문에 부품 수만큼 필요한 인력도 줄어든다.

　그리고 자동차가 안 팔리는 가장 큰 이유는 차량공유서비스 때문이다. 이는 '구매' 대신 '이용'만 하는 사람들의 증가를 불러왔다. 특히 앞으로 자율주행차가 상용화되면 비싸고 외관은 별로인 자율주행차를 굳이 살 필요가 없어진다. 그래서 이미 유럽은 물론이고 대중교통이 불편한 미국에서도 차량공유서비스인 우버를 이용한다. 운전면허 자체가 필요 없는 시대로 진입하고 있는 것이다.

과연 자율주행차 시대는 언제 올까? 예상 시기는 2021년 5G 통신이 되면서다. 물론 좀 더 빨라질 수도 있다. 5G가 중요한 이유는, 5G가 되어야 1초당 20기가바이트 송신이 가능해지고 송수신도 끊기지 않는다. 현재 기술은 어느 정도 완성 단계다. 다만 송수신이 끊기기 때문에 사고의 위험성이 크다.

현실화된 자율주행은 어떤 변화를 몰고올까?

자율주행차는 사람 대신 기계가 스스로 운전하기 때문에 인건비가 들지 않는다. 수많은 일자리가 사라질 것이다. 뿐만 아니라 기존 자동차 기업들도 존망을 걱정해야 한다. 판이 바뀌면서 기존 자동차는 껍데기만 남기 때문이다. 껍데기만 만들어서는 현재의 비대한 산업을 유지하기 어렵다.

자율주행차는 2가지 종류로 나뉜다. 5G 통신을 쓰는 차와 5G 통신을 쓰지는 않지만 엄청나게 많은 센서가 달린 차다. 핵심은 두 가지 모두 많은 비용이 들어간다. 1초당 20기가바이트를 가정해 보자. 스마트폰 사용자가 한 달 동안 쓰는 데이터는 보통 6기가바이트다. 그런데 자율주행차는 초당 20기가바이트다. 개인이 통신요금을 감당할 수 있을까? 현재의 요금체계로는 어림없는 일이다. 요금을 조금 깎아준다고 하더라도 해결될 수준이 아니다.

요금이 두려워 센서가 많이 달린 차를 탄다고 가정해 보자. 엔비디아가 추구하는 차종이다. 자율주행차에는 값비싼 센서(카메라, 라이다, 레이다, 온도감지 등)와 프로그램(엔비디아가 만든 프로그램)이 다수 들어간다. 차 가격은 거의 3억 원에 육박한다. 상용화 되면서 가격이 떨어지기는 하겠지만, 이 역시 개인이 감당하기에는 너무 비싸다.

따라서 초기 자율주행차 모델은 사람을 고용하는 택시, 트럭, 버스 등의 형태가 될 것이다. 그 중 택시는 앱으로 잡는다. 대신 택시를 잡기 위해 길가에 서서 손을 흔드는 풍경은 역사 속으로 사라질 것이다. 지금까지는 구글, 애플 등 인공지능 업체가 중요하다고 생각했지만 택시는 플랫폼의 문제다. 결국 어떤 앱을 누르느냐가 관건이다. 아마도 우버와 같은 카셰어링 업체가 될 것이다. 따라서 패권은 인공지능이 아닌 카셰어링 업체로 돌아간다.

그렇다면 카셰어링 업체의 순위와 존망을 가르는 요소는 무엇일까? 결국 택시는 얼마나 빨리 잡히느냐가 관건이다. 빨리 잡히려면 거리를 활보하는 차도 많아야 하고, 앱 사용자도 많아야 한다. 미국의 경우 1위는 우버, 2위는 리프트다. 중국은 디디추싱, 인도는 올라, 브라질은 99, 동남아시아는 그랩이다. 결국 이처럼 저변을 확대해 놓은 카셰어링 업체들이 패권을 가져가게 될 것이다.

카셰어링에서 트래픽이 가장 높은 시간은 아무래도 출퇴근 시간이다. 그런데 차 가격이 높고, 출퇴근 시간 외에는 손님이 줄어든다. 따라서 차는 앞으로 여러 가지 형태로 쓰일 것이다. 출퇴근 시간에는 택시로 활용하고, 낮 동안에는 피자배달, 영화관, 쇼핑, 앰블런스 등의 형태로 바뀔 것이다. 바로 도요타가 추구하는 이팔레트라는 차다. 박스카 형태로 여러 가지 업무를 수행 할 수 있다. 아래 링크로 들어가면 확인 가능하다.

Toyota e-Palette Concept - [Ai] World Premiere at CES 2018
https://www.youtube.com/watch?v=HwUUdXfU6Xg&t=100s

그렇다고 하더라도 자율주행차 시장의 핵심은 카셰어링 업체다. 그런데 대표적인 카셰어링 업체인 우버가 직접 자동차를 만들겠다고 선언하였다. 그러자 기존 자동차 업체는 껍데기만 만드는 기업으로 남지 않을까 하는 걱정에 비상이 걸렸다. GM은 카셰어링 업체인 리프트를 인수하면서 이 분야로의 진출을 선언했다. 이 말은 곧 경쟁이 본격화되고 있다는 의미이며, 자율주행 택시의 시점이 예상보다 빨라질 수 있다는 예상을 할 수 있다.

카셰어링이 본격화되면 자원의 효율적인 분배가 가능해진다. 사람들은 내 차를 95%의 시간 동안 주차장에 방치하는 대신, 차를 사지 않고 로봇택시를 이용하게 될 것이다. 그러면 차량의 수는 자연스럽게 줄어든다. 또한 과연 비싸고 럭셔리한 차가 거리에 그대로 남을지도 의문이다. 차가 개인의 소유라면 브랜드를 따지겠지만, 택시라면 이야기가 달라진다. 쉽게 잡히고 타기 편하면 그만이다. 앞서 도요타의 이팔레트처럼 박스형 차량 형태가 되지 않을까 예상된다. 결국 미래의 시장은 자동차 수는 줄어들고 카셰어링 업종은 전성기를 맞이할 것이다.

한국GM의 모회사인 글로벌GM이 인수한 리프트는 시장 점유율 2위 업체다. 이 업체 인수 후 2021년부터 로봇택시를 선보일 예정이다. 그런데 쉽지 않다. 점유율 차이가 너무 크기 때문이다. 현재 우버가 70%, 리프트가 14.5%다. 우버가 압도적인 점유율을 자랑하고, 더구나 직접 차까지 만들 예정이다. 이런 상황에서 리프트가 살아남을 수 있을까?

카셰어링은 2등이 매우 불리한 사업구조다. 예를 들어 우버와 리프트를 동시에 호출했는데 누가 더 먼저 오겠는가? 당연히 우버다. 더 많은 차가 돌아다니기 때문이다. 리프트가 도착했을 즈음 호출자는 이미 우버 택시를 타고 목적지를 향해 가고 있을 확률이 높다. 결국 리프트는 우버의 뒷꽁무니를 쫓아다니며 빈 차로 돌아다니게 되어 있다.

따라서 자율주행차 시대의 초창기에는 로봇택시의 수가 폭발적으로 늘어나고, 빈 차도 많아질 것이다. 자동차 업체인 GM이나 포드는 시장을 선점하기 위해 수많은 차들을 시중에 배치할 것이고, 동시에 사람이 운전하는 택시까지 혼용되면서 시장 쟁탈전이 벌어진다. 일시적으로 자동차 생산량도 늘어난다.

지금은 판이 바뀌는 중요한 시기이다. 춘추전국시대처럼 지속적인 지각변동이 일어날 것이다.

각 나라마다 카셰어링 업체가 있다. 미국은 우버, 중국은 디디추싱 등이다. 그런데 모든 카셰어링 업체에 지분을 가지고 있는 기업이 있다. 바로 ARM을 소유한 소프트뱅크다. 소프트뱅크의 손정의 회장은 이들을 모두 한 곳에 모았다. 마치 비행기 동맹인 스타 얼라이언스처럼 말이다.

예를 들어 중국의 유커가 LA공항에 내려서 디디추싱 앱을 켜면 우버가 잡힌다. 포인트로 결제도 할 수 있다. 그래서 이 얼라이언스에 들어가지 못하면 자율주행 플랫폼 사업 자체가 되지 않을 수 있다. 소프트뱅크는 가장 중요한 로봇택시의 생태계 구축을 이미 끝내 놓은 상황이다.

그러나 더 먼 미래를 본다면 차량공유 서비스인 우버도 사라질 운명이라 생각한다. 곧이어 음성으로 차량을 부르는 시대가 올 텐데 그 시대가 오면 우버는 설 자리가 없다. 만약 집에서 차량을 부른다면 구글 홈이나 아마존 에코를 이용한다. 이용자가 스마트폰 앱을 실행시켜 행선지를 입력할까? 아니면 "구글, 강남역 가는 택시 좀 불러줘"라고 말할까? 후자가 아닐까?

결국 자율주행차가 불러올 지각변동의 끝에는 '음성'이라는 끝판왕이 자리잡고 있다.

2부

미중전쟁의 미래

위기는 무엇이고, 기회는 무엇인가?

미중 전쟁,
그 전쟁의 서막이 열리기 전

20세기에 발생한 2번의 세계대전은 물리적 전쟁이었다. 전쟁의 원인은 서로 다른 민족의 도덕적 가치 때문이었다. 도덕은 공동의 이해관계에서 나온다. 그래서 니체는 "종래의 도덕은 민족의 것이다"고 말했다.

왜 도덕은 민족의 것인가? 서로 충돌하기 때문이다. 예를 들어 중국의 한족은 농경민족이었고, 북쪽에는 기마민족들이 포진하고 있었다. 북쪽은 농사를 짓기 척박한 땅이다. 그래서 기마민족은 가을이 되면 남쪽으로 넘어와 농경민족이 1년을 공들여 거두어들인 곡식을 약탈한다. 농경민족은 그에 대항해 기마민족과 충돌한다. 농경민족과 기마민족의 도덕이 서로 다르기 때문에 이처럼 전쟁을 벌이는 것이다.

2차 세계대전 당시 세계의 질서는 유럽 중심이었고, 유럽의 열강들이 식민지를 구축한 상태였다. 그런데 기존 질서에 균열이 발생한다. 식민지 대열에 늦게 합류한 나치 독일과 전체주의 이탈리아, 제국주의 일본, 이들이 대공황으로 촉발된 경제위기를 극복하기 위해 식민지 쟁탈전에 나선다. 기존 질서와 신질서가 충돌하면서 거대한 전쟁이 발발한다.

2차 세계대전 이후에는 소련을 중심으로 한 공산진영과 미국을 중심으로 한 자유민주주의 진영으로 나뉘면서 대립은 계속된다.

그런데 자유민주 진영은 기존에 쌓아올린 도덕의 틀을 허문다. 미국은 식민지의 개방형 무역을 통해 배타적 식민지를 없앴다. 배타적 식민지란 예를 들어 영국이 지배하고 있는 인도에서는 영국만이 교역을 할 수 있고, 이외의 나라들은 발을 붙이지 못하는 방식이다. 반대로 개방형 식민지는, 예를 들어 중국처럼 영국, 미국, 프랑스, 러시아, 독일 등 세계열강이 동시에 들어와서 장사를 해도 되는 방식이다.

세계 최대의 개방형 시장인 중국이 공산주의로 편입되면서(1949년 이후) 미국은 스스로 개방형 식민지가 되기를 자처한다. 미국은 마셜플랜으로 서유럽을 지원하고 스스로 개방형 식민지가 되어 자유민주 진영의 상품을 받아준다.

　그런데 또 하나의 역사적 사건이 발생한다. 1991년 12월 소련 붕괴다. 공산주의는 무너졌으며 전세계는 자유시장경제로 편입된다. 이로써 세계는 인류공영의 공통된 윤리코드를 만든다. 현재를 살아가는 데 있어서 무역의 플랫폼은 무엇인가? 바로 자유민주주의와 자유시장경제다.

23장

중국은 미국의 무엇을 건드렸나?

미국이 만들어 놓은 세계가 있다. 자본주의 세계 말이다.

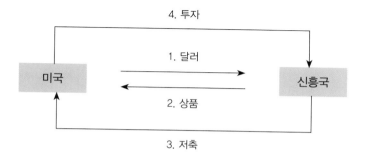

미국은 ①달러를 주고 신흥국으로부터 ②상품을 사온다. 신흥국은 미국에서 받아온 달러를 다시 저축한다. 신흥국이 달러를 저축하는 이유는, 신흥국에 달러가 들어오면 안 되기 때문이다. 달러가 들어오는 순간 달러는 흔해지고 자국통화는 귀해진다. 그러면 화폐가치가 올라가면서 수출이 힘들어진다.

중국은 미국에 스마트폰을 판다. 미국이 지불한 달러는 중국으로 들어간다. 변동환율제에서는 달러가 많이 들어가면 갈수록 중국돈인 위안화 가치가 높아진다. 위안화 가치가 높아지면 미국으로의 스마트폰 수출이 애를 먹게 된다. 가격이 높아지기 때문이다. 그래서 중국은 달러가 들어오지 못하도록 만든다.

달러 유입을 막는 방법은 2가지 정도다. 가장 일반적인 방법은 미국 국채를 사는 것이다. 달러의 중국 유입을 차단하여 위안화의 가치가 올라가지 않는다. 또 한 가지 방법은 미국의 자산을 사는 것이다. 부동산이나 M&A를 통해 기업을 사들인다. 또한 부동산을 일시에 사들이면 수요가 폭발하면서 부동산 가격이 폭등한다. 자산이득까지 챙길 수 있는 것이다.

신흥국은 위의 방법으로 ③저축을 하고, 미국은 신흥국에서 받은 달러로 다시 신흥국 자산 시장 등에 ④재투자를 하는 것이다.

삼성전자의 외국인 지분은 60%에 가깝다. 전세계에 막대한 양의 물건을 수출하는 우량 기업이고 미래도 밝기 때문이다. 미국은 이렇게 달러를 이용해 한국의 삼성전자 등을 사서 배당을 받는다.

그런데 중국기업은 외국인 지분을 30% 이하로 제한하고 있다. 이에 미국은 중국에 자산시장 개방 압력을 행사한다. 그래야 중국의 자산을 간접 지배함으로써 물고기를 잡아두는 가마우지 경제효과를 노릴 수 있다. 가마우지 효과란 예를 들어 한국의 기업이 수출을 많이 하면 할수록 소재와 부품을 제공하는 일본도 덩달아 이익을 보는 경제효과다.

중국이 자산시장을 개방하면 미국은 중국기업에 투자하여 우선 배당을 받을 수 있다. 삼성전자만 하더라도 주주 환원정책을 해야 한다. 핵심은 배당을 많이 하면서 주가도 올리는 것이다. 그러면 누가 이 돈을 가져가는가? 바로 삼성전자에 투자한 외국인들이다.

미국은 이런 방식으로 선순환 구조를 구축한다. 이를 '신비로운 길'이라 한다. 찰스 A 쿱찬이 저술한『미국시대의 종말』에 따르면 1990년대 후반 미국에서 흑자를 기록한 나라들의 70%에서 다시 미국으로 돈이 들어왔다고 한다.

미국은 신비로운 길을 유지하기 위하여 무엇을 해 놓았나? 바로 바다를 통한 무역항로를 개척했다. 그리고 호르무즈 해협부터 남중국해에 이르기까지 무역항로를 보호하기 위해 곳곳에 해군기지를 설치하였다. 신흥국이 이러한 무역항로를 통해 손쉽게 무역을 해야 미국도 신흥국도 이익이다. 또한 결제통화는 미국의 달러다.

신흥국이 달러로 결제를 해야 하는 이유는 무엇일까? 그것은 미국이 사우디아라비아와 맺은 페트로 달러 시스템(Petro Dollar System) 때문이다. 미국의 국무장관 헨리 키신저는 사우디 왕가와 비밀 계약을 맺어 사우디 왕가를 지켜주는 대신 사우디의 원유는 반드시 달러로만 결제하도록 만들었다. 따라서 신흥국은 현대의 황금인 석유를 사려면 반드시 달러가 필요하다. 이를 통해 미국과 신흥국의 선순환 구조가 생긴 것이다.

자, 그렇다면 미국의 시스템을 근간부터 흔들려면 어떻게 하면 되는가? 달러가 아닌 자국통화로 결제통화를 만든다. 그래서 페트로 달러 시스템을 무력화 시킨다. 또한 새로운 무역항로를 장악하고, 군대를 파견해 지킨다.

그런데, 중국은 상하이 원유선물거래소를 통해 페트로 달러 시스템을 무너뜨리고, 자국통화로 상품결제를 하고, 일대일로를 통하여 새로운 무역항로를 만들고 지부티, 스리랑카, 파키스탄 등에 군대를 파견하고 항구를 조성해서 자국의 일대일로를 지킨다.

이대로 두었다가는 미국이 지금까지 이뤄 놓았던 신비로운 길은 깨지게 된다. 미중 무역전쟁이 단순히 상품교역에 관한 관세전쟁으로 보이는가? 아니다. 목숨을 건 패권전쟁이며 어느 하나가 완전히 쓰러져서 다시는 일어나지 못하도록 만드는 데 목적이 있다. 따라서 전쟁이 끝나려면 다른 한쪽이 인사불성이 되어 녹다운되어야 한다. 양국 간의 피할 수 없는 전쟁 그 자체인 것이다.

미국은 왜 지적재산권 보호에
목숨을 거나?

미국은 지적재산권을 보호하기 위해 목숨을 건다. 왜일까?

미국은 세계에 달러를 공급한다. 물건을 받고 대금으로 달러를 지급하는 방식이다. 앞서 살펴본 대로 달러를 받은 국가가 미국에 다시 저축을 하면서 달러가 미국으로 회귀한다. 미국은 회귀한 돈을 다시 신흥국에 투자한다.

곰곰이 생각해 보라. 예를 들어 중국의 경우, 미국은 중국에서 달러를 무상으로 가져온 것이 아니다. 사실은 중국에 빚을 진 것이다. 중국이 미국의 채권을 샀으니 중국은 미국에게 이자를 받는 채권자의 입장이다. 이것만 보면 미국이 손해다.

미국은 중국에 일방적으로 빚만 지고 있다. 그렇다면 미국도 중국에서 온전히 달러를 가져와야 한다. 빚지는 형태가 아닌, 정당하게 물건을 주고 말이다.

그런데 미국이 중국에 줄 수 있는 물건이 무엇인가? 지적재산권뿐이다. IT, 생명공학, 영화, 서비스 등이다. 그런데 이런 지적재산권은 베끼기가 쉽다는 데 약점이 있다.

영화는 상영되자마자 파일공유 사이트에서 실시간으로 내려 받을수 있다. 마이크로소프트의 윈도우즈 CD도 카피되어 뿌려지고 있다. 이러니 미국은 지적재산권에 목숨을 걸 수밖에 없다.

게다가 중동의 국가들은 원유 대금으로 받은 미국의 달러로 미국 국채를 사고는 있지만, 필요한 물건은 주로 동아시아 국가들에게서 산다. 스마트폰, 가전제품, 자동차 등 말이다. 즉, 동아시아 국가들에게는 달러를 온전히 넘겨주지만, 미국에게는 돈을 빌려주는 형태다. 미국 채권을 샀으니 말이다. 미국은 채권을 발행하면 할수록 더 큰 이자비용이 나가야 한다. 그나마 최근에는 미국에서 셰일가스가 나오면서 대중동 적자가 오히려 흑자로 돌아섰다.

미국은 지적재산권을 지키지 못하면 지속적으로 적자 국가가 될 수밖에 없다. 그런데 미국의 지적재산권이 왜 이리 강해졌을까? 그것은 미국이 선진국이기 때문이다. IT 등 특허 관련은 제하더라도 맥도날드, 스타벅스로 대변되는 외식 서비스 문화나 할리우드 영화 등은 미국의 힘에 의해 선망의 대상이 되었고, 그 와중에 생긴 소프트파워다.

우리가 겨울에 동남아로 여행을 가야 정상인데, 왜 추운 파리의 에펠탑 앞에서 사진을 찍는가? 잘 사는 나라에 대한 선망 때문이 아닌가?

그러나 미국은 이제 제조업 국가로 변신하고 있다. 강력한 소비력과 관세를 무기로 세계의 공장이 미국으로 들어오도록 하고 있다. 게다가 셰일혁명으로 에너지 가격이 낮아지는 만큼 혁신적으로 물가를 낮추고 있다. 뿐만 아니라 공장자동화를 통해 인건비까지 낮춘다면 기업주들에게 미국은 매력적인 곳이 될 것이다. 소비와 제조가 한 나라에서 동시에 일어나면 물류비용이 감소한다. 그리고 미국은 자유시장경제 제도가 잘 정비되어 있어 각종 인허가와 물건 생산에 어려움이 없다.

미국에서 제조업의 부활은 미국 국민들에게 가장 큰 이익이다. 바로 일자리를 만들어주기 때문이다. 미국이 세계의 제조업 공장을 성공적으로 유치한다면 그래서 내수뿐 아니라 수출까지 잘 되는 나라가 된다면, 미국은 앞으로 더 큰 슈퍼파워를 가지게 될 것이다.

25장

현대전은 소프트파워 전쟁

　과거에는 침략전쟁이 주를 이루었다. 남의 땅을 더 많이 빼앗아 생산수단인 토지를 확보하고 그곳에 정주하고 있는 주민을 노예로 삼아 농사를 대신 짓게 한다. 그래서 힘만 키우면 무조건 쳐들어갔다.

　중국 북방의 여진족, 만주족, 훈족 등은 가을이면 중국의 남쪽 땅으로 쳐들어갔다. 잘만 하면 한 번의 약탈로 1년을 먹고살 수 있기 때문이다. 이에 중국은 명나라 때 만리장성을 완성한다. 만리장성은 높지 않다. 말이 넘어오지 못하게만 하면 되기 때문이다. 가을을 뜻하는 천고마비는 한족의 두려움을 표현한 4자성어다. 하늘이 높고 말이 살찌니 방비하라는 의미다.

그런데 산업혁명으로 부의 중심이 농업에서 산업으로 옮겨갔다. 판이 바뀌어버린 것이다. 산업은 부가가치가 높다. 왜인가?

농업시대에는 모두가 가난했다. 인간의 힘으로 농사나 농기구, 물품을 만들어내니 항상 모자랐다. 만들면 만드는 대로 팔리는 세이의 법칙이 그대로 들어맞는 시기다. 그러나 산업혁명이 일어나면서 농기구와 화학비료가 생산되고, 농업이 획기적으로 발전했다. 농업생산물이 폭발적으로 증가하자 먹고 사는 문제가 해결되었다.

사람들은 여기서 멈추지 않고 새로운 욕구를 찾기 시작한다. 면직물, 자동차, 가전제품 등이 그것이다. 2차 세계대전 이후 폭발적인 산업화는 정복전쟁이 아닌 경제전쟁을 불러온다. 자유시장경제가 융성하면서 이 추세는 더욱 강화된다.

미국의 남북전쟁이 왜 일어났다고 생각하는가? 링컨은 정말 노예를 해방시키기 위해 남북전쟁을 일으켰을까? 아니다. 철저한 경제전쟁이었다. 남북전쟁이 일어나던 시기 미국의 남쪽은 농업 기반 체제였고 북쪽은 제조업 기반이었다. 노예는 남쪽에만 있었다. 농업에는 노예가 최적화 되었기 때문이다.

농업생산물인 옥수수, 면화 등은 햇볕을 잘 받으면 스스로 성장한다. 사람이 할 일이 없다. 그러나 씨를 뿌리는 일과 수확, 잡초 제거는 사람이 해야 한다. 그런데 이제 사람이 했던 이 모든 일을 기계가 대신한다. 기계의 일과 노예의 일이 중복되었던 것이다.

노예의 입장에서 바라보자. 일을 더하나 덜하나 자신에게 돌아오는 것은 똑같다. 농장에 갇혀 식량을 축내는 일밖에 없다. 일을 열심히 할 이유가 없고, 밥은 최대한 많이 먹고 최대한 많이 쉬는 것이 남는 장사다. 어차피 농업에서 생산성 향상이란 거의 발생하지도 않는다. 열심히 일했다고 하여 일한 만큼 수확물이 눈에 보이게 늘지 않는다는 의미다. 그저 태양빛을 잘 받으면 농작물은 잘 자란다.

그러나 제조업은 다르다. 임금노동자가 필요하고, 생산성 향상도 일어나야 한다. 그래야 다른 기업을 이긴다. 삼성전자가 반도체를 만들면서 더 작은 면적에 더 많은 회로를 넣으려고 노력하는 이유가 무엇인가? 뒤쳐지면 생존경쟁에서 탈락하기 때문이다. 그러니 임금노동자는 더 열심히 일해야 할 이유가 충분하고, 기업 입장에서도 자신의 능력을 최대한으로 발휘할 자유인이 필요하다.

그들을 유혹하는 것은 바로 돈이다. 돈을 더 줘서 더 열심히 일하게 만드는 것이 제조업의 핵심이다. 그런데 제조업에 노예를 투입했다고 하자. 물건은 잘 나르겠지만 거기까지다. 더 열심히 일하지 않는다. 열심히 하나 대충 하나 밥만 먹을 수 있는데, 어떤 노예가 열심히 일하겠는가?

그리고 노예는 소비하지 않는다. 주인의 채찍을 피해 쉬고 더 많이

내일의 부

먹는 것만이 그들의 존재 이유다. 그러나 임금노동자는 다르다. 그들은 열심히 일해 번 돈으로 소비를 해야 한다. 소비를 해야 제조업 공장이 잘 돌아가고 다시 고용이 되는 선순환이 일어난다. 그래서 임금노동자는 생산의 주체인 동시에 소비의 주체다.

링컨은 이점을 간파했다. 노예가 도시로 몰려와 자유인이 되어야 하며, 그래야 자동차 공장에서 더 열심히 일하고, 소비도 할 수 있다. 노예가 해방되어야 하는 것이다. 이유 없이 남부의 농장주들과 싸운 것이 아니라 북부의 입장을 대변하고 패러다임의 전환 시기(제국주의에서 자유무역으로 변경되어야 하는 새로운 시기)에 꼭 필요한 일을 한 것이다. 사실 미국은 필리핀을 제외하면 식민지가 없었다. 식민지를 더 확보하는 것도 불가능했다. 자유무역 체제에서 제조업으로 세계를 지배하는 것이 더 합리적인 선택이었다.

2차 세계대전 이후 세계대전이 일어나지 않고 있는 이유는, 더 이상 침략전쟁의 의미가 없기 때문이다. 다른 나라를 침략한들 얻을 것이 무엇인가? 땅을 빼앗아 농산물을 착취할 이유도, 금은보화를 가져올 이유도 없다. 대신 무역전쟁이 발생한다. 미국은 이미 달러를 가지고 있다.

달러는 현대의 황금이다. 그러니 미국은 중국을 침략할 이유가 없다.

중국도 미국을 침략할 이유가 없다. 중국의 항공모함이 LA에 상륙한다 해도 할리우드에서는 아무것도 가질 수 없다. 미국의 황금은 컨텐츠 즉 문화 소프트 파워에서 나온다. 영화, 소프트웨어, 지식재산권 등이다. 그러니 중국도 미국도 침략전쟁을 할 이유가 없다. 그래서 무역전쟁을 하는 것이다. 현대에서는 무역전쟁, 금융전쟁이 알파이자 오메가다.

왜 소프트파워가 대세인가?

소프트파워에 주목하는 이유는 소프트파워를 가진 나라가 못 가진 나라를 지배하기 때문이다. 애플은 하드웨어를 생산하지 않는다. 중국에는 하드웨어 생산공장 폭스콘이 있다. 죽어라 일해도 폭스콘은 애플 스마트폰 영업이익의 4%밖에 가져가지 못한다. 나머지 96%는 소프트파워를 가진 나라들의 차지다. 애플이 어플리케이션과 브랜드 몫으로 가장 많이 가져가고 한국, 일본 등이 반도체, 카메라 모듈 등을 통해 이익을 나눈다.

그러니 소프트파워가 없는 나라는 노예가 되고 소프트파워가 있는 나라는 부자가 된다. 중국은 바로 이 소프트파워를 탈취하려고 해킹을 하거나 시장을 내주고 기술을 넘겨받으려 하는 것이다. 그러나 소프트파워의 핵심을 아는 미국이 중국을 가만 놔둘 리가 없다. 그래서 결국 현대전은 소프트파워 전쟁인 것이다.

내일의 부

미중 전쟁의 전장 5곳

미중 전쟁의 5개 전장은 ①무역 ②환율 ③금융 ④석유 ⑤전쟁이다. 지금은 무역과 환율 전쟁 단계다. 향후 금융, 석유 그리고 나중에는 전쟁으로까지 갈 수 있다. 미국이 무역전쟁에서 중국을 이긴다면 그것으로 끝나겠지만 그렇지 않으면 실제 전쟁으로까지 갈 수 있다는 것이다.

실제 전쟁까지 불사하는 이유는 중국을 소련처럼 만들기 위해서다.

소련은 미국과의 군비경쟁으로 치명적인 국력 소모를 겪다가 결국 1991년 붕괴되고 말았다. 중국도 마찬가지다. 군비경쟁으로 치달으면 중국은 미국과의 균형을 유지하기 위해 엄청난 군비를 쏟아부어야 한다. 이것이 미국의 작전이다. 이 작전에 앞서 무역전쟁을 통해서 중국의 힘을 빼 놓을 필요가 있다.

예를 들어 미국이 중국에 25%의 관세를 부과하면 중국의 대미국 수출은 어려움을 당할 수밖에 없다. 중국 기업은 무거운 관세를 피하기 위해 중국 이외의 국가로 생산기지를 옮기게 될 것이고 이로 인해 중국은 달러를 벌어들일 수 없는데다가 생산기지 이전으로 중국 내에 실업까지 발생한다. 실업은 실업급여를 포함한 복지비용의 증가를 불러오고, 은행은 부채가 증가하면서, 현재 많은 빚으로 허덕이는 중국정부는 치명적인 손상을 입는다.

이렇게 먼저 무역으로 힘을 빼 놓고 환율을 감시한다. 그 다음은 금융 공격, 그래도 해결이 안 되면 결국 전쟁까지 불사할 것이다. 미국은 전쟁도 안 해보고 무기력하게 패권을 넘겨주는 나라가 아니기 때문이다.

현재 무역전쟁의 핵심은 다음과 같다.

①국영기업의 보조금 관행 철폐

②비관세 장벽 해제

③기술이전 강요 금지

④클라우드 컴퓨팅 개방

하나같이 중국이 받아들일 수 없는 항목들이다. 중국에는 국영기업이 많다. 국영기업은 보조금을 받는다. 이미 효율이 많이 떨어져 보조금 없이는 도산의 위험이 높다. 이러한 국영기업은 대부분 공산당이나 인민해방군의 소유다. 따라서 국영기업이 망하면 공산당과 인민해방군의 자산이 날아가는 것이다. 사회주의인 중국이 어떻게 받아들이겠는가.

또한 중국은 비관세 장벽을 통해 자국의 기업을 키워왔기 때문에 비관세 장벽도 해제할 수 없다. 기술이전을 강요하는 것도 중국이 시장을 내주고 선진기술을 받아 선진국으로 도약하는 발판으로 삼아왔기 때문이다. 만약 기술은 받지 못하고 생산공장만 지어질 경우 노동력만 제공하다가 나중에 인건비가 올라가면 결국은 생산공장 이전으로 일자리까지 감소할 가능성이 다분하다. 생산공장 이전을 막으려면 인건비도 올리지 못하고 1인당 국민소득도 제자리에 멈춰야 한다. 게다가 생산공장의 과다로 인해 공급을 늘리지도 줄이지도 못하는 딜레마에 빠진다. 대규모 실업이 발생할 것이기 때문이다.

마지막으로 클라우드 컴퓨팅 개방이다. 그러나 클라우드 개방도 어려운 형국이다. 중국이 현재 진행하고 있는 인터넷 만리장성[중국 공산당에서 실시하는 자국민 정보 검열 시스템이다. 여기서 시행하는 검열 및 감시 시스템을 만리장성에 빗대어 'Great Firewall of China(방화장성, 만리방화벽)'라고 칭한다]이 무너지기 때문이다. 공산주의는 자유민주주의의 사상이 스며들면 걷잡을 수 없이 무너진다. 만약 클라우드를 개방하면 기업 단위의 클라우드에서 틈이 생긴다. 아무리 인민을 감시해도 자유민주주의 사상의 유입을 막을 수 없다.

이처럼 다양한 이유들로 인해 중국은 미국의 요구를 받아들일 수가 없다. 미국도 협상 결렬을 염두에 두고 제안했다 할 수 있다.

결국 미국은 무역과 환율전쟁으로 중국을 약화시키고 부동산, 주식 등의 자산을 키우도록 만들어 버블을 키우고 석유와 군사적 압박을 통해 중국의 자산을 고갈시키는 전략을 취한다. 중국을 잃어버린 20년에 빠뜨리고자 하는 미국의 노림수가 숨어 있다.

미중 전쟁은 몇 년 안에 끝날 단기전이 아니다. 장기전이며 소모전이다. 무역전쟁은 시작점이다. 좀 더 넓고 길게 봐야 이 현상의 본질이 보인다.

내일의 부

27장

중국은 붕괴될 것인가?

중국의 상황이 매우 좋지 않다. 먼저 얼마나 안 좋은지 살펴보자.

억달러, 2017년 1659억달러로 감소했고, 올해 1~9월에는 128억달러 적자

전환했다.

_2018년 11월 20일자 조선일보

2018년 1월에서 9월까지 중국은 128억 달러 경상수지 적자를 냈다. 충격적인 소식이다. 중국은 그동안 미국에 엄청난 흑자를 내고 있었다. 그러나 그 규모는 급속도로 줄어들고 있으며 2018년 1월부터 9월까지 128억 달러 적자, 12월까지 합하면 겨우 흑자로 전환했다. 중국은 흑자전환을 위해 미국 국채와 자국의 국채를 팔아야 했다.

'무역전쟁' 中의 반격?…美국채 보유량 줄이자 채권금리 급등

미국과 중국 간 무역갈등이 고조되는 가운데 중국이 지난 7월 한 달 동안 미국 국채 보유량을 77억달러나 줄인 것으로 나타났다. 이에 따라 중국이 미국을 압박하는 카드로 미국 국채를 팔 수도 있다는 우려가 고조되면서 미국 시장에서 채권금리가 급등했다.

_2018년 9월 19일자 매일경제

이 기사가 나온 시점 이후 중국은 경상수지 적자를 개선하기 위해 미국 국채를 내다 팔았다. 중국이 미국에 대해 무력시위를 한 것이 아니라 디폴트 위기를 벗어나려는 자구책이었다. 중국 입장에서는 미국과의 대결이 아닌 자신의 생존 문제다. 이 정책으로 중국의 외환보유

고는 1조 3000억 달러에서 1조 1000억 달러로 2000억 달러나 줄어들었다. 매년 이 정도 줄어든다면 어떻게 될 것인가? 6년이면 바닥이다. 그것도 적자가 현재 수준이라는 가정에서 말이다. 만약 적자 규모가 더 커지면 속도도 더 빨라질 수 있다. 그래서 중국 당국은 일단 미국 국채 매입은 중단하고 차라리 중국 국채를 팔아 달러를 확보하려 하고 있다.

홍콩에서 거래하는 중국 채권 규모, 1년 만에 185% 급증

홍콩에서 거래하는 중국 채권의 하루 평균 거래액이 10억 달러에 육박한 것으로 나타났다. 1년 사이 두 배 가까이 급등한 성장세다.

_2019년 3월 7일자 연합뉴스

중국 채권까지 팔고서야 겨우 2018년 경상수지 흑자를 달성했다. 경상수지 적자가 나는 가장 큰 이유는 미국의 관세 부과를 들 수 있고, 그 외 저축률 하락과 서비스 수지 악화 때문이다.

"美 관세 확대시 中 경상수지 적자 전환 가능성"

국제금융센터는 "미국이 중국의 대미(對美) 수출 전체에 관세를 부과하면 중국의 무역수지 흑자 규모가 최대 820억달러 축소될 것으로 추정된다"며 동시에 "중국의 해외 여행수요가 꾸준히 증가하는 가운데 미국의 지적재산권 보호 조치가 강화되면 로열티 지급이 늘어나면서 서비스수지 적자도 확대될 전망"이라고 분석했다.

_2018년 11월 20일자 조선일보

위 기사를 보면 미국이 중국에 관세를 부과하면 820억 달러의 흑자가 축소될 것이라는 전망이다. 128억 달러 때문에 중국이 국채까지 발행하며 악전고투를 벌였는데, 820억 달러라니 중국으로서는 악몽의 시나리오다.

기사를 보면 중국의 적자 요인 중 하나로 꾸준히 증가하는 해외여행 수요를 들고 있다. 해외여행으로 엄청난 외화가 빠져나가고 있다는 것인데, 이는 아마도 중국 부자들의 돈세탁이 아닐까 생각한다. 중국의 현재 상황은 누가 가장 잘 아는가? 바로 부자들이다. 그들이 왜 해외로 돈을 빼돌리는지 의심하지 않을 수 없다.

중국은 왜 부채가 증가할 수밖에 없는가?

국가발전에 필요한 생산의 4요소는 토지, 노동, 자본, 기술이다. 중국이 막 개방을 했을 때는 토지와 노동은 거의 무한대에 가까웠다. 토지는 가격이 없었고, 노동은 세계에서 알아주는 저임금이었다. 중국은 화교들의 자본을 들여와 중국 내 투자를 했고 높은 성장률을 지속했다. 그런데 2000년이 넘어가면서 기록적인 성장률에 조금씩 한계가 드러난다. 임금이 올라 노동비용이 크게 증가했기 때문이다.

올라버린 노동비를 상쇄하면서 생산성 향상을 이루려면 방법은 '기술'뿐이다. 세계에서 기술로 생산성을 향상시킬 수 있는 나라는 미국이 유일하다. 기술은 창의적인 개인과 지식재산권을 인정하는 풍토에서만 자란다. 하지만 동양적인 사고는 개인보다 집단을 강조한다. 교과서를 뒤져봐도 개인이라는 말은 없고, 국가와 집단만이 있을 뿐이다. 교육 단계부터 노출되는 동양의 한계라고 볼 수 있겠다.

세계 시가총액 1등부터 10등까지 기업을 보라. 모두 미국 기업이다. 그 중 아마존, 페이스북, 구글 등은 생긴 지 20년도 되지 않은 신생기업들이다. 그러나 동양에서는 최근 이렇게 큰 대기업이 거의 나오지 않고 있다.

따라서 생산성 향상에 기술은 기대할 수 없고, 방법은 임금을 줄이는 것뿐이다. 임금이 싼 이머징 국가로 공장을 이전하거나 자동화로 노동력을 줄여야 한다. 그런데 이 방법은 실업을 발생시킨다는 치명적인 단점을 갖고 있다.

따라서 사람을 자르지 않으면서도 GDP를 올려야 하는데, 방법은 바로 자본을 늘리는 방식이다. 자본, 즉 부채를 늘리는 방법으로 그 예를 보자.

임금이 올라가면서 과거에는 100을 투입하면 산출물이 100이 나왔다. 그런데 이제는 임금이 올라 100을 투입하면 산출물은 25밖에 나오지 않는다. 중국은 이 문제를 해결하기 위해 빚을 4배로 늘려 생산하기로 한다.

설명의 편이성을 위해 하나의 예를 더 들기로 한다. 편의점이 있다. 예전에는 1억을 투입해서 1000만 원을 가져갔다. 그런데 갑자기 최저 임금(노동)이 오르고 건물주가 임대료(토지)를 올리는 바람에 똑같이 1억을 투입해도 가져갈 수 있는 돈은 250만 원뿐이다. 매출은 동일하다. 다만, 월급(노동)과 임대료(토지)를 주고 나니 순이익의 75%가 사라졌다.

해결방법은 무엇인가? 가장 쉬운 방법은 자본을 늘리는 것이다. 즉, 3억 원을 더 투자해서 총 4억 원으로 편의점 4개를 운영하면 된다. 결국 이전 순이익과 같아졌다. 그러나 문제가 있다. 대출이 3억 원 늘었다. 그럼에도 불구하고 현상을 유지할 수만 있다면 큰 문제가 되지는 않는다. 다만 문제는 성장률이 떨어졌을 때 발생한다.

성장률이란 곧 매출이다. 성장률 반토막은 매출이 1000만 원에서 500만 원이 됐을 때 발생한다. 그러면 자본(빚)을 더욱 늘려야 한다. 도대체 편의점을 몇 개나 더 늘려야 하는가?

바로 이것이 한국과 중국이 당면한 문제다. 한국은 2% 미만의 성장을 목전에 두고 있고, 중국도 머지않아 6% 아래로 떨어질 전망이다. 성장을 하지 않으니 매출이 점점 떨어지고, 매출이 떨어지니 현상유지조차 힘들다.

이 문제를 해결할 방법이 무엇이겠는가? 구조조정뿐이다. 이익을 못 내는 기업은 과감하게 정리하고 신산업으로 체질을 바꿔야 한다. 그러나 말처럼 쉽지 않다.

구조조정은 대규모 실업사태를 불러온다. 민주주의 국가에서는 정권이 바뀔 수도 있는 문제다. 중국과 같은 공산주의 국가에서는 정권 자체가 붕괴될 수도 있다. 따라서 정치권에서는 해결방법을 알면서도 실행하기 어렵다.

이런 이유로 자발적으로 구조조정을 하는 나라는 얼마 되지 않는다. 곪고 곪아 종국에는 썩어서 터지는 수밖에 없고, IMF사태처럼 스스로 붕괴하여 외부의 힘에 의해 강제로 구조조정 되는 수밖에 없는 것이다.

성장률 하락은 이처럼 심각한 문제다. 그런데 부동산이 왜 그렇게 많이 올랐고 뭐가 문제일까? 중국은 노후보장이 안 되는 국가다. 중국의 기준금리는 6% 정도지만 개인이 은행에 저축을 하면 1.5% 정도의 이자밖에 받지 못한다. 그래도 돈을 맡겨 놓을 곳이 은행뿐이니 할 수 없이 은행에 맡겨 놓는다고 한다.

이 돈은 누가 컨트롤 하는가? 공산당이다. 개인들로부터 저렴하게 돈을 빌려 산업에 직접 투입한다. '중국제조2025'란 이러한 자본을 첨단산업에 빌려주는 정책이다.

하지만 이런 식의 경제는 초기에는 통할지 모르나 근본적으로는 비효율이 발생한다. 미국은 기업이 은행에서 돈을 빌린다. 미국이나 중국이나 은행에서 돈을 빌리는 것은 동일하다. 그러나 미국은 돈을 빌릴 때 다수의 은행과 다수의 기업이 경쟁하는 구도다. 비효율이 발생할 가능성이 없다. 또한 이 시스템이 몇 백 년 간 유지되어 엄청난 서비스 노하우가 있다.

예를 들면 영국은 산업혁명 초기 신문에 '오늘의 발명'이라는 코너가 있었다고 한다. 기업가를 우대하는 영국다운 인식이라 할 수 있다. 오늘의 발명이란, 산업혁명 초기 돈이 될 만한 발명을 하면 신문에 실어주는 것이었다. 그러면 소위 엔젤투자자가 발명가에게 전화를 걸어서 자신이 돈을 댈 테니 사업을 하자고 몰려들었다고 한다. 민간에서 발명가에게 투자자금을 대고 발명가는 발명의 산업화를 통해 돈을 벌면 그것이 벤처투자, 주식시장이 아니고 무엇인가? 서구의 이러한 민간자본의 효율적인 유치는 은행과 기업을 가장 효율적으로 돌아가게 만들었다.

그러나 반대로 동양에서는 일본, 한국 등이 부채로 성장하는 전철을 밟았다. 관료가 중심이 된 계획경제였다. 여기에는 4개의 축이 필요하다. ①관료 ②은행 ③기업 ④국민이다.

①관료는 국가의 경제개발 계획을 짠다. 그래서 중화학 공업, 반도체, 조선, 철강 등 중진국으로 갈 수 있는 업종을 선정해서 집중적으로 밀어준다.

②은행은 관료의 지시를 받아 경제개발 계획으로 입안 된 업종에 대출을 해 준다.

③기업은 관료의 지시대로 은행에서 경제개발 계획에 따라 자금을 대출하고 사업을 실행한다.

④국민은 저금리로 저축한다.

이 4개의 축 중에서 가장 큰 손해를 보는 주체는 바로 국민이다. 계획경제가 한창일 때는 이자를 높게 책정할 수 없다. 선진국과의 금리 차이를 이용해 물건을 싸게 만들어 수출해야 경쟁력이 있기 때문이다. 이 시기에는 국민연금과 같은 노후보장보험도 없기 때문에 저금리라 하더라도 돈을 은행에 맡길 수밖에 없다.

대표적인 나라가 일본이다. 일본 우정국(한국의 우체국)은 고객에게 예금이자로 2%를 지급하고, 기업에는 5% 정도에 빌려주었다. 기업은 5%라는 낮은 금리를 이용해 미국에 수출을 하였다.

1980년대 초 미국의 국채금리는 20%를 기록하기도 했다. 따라서 저금리로 자금을 빌리는 일본 기업과 경쟁이 될 리 없었다. 한편 일본 기업은 가파르게 성장한다.

하지만 부작용도 있었다. 은행이 IB(투자은행)를 하지 못한다. 미국이나 영국 등은 '오늘의 발명'의 예처럼 기술을 보고 대출을 하기에 기술을 보는 눈이 있다. 그러나 동양에서는 엘리트 관료들의 압력에 의해 대출을 하기 때문에 기술을 볼 필요가 없다. 단지 그 기업에 믿을 만한 부동산 담보가 있는지를 확인한다. 부동산 담보로 대출을 하다 보니 은행의 기업 실사 능력은 현저히 떨어진다. 마찬가지로 기업인들도 증권시장에 신경 쓸 필요가 없다. 엘리트 관료에게만 잘 보이면 자금을 은행으로부터 융통할 수 있기 때문이다.

국민은 국민대로 손해였다. 저축을 통해 노후자금을 마련해야 하는데 이자율이 인플레이션도 따라가지 못했다.

이러한 사회적 분위기에서는 새로운 기술과 독창적인 아이디어가 나올 수 없다. 기업에 기술이 있어도 대출해줄 은행을 구할 수도 없다. 기술을 믿고 대출을 해왔던 은행이 없기 때문이다. 한국도 중국도 마찬가지다. 따라서 한중일은 부동산을 중시하고, 개인도 부동산 자산비중이 주식에 비해 월등히 높다.

중국의 부자들이 이러한 부채의 위험을 모를 리가 없다. 부채가 기하급수적으로 늘면서 중국의 부자들은 위험을 감지하고 자금을 해외로 빼돌리고 있는 중이다. 그들이 감지한 위험이란, 작게는 저축률 하락에 의한 위안화 가치 하락, 크게는 경상수지 적자에 의한 디폴트 상황이다.

중국의 저축률 하락은 위기의 근원이다. 저축률 하락의 이유는 통화량 증가에 있고, 실제 금리 하락이 일어났다. 즉 통화량이 증가하면 시중에 돈이 흔해진다. 은행에 돈을 맡겨도 금리가 예전만 못하다. 통화량 증가는 금리의 하락을 불러오고, 돈의 가치를 떨어뜨린다.

그렇다면 왜 통화량 증가가 일어났을까? 바로 자산관리상품(이하 WMP) 때문이다.

〈시사금융용어〉 자산관리상품(WMP)
자산관리상품(WMP)는 2008년 금융위기 이후 중국에서 급속히 팽창한 금융상품이다. WMP는 연 7%에서 최대 15%에 이르는 높은 확정 수익률로 폭발적인 인기를 끌었다. WMP의 고수익은 모집한 자금이 은행 문턱을 넘을 수 없는 이들에게 고리로 대출되기 때문에 가능하다.

내일의 부

중국 정부의 부동산 규제로 2010년부터 은행 대출을 받기 어려워진 부동산 개발업자와 사업자금을 조달하기 어려운 중소기업들이 주요 이용자로 꼽힌다.
_2013년 7월 5일자 연합뉴스

WMP는 2008년 금융위기 이후 중국에서 나온 금융상품으로 말도 안 되게 높은 연 7%~15%의 수익률을 보장한다. 은행 예금금리가 3%인데 WMP는 3개월만 맡겨도 연 5%를 지급한다. 2018년 현재 WMP 상품의 규모는 22조 3천 억 위안(약 3600조원)으로 2019년 한국 예산 470조 원의 7배가 넘는 금액이다. 은행은 이 자금으로 부동산 투자신탁을 하고 최근에는 경기부양을 위해 주식투자도 하고 있다. WMP의 투자설명서에 보면 '손실이 날 수 있는 상품'이라는 문구가 들어가 있지만, 대다수 중국인들은 안전한 예금 정도로만 알고 있다.

개인 입장에서는 고수익 상품이고, 정부의 부동산 규제로 은행대출을 받을 수 없는 부동산 개발업자에게는 자금을 조달하는 창구다.

2008년 금융위기가 일어나자 전세계는 대규모 구조조정에 나섰다. 그러나 중국은 달랐다. 구조조정은 실업을 발생시킬 것이고 그로 인해 사회불안이 가속화 된다. 그래서 중국은 구조조정이 아닌 대규모 경기부양으로 위기를 돌파했다. 등소평 시절부터 시행해 온 정책으로 도시화를 통한 대규모 경기부양책이다.

중국은 등소평 시절 외국인들을 끌어들여 공장과 사업체를 열게 하는 과정에서 난관에 부딪혔다. 도로, 철도, 하수도, 전기 등 사회기반

시설이 열악했기 때문이다. 그래서 등소평의 오른팔인 자오쯔양은 이렇게 말했다.

"우리는 도시에 필요한 도로를 건설하거나 물이나 전기를 끌어올 만한 자금이 전혀 없습니다."

이 문제를 어떻게 극복했을까? 홍콩의 한 부동산 개발업자의 머리에서 아이디어가 나왔다.

"토지가 있는데, 왜 돈이 없다고 하십니까?"

아이디어는 이렇다. 19세기 중반 파리를 빛의 도시로 만든 오스만 남작이 활용한 방식이다. 파리 중심에는 빈민가가 많았다. 오스만 남작은 수용권을 행사해 비용을 지불하고 도로 옆 개발지역을 포함해 이를 전부 수용해 버렸다. 그리고 미로처럼 얽혀있는 도시에 도로를 놓고 전기를 연결했다. 사회기반시설이 좋아지자 부동산 가격이 폭등하였고, 개발업자에게 10배가 넘는 금액으로 되팔았다.

중국의 중앙정부와 지방정부는 오스만의 방식을 차용해 자금을 모았고 이 자금을 일대일로에 투입했다. 이 방법으로 중국은 도시화와 일대일로 정책을 실행할 수 있었다.

하지만 결국 탈이 난다. 말이 좋아 수용이지 사실은 모두 빚으로 쌓아올린 탑이다. 처음 중앙정부는 일대일로를 통해 엄청난 개발이득을 거뒀고, 지방정부는 도시화를 통해 엄청난 개발이득을 거뒀다. 하지만 지금 중앙정부는 일대일로로 지방정부는 유령도시로 빚더미에 앉았다.

그런데 왜 지방정부는 유령도시를 건설했을까? 금융위기의 시작은 2008년이다. 2008년 중국의 부채는 6조 달러에서 2017년 말 28조 달러로 5배 커졌다. 게다가 2008년 162%였던 부채는 2017년 266%까지 폭증하게 된다. 폭증을 불러온 원인은 지방정부 간의 과도한 경쟁 때문이었다. 중앙정부가 경제 실적으로 지방정부를 평가하자 좋은 평가를 받기 위해 각종 수단과 방법을 가리지 않았다. 이러한 개발의 와중에 지방 간부는 각종 이권 사업에 개입하여 뇌물이나 개발이익을 빼돌렸다. 지방정부가 부채를 보증해 주거나 정부 소유의 은행으로부터 막대한 대출을 제공하는 방법으로 기업을 지원했다. 이는 지방정부 간부와 기업 양쪽 모두의 이익에 부합했다. 지방정부는 개발로 점수를 따서 좋은 평가를 받고, 간부는 승진이 가능했다. 개발하는 와중에 각종 이권에 끼어들어서 재산 축적도 가능했다.

지방정부는 농민에게서 강제로 빼앗은 토지를 거의 무상으로 기업이 불하 받게 해준다. 공짜나 다름없는 땅을 불하 받게 된 기업은 이후 더 많은 땅을 요구한다. 그리고 은행으로부터 대출을 받아 개발하여 분양하면 아파트는 얼마든지 분양이 되었기 때문에 막대한 이익을 거둔다. 중앙정부는 이를 뒤늦게 파악하고 규제에 나섰으나, 지방정부는 중앙정부의 지시를 따르지 않고 자신에게 더 유리한 개발사업을 진행한다. 온갖 편법을 동원해 더 큰 대출을 기업에게 일으켜 준다. 허술한 중앙정부의 감독 체제에서 지방정부가 일으킨 이처럼 거대한 부채를 '그림자금융'이라 부른다. 그리고 그 규모는 짐작조차 하기 힘들다.

이제 문제는 중국의 부채가 드러나는 시기에 발생할 것이다. 그 시기란 중국의 경제성장률이 떨어지는 시점이다. '바오류'라는 말 자체가 6% 성장을 지킨다는 의미다. 그만큼 6% 이하로 성장이 떨어지면 부채에 대한 부담 때문에 스스로 무너질 수 있기 때문이다.

다시 WMP로 돌아가 보자. 이렇게 부실한 자산관리상품을 팔았다면 원금을 떼였다는 기사가 줄을 이어야 정상 아닌가? 이렇게 높은 금리를 주는데 원금을 안 떼이는 게 더 비정상이다.

그래서 허베이금융투자보장(Hebei Financing Investment Guarantee)이 파산지경에 이르렀다. 그런데 파산지경에 이른 허베이금융투자보장에 2015년 5월 4조 위안을 투입하여 붕괴를 막았다. 그러자 어차피 은행에 맡겨도 이자를 거의 안 주는 마당에, 이자를 많이 주는 금융사를 공적자금으로 파산을 막아주니 얼마나 좋은가? 그래서 더 많은 돈이 몰리게 되었다. 자금의 규모는 무려 22조3천억 위안(약 3600조원)이며 중국 GDP의 1/3에 달한다.

그렇다면 이 자산관리상품에 4조 위안이라는 큰돈을 집어넣은 곳은 어디인가? 바로 자산관리상품을 설계한 곳에 돈을 빌려준 시중은행이다. 그러면 시중은행의 부채가 엄청나게 늘어야 정상이다. 하지만 민간은행의 부채가 늘어나면 재무제표가 나빠지고 은행의 주가는 급락할 것이다. 그래야 정상이다. 그런데 이 은행들이 어떻게 돈을 자산관리상품에 넣었는지 아는가? 바로 영구채권을 발행해서였다.

영구채권(perpetual bond)은 만기가 없어 원금 상환을 계속해서 연장할 수 있는 채권을 말한다. 일반채권과 달리 만기가 없어서 투자자에게는 이자만이 지급된다.

영구채란 형태는 채권이지만 속성은 자본에 가까운 신종자본증권(하이브리드채권)이다. 즉, 부채가 아닌 자본이다. 그렇다면 재무제표는 오히려 깨끗해졌다는 뜻이다. 이제 문제가 되는 것은 몇 십조 위안에 달하는 이자를 시중은행이 메울 수 있는가다. 앞서 언급한 대로 자산관리상품의 규모는 22조 위안을 훌쩍 넘었고, 중국 GDP의 1/3에 육박하였다. 그런데 이자가 얼마인가? 7%에서 15%다. 빚도 빚이지만 이자도 만만치 않다. 과연 은행이 버틸 수나 있는 규모인지 의심이 들지 않을 수 없다.

결국 중국의 은행은 이자 때문에 파산하고 말 것이다. 와중에 파격적인 뉴스가 나왔다.

"영구채 늘려라" 중국 인민은행 중앙어음 스와프 도입

중국 중앙은행인 인민은행이 24일 새로운 통화정책수단인 '중앙어음 스와프(Central Bank Bills Swap, CBS)'를 신설했다. 중앙어음 스와프란, 공개시장에서 1급 거래상(금융기관)이 보유한 영구채를 인민은행 중앙어음으로 교환할 수 있도록 하는 것이다. 경기 하방 압력 속 실물경제에 자금을 더 잘 지원하기 위한 조치로 해석된다.

중국 매일경제신문에 따르면 인민은행은 24일 저녁 웹사이트에 올린 공고문에서 "은행 영구채 유동성을 높이고, 은행들의 영구채 발행을 통한 자본 기반 보충을 위해 중앙어음 스와프를 신설한다"고 밝혔다.

최근 경기 하방 압력에 직면한 중국 금융당국은 올초 은행권의 영구채 발행을 처음 허용했다. 그림자금융 규제가 강화된 가운데 경기 부양을 위한 신용대출을 늘려야하는 상업은행들의 자본 부족 문제를 해소하기 위해서다. 영구채는 만기가 없어 원금을 상환하지 않고 투자자에게 이자만 지급하는 채권이다. 자본으로 인정돼 부채가 줄고 자본이 증가하는 효과를 낸다.

_2019년 1월 25일자 아주경제

인민은행이 시중은행의 쓸모없는 영구채를 안전한 중국국채로 무제한 교환해 준다는 기사다. 시중은행으로서는 망할 일이 없게 되었다. 이로 인해 현재 중국의 위안화는 무한팽창을 하고 있다. 위안화의 통화량이 늘어나고 이자는 완전 바닥까지 떨어진 것이다.

일반인들이야 아무것도 모르니 자산관리상품에 들어서 7~15%의 이자만 받으면 그만이다. 하지만 부자들은 다르다. 그 속사정을 아는 부자들은 바보가 아닌 이상 이곳에 돈을 맡기지 않는다. 그러니 해외여행 한답시고 해외로 나가서 돈세탁 과정을 거쳐 자금을 은닉하는 중이다. 중국에서 달러가 급격히 빠져나가는 이유가 바로 여기에 있다.

자 그런데 2018년에는 경상수지 적자를 겨우 흑자로 돌려 놨는데 2019년부터는 어떻게 되는가? 앞서 만약 미중무역전쟁에서 트럼프가 관세를 부과하면 820억 달러의 적자가 발생한다고 하였다. 따라서 트럼프가 관세 부과를 결정하는 순간 중국은 지옥문이 열린다. 게다가 이렇게 된다면 부자들은 더 많은 달러를 해외로 **빼돌릴** 것이고 중국의 외환보유고도 급격히 줄어들게 된다.

그리고 또 한 가지, 이처럼 통화팽창이 급격히 이루어지는데도 왜 위안화 가치는 급속도로 떨어지지 않는가? 그것은 일대일로를 통해 해외로 위안화 수출을 하고 있기 때문이다. 즉, 일대일로로 철도를 깔고 항구를 만들면서 해외로 위안화를 수출하니 그나마 위안화 가치가 줄어드는 분산효과가 생기는 것이다.

미국도 2008년 금융위기 이후 3조5천 억 달러의 돈을 풀었지만, 세계의 모든 나라가 미국국채를 흡수해 줘서 달러화가 급속도로 떨어지는 것을 방지할 수 있었다. 마찬가지로 중국도 일대일로를 하면서 중국의 위안화 급락을 막고 있다. 다만 미국과 달리 일대일로는 여기저기서 공사가 안 되거나 연기되는 등 파열음이 나타나고 있다.

대표적으로 중국이 파키스탄, 베네수엘라 등에 돈을 빌려줬는데, 파키스탄은 인도와의 전쟁 때문에 공사 진행이 안 될 수 있는 상황이고, 베네수엘라는 과이도와 마두로 두 명의 대통령이 나타나면서 정국이 매우 시끄럽다. 과이도가 대통령이 되면 중국은 돈을 떼일 수도 있고 공사대금으로 받으려던 석유도 받지 못할 수 있다.

이 모든 문제의 근원은 결국 중국 자신 때문이다. 성장을 멈췄으면 구조조정을 통해 과잉 투자 부분을 걷어내고 기술 위주로 성장을 지속해야 한다. 그러나 중국은 구조조정을 하게 된다면 인민들이 혁명 수준으로 봉기할 것이다. 게다가 자산관리상품을 구조조정 한다면 돈 떼인 분노한 인민들이 내전으로 몰고 갈 수도 있다. 다음은 중국의 현재 상황을 알려주는 기사다.

먹구름 낀 中경제… 적극적 경기부양책 카드 꺼내 들다

중국의 2월 제조업구매관리자지수(PMI)는 49.2로 3개월 연속으로 50을 밑돌았고, 1월 자동차판매대수는 전년동월대비 15.8% 감소. 휴대전화출하대수도 12.8% 감소했다.

_2019년 3월 6일자 아시아타임즈

중국이 대대적인 경기부양책을 폈다. 감세와 함께 인프라 투자도 늘린다. 그러나 기사에서 보듯이 중국경기는 하락하고 있다. 뿐만 아니라 중국의 자산관리상품과 같은 그림자 금융이 중국의 하락 뇌관으로 작용할 수 있다는 것이다.

2019년 중국은 경상수지 적자를 피하기 어렵다. 적자문제를 해소하려면 어떻게 해야 하는가?

첫째, 중국이 보유하고 있는 미국 국채를 팔아서 경상수지를 흑자로 만들어야 한다.

그러나 한계가 있다. 적자가 지속되어 더 이상 팔 국채가 없어진다면 어떻게 되는가? 디폴트 또는 IMF다.

둘째, 중국국채를 외환시장에서 팔아서 달러를 확보한다.

그러나 2018년 말부터 미국인 투자자들은 중국국채를 더 이상 사지 않고 있다. 인민은행은 2018년 11월 중국국채 판매를 중단했다. 따지고 보면 중국국채를 살 이유도 충분치 않다. 수익률이 3.166%밖에 되지 않기 때문이다.

중국 10년 채권수익률 링크
https://kr.investing.com/rates-bonds/china-10-year-bond-yield

미국국채 수익률은 2.645%다. 중국국채와 별 차이가 없는데다가 특히 안정성이 뛰어나다. 굳이 중국국채를 살 필요가 없다. 그렇다면 결국 중국은 경상수지 적자에 의해 큰 어려움에 빠질 것으로 예상된다.

셋째, 내수를 부양하고 서비스 수지 적자를 최대한 줄인다.

그러나 그것이 쉬우면 중국은 미국국채를 팔지도 않았을 테고 외국에서 중국국채를 팔지도 않았을 것이다. 그러니 확률이 적은 게임이라고 볼 수 있다.

마지막으로 미국은 중국의 이런 상황을 일부러 만들고 있는 것은 아닌가 생각된다.

　미중무역전쟁으로 관세를 매기자 중국에서 외국기업이 빠져 나가고 일자리가 줄어들자 대규모 부양정책으로 맞받고 있다. 그러나 이는 중국의 부동산 버블을 스스로 키우는 자충수다. 미국의 관세를 이기려면 금리를 낮춰 경기를 부양해야 한다. 금리를 낮추면 낮은 이자율 효과로 망해야 할 좀비 기업이 살아남고 경매처분 되어야 할 부동산 투자자들도 살아남는다. 그리고 이 과정에서 은행의 부실도 커진다. 급기야 인민은행이 중국의 민간은행을 인수하기에 이른다. 인민은행이 인수한 민간은행은 바오샹 은행이 최초다.

신용위험 中 바오샹은행, 인민은행·은보감회 인수관리 개시
　중국 내몽고자치구 바오터우시 소재 바오샹은행(包商银行)이 심각한 신용위험으로 중국 인민은행과 은보감회의 인수 관리를 받게 됐다.

_2019년 6월 3일자 파이낸셜신문

　미국의 관세는 중국 내에서 외국기업은 물론이고 중국기업도 탈출하도록 만든다. 이러면 중국 내의 일자리가 줄어들고 실업자가 다수 양산되어 내수소비가 침체되고 실업자가 아파트 분양이라도 받았다면 은행은 연체율이 올라갈 수밖에 없다. 외국기업이 탈출할 때 달러로 바꿔 나가니 은행도 달러가 마르게 된다. 은행에서 모자라는 달러를 바꿔줄 수 없다면 은행은 파산이다. 그래서 모자라는 달러를 메우려고 중국 당국은 지속적으로 달러표시 국채를 발행하고 있다.

> ### 5월 중국 '무역전쟁' 미국 국채 보유액 28억 달러 감소
> CNBC 등에 따르면 미국 재무부는 16일(현지시간) 5월 국제자본수지 통계를 발표하고 중국의 미국채 보유액이 전월 대비 28억 달러 감소한 1조1101억 달러(약 1311조281억원)를 기록했다고 전했다.
>
> _2019년 7월 17일자 한국무역신문

미중무역전쟁으로 중국이 미국에게 손해를 입히려고 일부러 미국채를 매각하고 있다고 보는 시각도 있지만, 말도 안 된다. 미국에게 손해를 입히려면 한꺼번에 팔아야지 몇 십억 달러씩 팔아서는 미국에게 치명적인 손해를 입힐 수 없다.

게다가 미국의 10년물 국채는 오히려 수익률이 떨어지고 있다. 왜냐하면 세상이 불안하니 미국채로 더 몰리고 있기 때문이다. 한 마디로 미국채는 시장에서 인기다. 따라서 중국이 미국채를 내다 파는 이유는 비쌀 때를 이용한 수익실현 차원이라고 보는 것이 맞다.

그러나 이대로 끌고 갈 수는 없는 노릇이다. 미국은 중국의 이런 상황을 즐기고 있는 것은 아닌지 의심이 된다. 스스로 붕괴 될 중국을 더욱 압박하면서 버블을 키우고 있는 것은 아닌지 말이다.

그 근거로 미국은 2019년 7월, 10월 미연준(Fed)에서 금리를 인하하였다. 이제 세계는 유동성 파티가 시작된다. 돈이 안전자산에서 투기

자산으로 옮겨간다. 주식으로 자금이 유입되면서 주식 가격이 오르게 되어 있다. 이러한 투기자금은 중국으로도 들어갈 것이다. 중국은 구조조정 대신 유동성을 더 키우면서 경제발전을 할 것이다. 한편 미국은 중국에 관세 품목과 세율을 시간이 지날 때마다 올리면서 미국 기업 및 다국적 기업의 중국 탈출 러시를 도울 것이다.

이러면 중국의 경제성장률은 떨어지면서 일자리도 사라진다. 이에 중국은 내수부양에 더욱 박차를 가해 일자리를 만들어내야 한다. 모두 부채로 말이다. 구조조정은 꿈도 꿀 수 없고, 버블만 자꾸 더 커진다.

2021년에는 미국에서 대선이 치러진다. 트럼프는 미국 증시를 끌어올려 자신의 재선에 유리한 상황을 만들 것이다. 그리고 만약 재선에 성공한다면 그 다음은 무엇인가? 증시를 더욱 끌어올릴까? 아마도 아닐 것이다. 증시 상승은 좋은 일이지만, 트럼프의 선거공약을 생각해 봐야 한다.

'MAGA(Make America Great Again : 다시 미국을 위대하게)'말이다. 다시 위대하게란 어느 시점인가? 바로 레이건 전대통령을 추종한다는 의미다.

레이건의 가장 큰 업적 중 하나는 바로 소련 해체다. 그래서 그는 위대한 대통령이 되었다. 트럼프는 레이건을 뛰어넘는 위대한 대통령이 되고 싶을 것이다. 주가를 많이 올리면 위대한 대통령으로 남는가? 아니면 소련에 준하는 위협인 사회주의 국가, 인권 탄압국가인 중국을 없애서 세계평화를 가져오고 슈퍼파워 미국을 만드는 것이 위대한 대통령으로의 길인가?

당연히 후자다. 그러니 지금은 버블을 키우고 2021년이 되면 트럼프는 금리를 올려 유동성을 흡수해서 부채가 목 끝까지 차오른 중국의 머리를 물속으로 쑤셔 박을 수 있다. 중국도 일본처럼 부동산과 주식 버블이 꺼지면서 끝없는 나락으로 빠지게 된다.

중국 내 버블 붕괴는 어떤 결과를 가져오는가?

중국에서 버블이 붕괴되면 어떻게 될까? 부동산 버블이 터지면 일본처럼 대차대조표 불황으로 빠지게 된다. 대차대조표 불황이란 빚을 갚느라 소비를 하지 못해 내수 경기가 망가지는 현상이다. 예를 들어 10억 원짜리 아파트를 자신의 돈 3억 원과 대출 7억 원을 일으켜서 샀다고 하자. 그런데 갑자기 부동산 가격이 떨어져 5억 원이 되었다면 어떻게 해야 하는가? 일단 자신의 돈 3억 원이 날아갔기 때문에 자산을 잃어버리고 자산이 있는 중산층에서 빚을 갚아야 하는 하류층으로 떨어진다. 게다가 대출금 2억에 이자까지 모두 갚아야 한다.

원리금을 같이 갚아야 하니 월급을 타도 은행에 줄 돈을 주고 나면 생활비도 빠듯하다. 그런데 지속적으로 디플레이션이 일어나 아파트 가격이 더 떨어지거나 정체되면 어떻게 되는가? 원리금을 갚는 노예가 된다. 디플레이션(자산가격 하락)이 되면 이런 일이 벌어진다. 중국 상하이의 웬만한 아파트는 10억이 넘어간다. 그러나 이런 아파트가 만약 반토막이 났을 경우는 집단적으로 대차대조표 불황으로 빠지게 된다. 그리고 한번 빠진 소용돌이에서 헤어 나오는 기간은 10년일 수도, 20년일 수도 있다. 잃어버린 10년이나 잃어버린 20년이 될 수 있다는 말이다. 게다가 중국은 아직 선진국 문턱도 넘지 못했다. 그럼에도 불구하고 부동산이 붕괴하면서 대차대조표 불황에 빠진다면 잃어버린 100년이 될 수도 있다.

28장

미중 무역전쟁 연착륙 시나리오 1
_미중 무역전쟁과 30년에 한 번 오는 대박의 기회

미중 무역전쟁은 투키디데스의 함정으로 설명할 수 있다. 투키디데스의 함정이란 2위 국가가 1위인 패권국가와 치르는 전쟁이다.

'투키디데스 함정'(Tuchididdes Trap)은 빠르게 부상하는 신흥 강국이 기존의 세력판도를 뒤흔들고 이런 불균형을 해소하는 과정에서 패권국과 신흥국이 무력충돌하는 경향이 있다는 걸 일컫는 용어. 역사학자들은 1500년 이후 신흥 강국이 패권국에 도전하는 사례가 15번 있었고, 이 가운데 11차례가 전쟁으로 이어졌다고 말한다. 1, 2차 세계대전도 신흥국 독일이 당시 패권국인 영국에 도전하면서 일어났다.

투키디데스 함정으로 일컫는 역대 전쟁에서 20세기 초 미국이 영국에 대항한 예 빼고는 거의 패권국의 승리로 끝난다. 패권국은 동맹을 한 국가가 많기 때문에 홀로 싸우는 신흥국보다 훨씬 유리한 환경에서 전쟁을 치르기 때문이다. 그렇다면 과연 미국과 중국의 대결은 어떻게 진행될 것인가? 크게는 이런 순서를 예상할 수 있다.

무역전쟁 → 금융전쟁 · 환율전쟁 → 석유전쟁 · 실제전쟁

무역전쟁으로 해결이 되지 않으면 금융전쟁과 환율전쟁으로, 여기서도 해결이 안 되면 석유전쟁과 실제전쟁으로 비화될 것이다. 그렇다고 하여 지금 석유전쟁과 금융전쟁, 환율전쟁이 전혀 일어나지 않는 것은 아니다. 그저 메인이 아닐 뿐이다. 우리는 이 순서대로 끝까지 진행되지 않기를 바란다. 전적으로 중국이 언제 백기를 드느냐에 달려 있다.

미국은 왜 중국에게 무역전쟁을 선포했는가?

미국은 항상 미국 다음의 경제력 국가가 미국 GDP의 40%선까지 쫓아오면 전쟁을 선포했고 현재까지는 매번 이겨왔다.

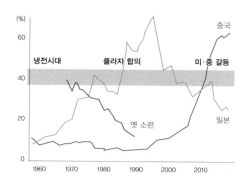

세계 경제 패권 역사

(미국 GDP 대비 비중, 자료: 유엔)

최근 전쟁은 1980년대였고, 그 대상은 소련과 일본이었다. 소련과 일본은 각각 다른 전쟁의 대상이었다. 일본은 제조업으로 미국을 쫓아 왔다. 그래서 경제전쟁이었고 무역전쟁을 통한 금융전쟁으로 마무리 되었다. 그 여파로 일본 닛케이지수는 버블이 붕괴 되기 전 21,000포 인트에서 겨우 최근에야 22,000포인트에 진입하면서 90년대, 2000년 대, 2010년대를 거쳐 잃어버린 30년을 겪었다.

소련과의 전쟁은 군사적 · 이념적 대립 때문이었다. 또한 경제력도 미국을 위협할 수준까지 쫓아왔기 때문에 미국은 무역전쟁을 통해 소 련을 해체시켰다.

과거는 미래를 보여주는 거울이다. 미국이 치른 위 2개의 전쟁에서 어떤 전술을 썼는지 살펴보면 중국과의 전쟁도 예상 가능하다.

무역·경제 전쟁의 소용돌이에 휘말려들면 미국도 내상을 입는다. 너 죽고 나 죽자는 자세로 임했고, 그 결과 미증시가 50%나 빠지는 1987년 9월 블랙먼데이를 겪었다. 그럼에도 불구하고 두 개의 태양이 공존할 수는 없으므로 살을 내주고 뼈를 취하는 전략을 써서라도 상대를 철저히 무너뜨려야 한다.

미국은 소련을 어떻게 굴복시켰는가?

소련은 공산주의, 미국은 자본주의를 대표했다. 미국은 공산주의의 위협을 방어하기 위해 1945년 제2차 세계대전 이후 줄곧 자본주의 진영이 이탈해 공산주의로 가는 것을 막는 데 국력을 쏟는다. 이 정책으로 인해 대한민국과 대만, 홍콩과 싱가폴 등이 수혜를 입었고, 그 중 가장 큰 수혜국가는 독일과 일본이었다.

2차 세계대전 이후 미국의 본래 계획은 일본과 독일을 제조업이 없는 나라로 만드는 것이었다. 그러나 독일의 전차군단을 깨부순 소련이 두려웠던 미국은 일본과 독일을 산업화로 이끌어 서쪽으로는 독일로 하여금 서유럽을 지키고 동쪽으로는 일본으로 하여금 동아시아와 태평양을 방어케 하는 전략으로 수정한다. 미국이 군사력을 동원해 이두 나라를 지켰으므로 독일과 일본은 경제개발에 전념할 수 있었고, 엄청난 경제성장을 달성한다. 소련이 붕괴된 1991년까지, 세계는 이

데올로기(이념)의 시대였다.

한편 1970년대에는 중동에서 4차에 걸친 중동전쟁이 발발한다. 이로 인해 전세계는 스테그플레이션이라는 경제공황을 겪게 된다.

스테그 플레이션은 경기침체와 물가상승이 동시에 오는 것으로 원인은 석유가격이 올라서 물가가 올랐고 급격히 오른 석유가격 때문에 석유를 통한 경제발전을 하고 있던 전세계는 급격한 석유가격인상으로 경기가 후퇴하는 공황을 맞게 된다.

1973년 6월 욤키푸르 전쟁(제3차 중동전쟁)이 발생한다. 이집트와 시리아 연합군이 이스라엘을 공격했고 소련은 이집트, 시리아를 지원했으며 미국은 이스라엘을 지원했다. 10월 25일 휴전이 되었고 전쟁에서 패한 중동국가들은 패전의 원인을 미국과 서방국가로 규정하고 석유 금수조치를 단행한다. 1973년 6월 배럴당 3.6달러였던 유가는 1974년 1월 10.1달러까지 오르면서 석유파동이 시작되었다. 일명 '오일쇼크'다.

석유는 20세기를 지배한 에너지다. 산업혁명 이후 인류발전에 가장 중요한 원천이었다. 이전 농업시대에는 식량에너지의 시기였다. 따라서 땅을 빼앗기 위한 전쟁이 주를 이루었다. 하지만 산업혁명 이후 석유의 중요성이 크게 부각되자, 석유를 두고 벌이는 전쟁이 잦아졌다. 생산 주체가 사람과 가축에서 기계로 바뀌면서 석유가 없으면 전산업이 가동을 멈출 수도 있기 때문이다. 산업뿐인가. 비행기, 자동차, 선박, 기차 등 이동수단을 비롯해, 가정에서 사용하는 전기불, 냉장고,

가스레인지 등 인류의 생존에 석유는 그 대체재를 찾기 힘들 정도로 중요하게 되었다. 따라서 20세기에는 석유에너지 패권을 잡는 자가 100년을 지배했다.

그런데 그 석유가 쏟아지는 곳이 중동이다. 미국도 정책노선을 바꿀 수밖에 없다. 미소 냉전 시대에 가장 중요한 곳은 독일, 일본이었고 그 다음이 한국과 터키였다. 그런데 오일쇼크가 발생하면서 중동지방의 정치적 중요도가 커지는 계기로 작용한다. 미국도 중동의 전략적 가치를 새롭게 깨닫는다.

이에 미국은 석유금수조치를 취한다. 조금 엉뚱한 전략으로 보일 수도 있으나, 당시에는 당연한 결과였다. 석유를 계속해서 수출하다 보면 언젠가는 석유가 고갈될 수도 있다. 지금이야 석유 탐사기술의 발달로 석유의 매장량이 늘어나고, 더구나 셰일가스까지 발견되면서 석유 고갈론이 쏙 들어갔지만, 당시에는 석유를 이런 식으로 캐내다 보면 언젠가는 바닥날 것이라는 우려가 팽배했다.

만약 미국이 전쟁에 휘말린 상황에서 미국 내 석유마저 고갈된다면 미국은 석유를 수입해서 전쟁을 치러야 한다. 미국은 소련과의 전쟁 시뮬레이션에서 소련의 잠수함이 대서양을 장악해 해상에서 미국의 석유보급로를 차단한다면 끔찍한 결과로 이어질 수 있음을 우려했다. 이런 전략적 이유 때문에 금수조치를 단행한 것이었다. 뿐만 아니라 중동은 최근까지 미국의 핵심지역으로 유지되었다.

미국은 수출을 금지하는 대신 수입국가로 전환하여 최근 셰일가스를 수출하기 전까지 매년 700만 배럴 이상의 석유를 수입해 왔고, 오일쇼크 이후에도 석유는 더욱 큰 폭으로 상승했다.

그런데 이 과정에서 우리가 예상하지 못한 나라가 막대한 이익을 취한다. 보통 OPEC의 중동국가들이 돈을 벌었을 것이라 생각하기 쉽다. 그러나 사실 중동국가들은 석유를 감산했기 때문에 시장점유율이 떨어졌고 그로 인해 석유가격은 올랐지만 실질적으로 번 것은 거의 없었다.

그렇다면 이 당시 누가 석유로 돈을 벌었는가? 바로 소련이다. 소련은 중동이 석유감산과 동시에 유가를 올리자 석유를 팔아 막대한 이익을 거두었다.

1970년대까지만 해도 북한이 남한보다 더 잘 살았다는 얘기가 있다. 막대한 석유이익을 바탕으로 소련이 북한을 비롯한 위성국가들을 원조했기 때문이다. 러시아는 1980년 모스크바 올림픽을 통해 자신의 경제력을 대외에 자랑하기에 이른다.

미국은 이에 위협을 느껴 소련 제거 시나리오를 가동한다. 시기로는 1980년대 초반이며 레이건[미국 제40대 대통령(1981년 1월 20일~1989년 1월 20일)] 행정부 시절이었다.

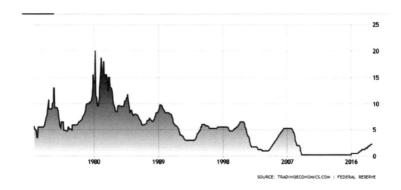

SOURCE: TRADINGECONOMICS.COM | FEDERAL RESERVE

오일쇼크는 미국 내에 극심한 물가상승을 불러왔다. 미국의 연준의
장인 폴 볼커(연방준비제도이사회 의장 재임 기간 : 1979년 8월 6일~1987년 8월 11일)는
인플레파이터라는 별명답게 미국의 기준금리를 20%까지 올려버린다.
그리고 레이건 행정부는 신자유주의 정책을 시행한다. 신자유주의 정
책의 특징은 작은정부를 지향하고 시장친화적이다.

美상원, 트럼프 감세안 가결… 법인세 35%에서 20%로 기업 불러들인다

미국 연방 상원 의회가 도널드 트럼프 미국 대통령이 핵심 공약으로 추진
해온 대대적 감세 법안을 2일(현지 시각) 전격 통과시켰다. 현행 35%인 법인
세를 20%로 조정, 거의 '반토막'으로 깎아주는 내용이 담겼다. 개인소득세
최고세율도 39.6%에서 38.5%로 인하한다.

미 언론들은 이를 1986년 공화당 레이건 정부의 감세 이래 31년 만의 최
대 규모 세제 개편으로 평가하고 있다. 당시 미 의회는 48%였던 법인세율
을 36%로 낮추고, 소득세율도 최고세율을 70%을 50%로 낮췄다. 이번 트

럼프표 감세는 이보다도 감세 규모가 훨씬 크고 전방위적이다.

_2017년 12월 2일자 조선일보

레이건 행정부 시절 48%인 법인세를 36%로 낮추고 소득세율도 최고세율을 50%로 낮췄다. 최근 트럼프의 행보와 일치한다. 트럼프는 법인세를 20%로 파격적으로 깎고 소득세율도 38.5%로 낮춘 바 있다. 그리고 그 정책은 효과를 발휘한다.

'래퍼 곡선' 실험한 레이건처럼 … 트럼프, 감세로 경제 살릴까

'레이거노믹스'(Reaganomics)를 가동했다. 당시 미국은 두 차례의 오일쇼크로 물가 상승을 동반한 경기침체인 스태그플레이션 양상이 나타나던 시기다. 레이거노믹스 덕분에 미국의 연평균 성장률은 지미 카터 대통령 시절의 두 배가 넘는 1.8%로 치솟았다. 실업률은 80년 7.0%에서 88년 5.4%로 떨어졌고, 인플레이션은 10.4%에서 4.2%로 내려왔다

당시 미국은 소련과의 국방비 경쟁을 벌이며 재정 지출이 대폭 늘었다. 국내총생산(GDP) 대비 공공부채 비중은 레이건이 취임한 81년 1월 14.5%에서 퇴임한 89년 1월 31.5%로 두 배 이상 커졌다.

_2017년 4월 28일자 중앙일보

그렇다면 레이건 정부 당시 기준금리를 올리고 세금을 낮춰 경기부

양을 한 결과 어떤 일이 일어났는가? 1980년 멕시코와 1982년 브라질의 모라토리엄을 시작으로 중남미 국가 거의 전체가 모라토리엄을 선언할 정도로 위기를 겪었다. 근본적인 원인은 미국이 금리를 올림으로써 달러 유동성의 씨를 말려 버렸기 때문이다.

즉, 미국이 기준금리를 올려 세계에서 가장 안전한 국채로 엄청난 수익을 거둘 수 있도록 만들었고 게다가 세금정책과 재정정책을 같이 써서 미국이 성장한다는 사실을 보여줬다. 그러니 미국으로 돈이 몰릴 수밖에 없었다. 굳이 위험한 신흥국에 투자할 필요가 없었고 달러는 모두 미국으로 말머리를 돌리게 된다.

그런데 문제가 있다. 달러가 없으면 석유와 식량을 살 수 없다. 그러니 달러 유동성이 마른 남미국가들은 모두 모라토리엄을 선언할 수밖에 없었던 것이다.

그리고 모라토리엄 선언 배경에는 과도한 빚이 한몫했다. 남미는 철광석 등 원자재가 풍부하다. 그러나 이것으로는 국민소득을 올릴 수 없다. 제조업을 발전시켜야 하는데, 두 가지 방향이다.

첫째, 외자를 많이 유치해서 기술을 도입하고 수출을 하는 방법

둘째, 자국에서 수입대체화 전략을 쓰는 방법

남미국가들은 두 번째 방법으로 국가의 발전모델을 계획한다. 첫 번째 방법인 외자를 유치하면 세계의 경기변동에 민감해질 수밖에 없다. 세계경제에 종속되는 것이므로 착취적인 자본주의의 수렁에 빠지게 된다. 이를 종속이론이라 한다.

남미국가들이 채택한 수입 대체화 전략이란, 공산품(신발, 재봉틀 등)을 스스로 만드는 자급자족 경제다. 그런데 수입대체화 전략은 근본적인 한계가 있다. 예를 들어 재봉틀은 조립해서 만들 수 있지만 재봉틀의 원재료인 철강을 얻으려면 중공업이 뒷받침되어야 한다. 즉, 어떤 물건을 만들기 위해서는 자원과 자본, 기술이 모두 있어야 하는데 쉽지 않은 일이다.

결국 수입대체화 전략도 외자가 필요하게 된다. 그런데 이 때가 언제인가? 오일쇼크가 발생했던 시기다. 중동은 오일쇼크로 돈을 벌었다. 그리고 그 돈을 서방은행에 맡겼다. 하지만 서방은행은 난감했다. 한두 푼도 아니고 엄청난 오일 머니에 이자를 줘야 하는데 만만치 않다. 고심 끝에 수입대체화 전략을 쓰는 남미 국가들에게 돈을 빌려주기로 한다. 엄청난 오일머니가 남미로 쏟아져 들어 왔다. 그런데 폴 볼커가 스테그플레이션을 잡겠다고 금리를 20%까지 올려 버리니 외자를 유치했던 남미 국가들은 모두 국가부도 상황으로 내몰렸던 것이었다. 결국 IMF에 구제금융을 신청했고 혹독한 구조조정을 통해 국부를 팔아야 했고 허리띠를 졸라매야 했다.

달러 유동성을 해결하는 길은 세 가지다.
①미국에 수출을 해서 달러를 받아오는 방법
②미국이 달러를 투입하는 방법(원조, 투자 등)
③IMF에 구제금융을 신청하는 방법.

남미국가들이 부도에 직면할 때, 달러 유동성에서 해방된 국가들도 있었다. 한국과 대만 등 미국의 우방국들이다. 달러라는 기축통화의 유동성을 말리는 정책으로 미국이 노리는 바는 무엇인가? 미국의 반대편 제거다. 당시 남미국가들은 소련과는 친하고 미국과는 적대적이었다. 두 그룹의 결과가 극명하게 갈린 데에는 미국의 의도가 숨겨져 있다.

만약 이런 식의 전략을 쓰면 미국은 자신의 입맛대로 상대를 고를 수 있다. 즉, 미국이 수입을 해주면 달러 유동성이 생기니 그 나라는 살고, 수입을 해주지 않으면 구제금융을 받으면서 나라 곳간이 털리고 만다.

이때 미국은 과도하게 경기부양을 했고 그 결과 동아시아의 대만, 한국, 일본은 살리되 소련과 친한 남미와 소련연방 국가들은 완전히 빈털털이로 만들었다. 물론 미국도 과도한 오버슈팅 때문에 후에 미국 주식 전체가 폭락하기도 한다.

남미 국가들은 모라토리엄 선언 이후 경기가 되살아나나 싶더니 1980년대 후반 또 다시 경제위기가 찾아온다. 그래서 이들은 90년대 들어오면서 Crawling Peg제(고정환율제 외에 자국통화를 달러화 등 기축통화에 연계시키고 주기적으로 환율을 조정하는 제도)를 폐기하고 대대적으로 금융 개방에 나선다. 남미 대표국들의 정책은 다음과 같다.

내일의 부

①브라질

−1990년 금융기관의 외화증권 발행을 허용하였으며 1991년 외국인의 국내주식 투자를 자유화하고 외국인 투자자에 대해서는 자본이득세를 면제

−자본자유화 이후 외화유입이 급증하자 1993년 중반부터 1994년 말 멕시코 위기 이전까지 외채의 최저만기 연장 등 규제를 강화

②멕시코

−1986년 외채가 적은 중소기업에 대해 외자도입 승인을 면제하였고 1989년에는 주식시장 개방

−1989~92년 중 국채에 대한 비거주자의 투자를 단계적으로 허용하였고 1993년에는 외자기업에 내국민대우를 부여하여 규제를 더욱 완화

③아르헨티나

−1989년 외국인 투자자에 대한 자본이득세를 면제하고 외국인 투자에 대한 사전승인제도를 폐지하는 등 자본시장에 대한 규제를 대폭 완화

그 밖에 칠레, 콜롬비아 등도 금융 및 주식시장을 외국인에게 개방한다(투자 관점에서 우리는 이러한 사례를 반드시 기억해야 한다. 왜냐하면 중국이 미국에게

백기를 들고 나면 이런 식의 개방을 할 것이기 때문이다). 이를 통해 소련과 친했던 남미국가들은 소련과의 교역이 거의 끊기고 만다.

이외에도 1960~70년대 서양에서 돈을 끌어온 소말리아, 이집트 등 수많은 제 3세계 국가들도 높은 이자를 감당하지 못하고 국가파산에 이르렀다. 뿐만 아니라, 유럽에서 돈을 끌어다가 공장을 지었던 동유럽국가들도 엄청난 타격을 받아 넉다운 되었다. 당시 한국도 굉장히 어려운 터널을 지나야만 했다.

미국은 이처럼 공산세계의 수요공급체계를 망가뜨리는 방법으로 자신에게 협조하지 않는 나라들을 무너뜨렸다.

미국은 일본을 어떻게 굴복시켰는가?

소련 이후 다음 차례는 일본이었다. 일본의 GDP는 이미 미국의 40%까지 육박하였다. 더 이상 두고 볼 수 없는 수준에 이르렀던 것이다.

일본은 미국의 강달러 환율로 인해 가장 큰 이득을 취한 나라 중 하나다. 미국은 강달러로 소련의 위성국을 죽이고 자국의 무역수지 적자가 일어나게 만들어 달러를 끌어들였다. 그런데 일본은 이러한 강달러 환경에서 상대적으로 약한 엔화 포지션을 갖게 되었다. 그러니 일본 제품은 미국으로 수출이 잘 될 수밖에 없었다.

자동차의 예를 들어보자. 오일쇼크가 일어나기 전까지만 하더라도 미국에서 가장 인기 있는 모델은 트럭이었다. 미국 가정은 주로 주택에 거주한다. 스스로 집을 고쳐야 할 일이 많다. GM이나 포드의 트럭은 적재함에 집을 고칠 자재를 싣기 편리했다. 그러나 트럭은 기름 먹는 하마다. 기름값이 쌀 때는 연비를 신경 쓰지 않았다. 그러나 석유가격이 10배나 뛰는 오일쇼크의 시기에는 아무래도 엔진효율을 따지게 된다. 그런데 일본의 승용차(세단)는 엔진효율이 좋았다.

석유가격이 높을 때는 세단이 인기를 끌고, 석유가격이 떨어지면 SUV나 트럭의 인기가 올라간다. 이러한 전통은 현재도 마찬가지다. 오일쇼크로 미국에서 일본의 자동차가 날개 돋친 듯 팔린다. 자동차뿐 아니라 수많은 일본 제품이 미국에 공습을 가한다. 소련을 죽이려는 정책에서 일본이 가장 큰 혜택을 본 것이다. 당시 일본의 무역흑자 대부분은 미국 때문이었다. 이러다 보니 미국이 일본을 손보지 않을 수 없었다.

폴 볼커 FED 의장의 고금리 정책은 어느 정도 효과를 발휘하여 물가를 잡는 데 성공하였다. 그러나 미국의 중소기업을 비롯한 기업들은 고금리로 인해 설비투자를 미뤘고 그로 인해 대부분을 수입에 의존할 수밖에 없었다.

독일과 일본의 제조업은 고금리로 망가진 미국의 제조업을 뚫고 미국 내에서 경쟁력을 갖추게 되었다. 독일과 일본은 대표적으로 프리드리히 리스트의 이론을 따랐다. 유치산업 보호정책을 밀어붙인 나라라는 뜻이다. 자국의 산업을 보호하기 위해 수입 관세를 올리고 각종 보조금과 각종 세액공제 등을 통해 수출기업을 보호한다. 경쟁력을 키워

세계시장에서 선두에 서겠다는 전략이다.

이 전략은 현재 중국의 전략과 유사하다. 물론 우리나라도 이 전략을 썼다. 그래서 우리나라의 60년대 서울대 경제학과는 아담스미스의 국부론이나 리카르도처럼 자유무역을 강조하는 책보다는 리스트의 책들이 훨씬 주류를 이루고 있었다.

이후 미국은 플라자 합의를 통해 독일과 일본의 환율을 강제로 올린다. 플라자 합의가 채택되자 독일 마르크화는 1주 만에 약 7%, 엔화는 8.3%가 각각 상승했고, 이후 2년 동안 달러는 30% 이상 급락하게 된다.

이후 엔화는 달러화 대비 두 배까지 치솟게 된다. 일본의 수출이 어려워져야 정상인데, 정말 어려워졌을까? 그렇지 않았다. 일본은 생산성 향상과 원가절감 그리고 급여동결, 파업금지의 형태로 노사합의를 이루고 혁신을 이루어 일본의 엔고를 뚫고 승승장구한다.

이전까지 일본은 미국으로의 제조업 수출로 인해 엄청난 무역흑자를 이뤄냈다. 그러면 일본에 엄청난 달러가 들어오는데 당연히 달러가 넘칠 테고 달러가 넘치면 엔화가 절상이 되어야 정상이다. 그러면 일본은 수출이 힘들어진다. 일본의 돈 가치가 뛰어서 관세를 매긴 것과 같은 효과를 발휘하기 때문이다.

그러니 일본은 물밀 듯이 들어오는 달러를 밖으로 **빼내야** 한다. 방법은 일본 기업들이 받은 달러로 미국 국채를 사거나, 혹은 투자를 통해 해외기업 인수합병을 하거나 미국의 부동산을 산다. 그러면 달러가 일본 내로 들어오지 않고, 해외로 돌아서 결국 엔화 가치가 낮은 상태로 유지된다. 그 여파로 미국의 부동산이 치솟았고, 미국은 일본을 향해 환율조작국이라는 비난을 하였다.

그런데 결국 일본의 엔화가 뛰었고, 이후에도 일본은 활발한 M&A를 통해서 소니가 할리우드 영화사를 사고 미국의 부동산을 사는 등 이전의 행태를 더욱 가속화 시켰다.

미국은 이때 엔고뿐 아니라 일본 자동차에 대해서도 수출 쿼터를 걸어서 일정량 이상은 수출을 하지 못하도록 막았다. 그러나 일본은 미국이 친 장벽을 생산성 향상으로 뛰어넘는다. 대표적으로 가격이 싼 자동차를 많이 파는 전략에서 비싼 차를 소량 파는 방향으로의 전환이다. 도요타의 고급 브랜드 렉서스는 고급차량 시장을 싹쓸이하였다. 반면 저가형 자동차 시장은 한국의 현대 차인 포니가 미국으로 수출되면서 미국의 자동차업계는 더욱 큰 어려움에 봉착한다. 오일쇼크로 소련이 컸듯이 미국의 일본 규제로 한국이 어부지리를 얻었던 셈이다.

미국은 일본의 반도체 기술은 불량률이 높아 자신들과 경쟁이 되지 않는다고 판단했다. 그러나 현실은 달랐다. 일본은 기술향상으로 에러율을 확연히 줄이고, 더 좋은 제품을 저가에 제공하면서 미국 내 점유율을 크게 올렸다. 그러자 1985년 9월 30일 인텔, AMD, 내셔널세미컨덕터 등 미국 기업들은 일본산 메모리인 EP롬에 대한 반덤핑 제소장을 제출했다.

내용은,

"히타치, 미쯔미시, 후지쯔 등이 EP롬을 원가 이하로 팔고 있으니 조사해 주시기 바랍니다."

청원서엔 ▲일본 시장 진입 장벽 ▲외산 반도체 차별 ▲일본정부의 반개방적 보조금 지원 ▲일본정부의 반도체 투자 및 생산설비 지원 확대 등 4가지가 담겼다. 그리고 세계적 시장점유율을 자랑하는 미국 반도체(미국 내 83%, 유럽 55%, 아시아 47%)가 유독 일본에서만 11%를 보인 것은 제품차별과 진입장벽 때문이라고 주장했다.

미국은 3차에 걸쳐 일본의 반도체 업체를 압박했다. 미국에서 일본의 반도체 업체들은 쿼터를 줄여야 했고, 이 반도체 직권조사로 인해 1996년까지 일본과 미국 업체들은 R&D 투자에 나설 수 없었고 반도체 가격을 높여야 했다.

그리고 그 틈을 비집고 들어간 기업이 있었다. 바로 삼성전자다. 저렴한 가격과 연구개발로 일본을 바로 따라 잡았고 미국이 일본을 신경 쓰는 동안 한국은 반도체 강국이 되었다.

당시 주가는 어떠했을까? 1980년부터 1987년까지 지속적으로 오르던 미국 주식시장이 검은 월요일이라는 주가 대폭락을 맞이한다.

검은 월요일(Black Monday)은 1987년 10월 19일 월요일에 뉴욕증권시장에서 일어난 주가 대폭락 사건이다. 이 대규모 폭락 사태는 홍콩에서 시작하여 서쪽을 향해 유럽으로 퍼졌고, 다른 증권 시장이 폭락한 이후 미국에도 영향을 미쳤다. 이날 다우 존스 산업평균지수는 508포인트(22.61%) 하락한 1,738.74포인트로 장을 마쳤다.

나스닥 평균적인 등락폭이 0.2% 정도임을 감안할 때 22.61%의 폭락은 완벽한 재앙에 가깝다. 이후 회복에 걸린 시간은 약 2년이다. 1989년 10월에 1987년 블랙먼데이 당시 최고점 주가지수인 454포인트를 회복한다. 또한 이후에도 주가는 닷컴버블 전인 2000년대 초반까지 하락 없이 꾸준히 오른다.

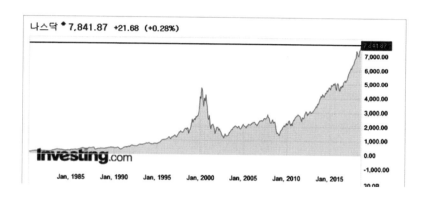

블랙먼데이와 그 이후의 주가, 다시 정리해 보자. 위기는 레이거노믹스로 인한 과도한 경기부양의 결과였다. 물가를 잡기 위해 금리를 무리하게 상승시켰고 재정적자는 엄청나게 높아지는 상황이었다. 그러니 미국은 과도한 경기부양과 강한 금리인상으로 일본의 엔화를 높이는 플라자합의를 이끌어냈고 그 후 미국경기는 추락했다. 그러나 주가는 다시 꾸준히 올라 닷컴버블이 발생한 2000년대 초반까지 거의 10년 이상을 상승했다. 결국 1980년부터 시작된 미국의 금리인상과 더불어 경기부양은 1987년에 일시적인 하락을 이끌어 냈으나 그 후 미국은 주가에 있어서 더 승승장구했다. 반면 일본은 어땠을까?

　1987년 블랙먼데이 발생 시점, 일본 증시는 크게 하락하지는 않았다. 오히려 곧이어 폭등 장세가 이어졌다. 그러다가 미국이 블랙먼데이를 극복한 1989년에 극적으로 폭락장세가 찾아왔다. 블랙먼데이를 경험한 미국은 경기를 살리기 위해 저금리를 택했고, 일본에게도 저금리 지속을 요구했다. 일본은 미국의 요구를 받아들였고 1987년 2월부터 1989년 5월까지 2년 3개월 동안 금리 2.5%를 유지했다. 이로 인해 일본의 부동산 버블은 더욱 심해졌다

　일본의 부동산 버블은 1970년대 다나카 내각부터 시작되었다. 1970년대 후반부터 1990년대 초까지 미국 무역수지 적자의 30~40%는 일본과의 무역에서 발생하였다. 일본도 무역수지 흑자 대부분이 미국과의 무역에서 발생하였다.

　다나카 수상(1972~1974년 재임)은 일본열도 개조론을 들고 나왔고, 플라자합의로 일본을 버블경제로 이끌었던 나카소네 수상(1982~1986년 재임

중 1985년 플라자 합의)은 이 개조론을 계속 밀어붙였다.

다나카 내각의 부동산 정책으로 1970년대부터 일본 내 부동산 활성화가 이루어진다. 그런데 이들의 부동산 정책은 정부재정을 취약하게 만들었고 이후 1980년대 등장한 나카소네 내각이 오일쇼크로 내수 활성화를 할 때 즈음이면 벌써 재정이 바닥나기에 이른다. 결국 GDP 대비 정부부채는 1970년 12%에서 1982년 62%까지 증가한다.

나카소네 내각은 정부재정을 망가뜨리지 않으면서 내수경제를 활성화 할 수 있는 묘책을 찾았는데, 바로 민간이 부동산을 개발하는 민활 정책이다. 당시 조류도 레이건, 대처의 신자유주의 정책에 따라 정부 최소·민간활성화가 대세였다.

일본은 국공유지 불하를 통해 도시재개발을 활성화 하고 국공유지 불하자금을 국가의 재정건전성에 투입했다. 그러나 이 민활 정책은 1970년부터 1989년 버블이 꺼질 때까지 부동산 투기 붐을 이루는 계기가 되었다. 은행은 부동산 담보대출 확대 정책의 일환으로 LTV를 최고 110%~120%까지 상향하여 담보를 인정해줬다. 일본의 부동산 광풍은 1983년 도쿄 중심부부터 불기 시작해 지방으로 확산되면서 1991년 버블이 꺼질 때까지 미친 듯이 올랐고, 오름세가 꺾이면서 붕괴하기에 이른다.

한편 일본 증시는 1989년 12월 29일 최고점 38,915p를 기록한 후 2003년 4월 28일 7,607p까지 급전직하해 최대 80%가 폭락한다.

우리는 역사의 교훈을 투자에 적용해야 한다. 앞으로 미중무역전쟁 하에서 투자를 해야 할 텐데, 매우 중요한 포인트다. '만약 내가 이때 이 그래프를 참고하여 투자를 했다면 어떻게 했을 것인가?' 자문해 봐야 하고, 투자에 대입해봐야 한다.

그리고 이런 투자 시나리오를 그려볼 수 있다. 미국이 금리인상과 재정정책, 환율정책을 실시했던 1980년대 초부터는 미국에 투자하다가, 1985년 플라자 합의로 일본 자산에 거품이 끼기 시작하면 일본으로 전 재산을 옮긴다. 1989년 블랙먼데이로 미국이 붕괴한다면 붕괴 후 회복되는 상황을 주시하면서 다시 일본에서 자산을 빼서 미국으로 갈아타고 2000년대까지 미국투자를 계속하면 된다. 이것이 포인트다. 미중무역전쟁에 그대로 대입해서 투자하면 된다.

일본의 잃어버린 30년

그런데 일본은 왜 잃어버린 30년을 겪어야 할 정도로 철저히 무너졌을까?

첫째, 바젤1의 도입

사실 현재 바젤3까지 왔는데 왜 바젤이 처음 왔는지에 대해 알 필요가 있다. 그것은 누가 그냥 정하는 것이 아니라 철저한 국제관계에 따라 어느 한 나라를 죽이려고 만든 정책일 수 있다는 얘기다.

설계자는 금융강국인 미국이나 영국이 될 테고 이후 몇 년의 시간이 지난 다음에야 혹은 몇 십 년이 지난 다음에야 그 비사가 국제금융 전문가 등의 책을 통해 밝혀진다. 그러니 현재의 IFRS17도 그냥 도입 되었다고 생각하면 안 된다. 어떤 나라를 설계해서 해체하려는 의도가 분명히 있다.

바젤1의 도입 과정을 보면, 1985년 플라자 합의로 일본은 엔화를 급 격히 올리게 되었다. 그런데 엔화만 올려서는 솔직히 일본의 추락을 장담할 수 없었다. 그래서 FED 의장인 폴 볼커는 바젤을 도입하며 일 본을 겨냥했다. 당시만 하더라도 일본은 국제은행 순위에서 탑 10에 8 개의 은행이 있을 정도로 약진하고 있었다.

그런데 바젤을 통해 BIS 비율 규제를 도입한다. BIS 비율은 지급준 비금이라고 해서 사람들이 돈을 찾으러 올 때를 대비해 일정비율을 은 행에서는 가지고 있어야 하는 비율이다. 지금은 평균 8% 정도다. 과 거 유대인이 전당포에서 금 보관증을 주고 금을 빌려줄 당시 금을 맡 긴 사람과 소송이 붙었을 때 8% 정도는 괜찮다는 판례가 있어서 이를 근거로 삼았다.

미국은 갑자기 바젤을 도입하면서 자기자본 비율이 8%에 미치지 못 하는 은행은 국제업무에서 퇴출시킨다고 발표하였다. 일본 겨냥이 분 명했다. 일본은 부동산 담보대출 비율이 높아서 자기자본비율이 턱없 이 낮았기 때문이다. 미국은 위험에 빠진 일본을 구한다는 구실을 내 세웠지만, 핑계일 뿐이고 사실은 플라자합의와 함께 묶어 일본을 철저 히 가라앉히려는 의도가 있었던 것이 아닌가 생각된다.

일본은 자기자본비율을 높이려고 두 가지 방법을 쓴다.

먼저 대출액을 줄이는 방법이다. 신규대출을 최대한 억제하고 기존 대출을 회수하였다. 그러니 기업은 대출 회수 때문에 부실화되고, 어디서도 돈을 빌릴 수 없게 되자 멀쩡한 기업도 파산한다.

다음은 자기자본 비율을 높이는 방법인데, 은행은 자기자본비율을 높이기 위해 유상증자를 감행한다. 그러나 좋지 않은 상황에서의 유상증자는 주가를 끌어내리는 작용을 한다. 은행이 부실을 막기 위해 유상증자를 하는데 주가가 올라갈 리 없다. 그래서 자기자본비율을 높이려 유상증자를 했는데 주가가 떨어지면서 자기자본 비율이 더 떨어지는 결과로 나타난다.

결국 기업과 은행이 동시에 파산하고 만다. 일본은 플라자합의로 엔고 시대를 맞이하고, 바젤 도입으로 BIS 비율을 높인 결과 은행 부실 파산, 기업 대출 회수 파산이 이어지며 90년대 초반 버블이 무너져내리는 상황에 직면한다.

둘째 파생상품

일본을 잃어버린 30년으로 몰아넣은 두 번째 원인은 파생상품이다.

1989년 무렵 일본은 수출이 주춤해지고 엔고로 인해 자산버블이 심해졌다. 일본의 닛케이지수는 하늘 높은 줄 모르고 폭등하였다. 그때 미국의 모건스탠리와 살로몬 브러더스 같은 투자은행들은 주가지수 콜옵션이라는 투자상품을 만들어 일본으로 넘어왔다. 간단히 말하면 일본의 주가 상승에 베팅하는 옵션상품이다. 연일 사상 최고치를 갈아치우는 일본증시에서 떨어지는 상황은 상상하기 어려웠다. 일본인들은 이를 믿고 엄청나게 많은 콜옵션을 매수했다.

그리고 모건스탠리, 골드만삭스 등 미국의 투자은행들은 다시 닛케이지수 풋 워런트라는 금융상품 즉, 풋옵션을 덴마크에 팔았다. 풋옵션은 콜옵션과 반대로 니케이지수가 폭락하면 돈을 버는 상품이다.

결국 닛케이지수 풋 워런트(NPWs)가 인기를 끈 지 한 달 만에 닛케이지수는 완전 폭락했다. 유럽인들은 막대한 수익을 거뒀고, 일본인들은 상상하기 어려운 손실을 입고 말았다. 미국 투자은행은 양쪽에 상품을 팔아서 엄청난 수수료를 챙겼다.

4만 포인트를 찍었던 닛케이지수는 1992년 1만5천 포인트까지 추락했다. 가히 재앙급이다. 일본 대형은행은 철저히 무너졌고, 1995년 일본의 불량자산은 50조 엔을 넘었다.

셋째 일본 정부의 삼중규제

일본 정부의 규제도 일본을 30년의 어두운 터널로 몰아넣은 원인으로 작용했다. 일본은 국토이용계획법에 의한 3종 규제를 실시한다.

①토지거래신고제를 실시한다.

②토지거래중과제도로 양도소득세(최대 39%=소득세 30%+주민세 9%)를 실시한다.

③총량규제를 실시한다.

이 규제를 버블 붕괴의 3종 신기(神器)로 불린다. 부동산 규제로 시장은 크게 얼어붙는다. 이 당시 도입한 총량규제가 우리나라에서 적용하고 있는 DSR(고위험 총부채원리금상환비율)의 원조 격이다. 기준을 얼마나 빠듯하게 잡느냐에 따라 부동산 시장에 공급되는 유동성을 급격하게 차단하는 효과를 낼 수 있다.

종합하면 미국이 일본을 무너뜨린 마지막 카운터 펀치는 무역공격이 아닌 금융공격이었다.

소련과 일본의 교훈, 중국에 적용하라

소련은 어떻게 무너졌는가? 1980년대 전반에 걸쳐서 동유럽 국가들과 남미 국가들이 미국의 금리인상으로 무너지면서 소련이 무역을 할 수 있는 상대국이 전부 무너져 내렸다. 소련 붕괴의 가장 결정적인 이유였다.

그리고 1985년 프라자합의 이후 미국은 20%까지 올랐던 기준금리를 5%선까지 급격히 내린다. 그리고 소련의 약점을 찾아 공격한다. 지금 러시아의 수출품이 무엇인가? 석유, 천연가스를 비롯한 원자재뿐이다.

그렇다. 미국은 사우디아라비아와 공조해서 원유가격을 내린다. 미국은 증산으로 인한 사우디아라비아의 손해를 유럽과 미국의 시장점

내일의 부

유율로 보장해준다. 미국이 사우디아라비아로부터 전략비축유로 매년 엄청난 양의 석유를 사주기로 하자 사우디 입장에서도 나쁠 것이 없었다. 그래서 유가를 대폭 낮춰버린다.

유가의 하락으로 물가도 떨어졌고 1985년 이후 '3저호황' 시대가 열린다. 우리나라는 3저호황의 최대수혜국이었다. 1960년대~1980년대 초반까지 대한민국의 물가는 기본 10% 상승이었다. 수출이 호조를 보이면 30%를 찍기도 했다(실제로 1975년 10월에 30.5%를 찍었다). 그런데 3저호황 시절에는 평균 물가상승률이 4.3%였다. 이 얼마나 낮은 물가상승률인가?

게다가 높은 경제성장률을 달성하면서 안정된 물가를 바탕으로 주가가 폭등했다. 3년 동안 각각 69.9%, 92.6%, 72.8% 상승하면서 연평균 77.1%라는 놀라운 폭등세를 연출했다.

대한민국에 축복으로 작용한 3저호황 시대

당시 3저란 다음 3개를 말한다.

저유가: 석유값이 1980년에 배럴당 40달러를 찍고 하락을 시작한다.

저금리: 1980년대 우리나라는 외국에 진 빚이 눈덩이처럼 불어난 상태였다. 그런데 국제금리가 하락하였다.

저달러 : 1985년 '1달러=260엔'까지 갔던 엔/달러 환율이 1988년에는 '1달러=123엔'까지 하락한다. 엔/달러환율이 이렇게 하락하자, 미국의 수입업자들은 당황한다. 이전에는 1달러를 가지고 일본에 가면 260엔짜리 물건을 살 수 있었는데 이제는 123엔짜리 물건밖에 살 수 없다. 이에 미국의 수입업자들은 일본에서 방향을 틀어 한국을 찾았다. 덕분에 한국은 수출 전성시대가 열린다.

미중무역전쟁의 결과로 어느 나라에는 큰 기회의 장이 열릴 수 있다. 일본이 될 수도 한국, 대만이 될 수도 있고, 아니면 베트남이 될 수도 있다. 다만 베트남은 기술적인 축적을 비롯해 여러 가지 조건에서 미흡하다.

아무튼 소련은 이런 3저호황과는 별개로 국내사정은 더욱 안 좋아졌다. 고유가의 수혜를 톡톡히 보아왔기 때문이다. 게다가 국가에서 계획하는 경제의 비효율은 극치를 달리고 있었다. 그러다가 유가가 급속히 떨어지자 경제가 치명상을 입었고, 끝내 1991년 12월 26일 해체 수순을 밟는다.

미국 입장에서 소련은 일본보다 쉬운 상대였다. 일본보다 생산성과 기술력이 낮았기 때문에 굳이 금융전쟁까지 가지 않고 무역으로 얼마든지 끝낼 수 있었다.

지금은 미중무역전쟁이 한창이다. 앞으로 우리는 어떤 식으로 대처를 해야 하는가? 미국은 앞으로 무역전쟁→금융전쟁→실제전쟁의 수순을 밟을 것이다. 최근 일어나는 일들은 무역전쟁의 일환이다. 그러나 무역전쟁만으로 중국을 끝장낼 수는 없다. 장기적으로 봐야 하며, 따라서 중국투자는 상대적으로 위험하다. 중국이 무릎을 늦게 꿇을수록 중국이 잃는 것이 더 많아지므로 그 점을 주시해야 한다.

미국은 앞으로 중국을 어떻게 압박할까? 미국은 레이건 행정부 시절과 비슷한 정책을 펼치고 있다.

트럼프는 달러화 강세 프로젝트를 실행중인데, 최근 기사 제목 "美 상원, 트럼프 감세안 가결… 법인세 35%에서 20%로 기업 불러들인다", "트럼프가 주고…'인프라에 1조7천억弗 투입'", "美연준, 이르면

6월 금리인상 시사…'물가, 2% 목표 근접'"등에서 볼 수 있듯이, 미국 연준은 금리를 올리다가 미증시가 2018년 10월부터 폭락하자 2019년 금리를 동결하고 7월, 10월 연달아 금리를 내린다. 미국은 어떤 정책 목표가 있으면 찰떡공조를 하는 모양새다.

레이건 행정부가 일본을 플라자 합의로 이끄는 데 걸린 시간은 1980년부터 1985년까지 5년이었다. 중국은 과연 몇 년이 걸릴까? 5년이든 10년이든 중요하지 않다. 관건은 미국이 자신이 목표한 바를 이룰 수 있느냐다.

지금 중국은 미국에게 일방적으로 두드려 맞고 있다. 그러니 중국증시는 안 좋고 미국증시는 최대치를 경신하며 상승중이다. 이러한 기조는 중국이 플라자합의로 나올 때까지 이어질 것이다. 만약 중국이 미국의 요구를 받아들인다면 말이다.

미국의 요구는 금융시장 개방이다. 만약 중국이 시장을 개방하면 미국은 중국에 최대한 버블을 키울 것이다. 그리하여 도랑 치고 가재 잡는 미국식 셈법에 맞는 이익을 취할 것이다.

중국은 1980년대 일본, 소련보다 훨씬 좋지 않은 상황에 놓여 있다. 일본과 소련 두 가지 경우와 비교하여 지금의 중국을 바라보자.

중국은 일본보다 기술력이 낮다. 세계 1위 품목은 많지만 첨단제품은 거의 없다. 게다가 첨단제품도 미국이 제재를 가하면 한순간에 망할 수 있다는 것도 미국이 보여줬다. 대표적으로 ZTE사태다.

중국 2위 통신장비업체이자 미국 내 스마트폰 판매 4위에 오른 ZTE

는 국제사회의 이란과 북한 제재를 위반했다는 이유로 2018년 4월 7년 동안 미국 기업과의 거래를 금지당하는 제재를 받았다. 그런 ZTE가 벌금을 내고 경영진을 교체하는 조건을 다 수용하고 미국에 무릎을 꿇었다. 그만큼 중국기업은 미국과 한국, 일본의 부품이 없으면 순식간에 파산할 수도 있다. 그리고 2019년에는 화웨이가 제재 대상에 올랐다.

나머지 중국기업들은 그다지 두렵지 않다. 어차피 지식재산권이 거의 없어서 해외로 수출이 되지 않는다. 만약 제3국에 수출했다가 지식재산권 위반에 걸리면 제소를 당할 수도 있다.

반면 일본은 엔화가 두 배로 오른 상황에서도 생산성 향상과 제품의 질로 승부하여 세계 1위 기술을 다수 보유하고 있다. 그리고 일본제품을 이기려고 해도 도요타처럼 그 당시 미국은 이기지 못한다는 증거도 보여줬다.

그러나 현재 중국은 미국에 비하면 기술력이 형편없는 수준이다. 어쩌면 무역전쟁으로도 얼마든지 중국을 꺾을 수 있다. 그러나 중국이 장기전으로 시간을 끌면서 계속해서 미국의 요구를 들어준다면 어떻게 될까? 증시는 등락을 하겠지만 결국 미국이 원하는 것을 얻어낼 때까지 미국은 멈추지 않을 것이다. 원하는 것은 중국의 금융시장 개방이다.

만약 중국이 금융시장을 개방하면 어떻게 되는가? 중국 본토로 막대한 자금이 들어갈 것이고, 중국 내 부동산, 주식 등에 엄청난 버블이 형성된다. 그러나 그리 오래가지는 않을 것이다. 다만 그 버블이 커지는 동안 미국경기는 블랙먼데이와 같은 증시 급락이 올 것이다. 과거 미국은 누군가와 싸울 때면 증시가 좋았다. 전쟁을 할 때는 특히 더 올라간다. 그러나 전쟁이 끝나면 증시는 과도한 부양 여파로 추락한다.

미중무역전쟁을 바라보는 투자자의 포지션

자 그렇다면 투자자인 우리는 어떻게 시나리오를 짜고 행동해야 가장 큰 돈을 벌 수 있을까?

현재는 미국에 들어가는 것이 맞다. 미국은 기준금리를 내리면서 계속해서 경기부양 신호를 보내고 있는 중이다. 미국으로 들어오라는 신호다. 그러다가 중국이 위안화 절상에 이어 금융시장을 개방하게 되면, 이는 중국으로 들어가라는 신호탄이다. 이때는 미국에 들어갔던 자금 중 일부를 빼서 중국으로 옮겨야 한다. 그러다가 미국은 오버슈팅의 결과로 1~2년 안에 금융시장 폭락을 맞이할 것이다.

그러면 지켜보고 있다가 미국 경기가 좋아지는 신호가 보이면 중국의 상품을 전부 팔고 미국주식을 다시 사면 된다. 왜냐하면 바닥에서 산 중국의 부동산, 주식이 버블붕괴와 함께 꺼질 것이기 때문이다. 그리고 그 후로 중국기업들이 폭락하고 새로운 G2가 나올 때까지는 미국의 자산에 투자하면 된다.

29장

미중 무역전쟁 연착륙 시나리오 2
_중국 연착륙의 조건

현재로써 중국의 미래는 두 가지 시나리오로 압축할 수 있다.

①**연착륙**

②**경착륙**

둘 다 미국에게 망하는 시나리오다.

①연착륙은 미국의 관세, 환율 공격에도 불구하고 중국이 살아남아 증시가 더 올라가다가 결국 미국의 공격에 쓰러지는 시나리오다. ②경착륙은 별 힘도 써보지 못하고 그대로 주저앉는 시나리오다.

환율이 오르고, 외국인이 빠져 나가고, 자국의 달러까지 빠져나가면 남는 것은 IMF행이다. 경착륙은 미국의 관세와 환율 공격에 무너져 바로 망하는 시나리오다. 그러니 조건이랄 것이 없다.

그렇다면 미국의 환율·관세 공격을 이겨내고 연착륙으로 가다가 고꾸라진 나라는 어디인가? 바로 일본이다. 일본은 1985년 플라자합의 이후 달러당 230엔이던 엔화 환율이 1년 만에 120엔 대로 떨어졌음에도 불구하고 1989년 닷컴버블이 꺼질 때까지 일본 증시가 오르다가 붕괴되었다. 플라자합의 후 약 5년간 올랐다는 얘기다. 이 시기 일본증시가 상승한 이유는 고급화전략과 생산성 향상에 성공했기 때문이다.

①고급화 전략

미국은 일본 자동차가 대거 수입되는 것을 막으려고 일본의 자동차 수입쿼터를 줄였다. 그리고 미국은 일본의 대미흑자 규모를 개선하지 않을 경우 현재의 수입쿼터도 더 줄일 수 있음을 경고했다. 그러자 일본은 저가 자동차를 줄이고 고가 자동차를 늘렸다. 저가는 박리다매 방식인데, 마진은 얼마 되지 않는다. 반면 고가의 자동차를 팔면 마진이 많이 남기 때문에 같은 한 대를 팔아도 영업이익률은 올라간다. 예

를 들어 애플의 스마트폰이 삼성전자의 스마트폰보다 적게 팔리는데
도 불구하고 한 대당 가격이 비싸기 때문에 영업이익률이 높은 경우와
같다.

그래서 도요타는 저가 자동차 위주의 정책을 버리고 고급자동차인
렉서스를 채택했다. 닛산도 닛산이라는 브랜드를 떼어내고 인피니티
라는 고급자동차 브랜드를 런칭한다. 결과는 대성공이었다. 미국에서
는 렉서스 등이 메가 히트를 한다.

②생산성 향상

도요타 자동차 '저스트 인 타임'현장을 가다

'저스트 인 타임'(Just-in-Time) 생산 방식

필요한 것을 필요한 때에 필요한 양만큼 만들어내 재고를 최대한 줄이고

비용을 낮추는 이 방식은 지난 수십년간 세계의 수많은 기업의 생산 방식에

영향을 미쳤다

_2015년 7월 2일자 연합뉴스

일본은 도요타의 생산방식을 통해서 비용을 획기적으로 낮춘다. 이
러한 비용절감은 일본 자동차의 영업이익률을 높였고 그로 인해 일본
의 주가는 1989년까지 수직상승할 수 있었다.

현재 미국은 중국에 관세를 매기고 있다. 이는 원래 미국의 수순이다. 중국은 이에 대응하여 보복관세를 매긴다거나 위안화 환율을 인위적으로 낮춘다. 그러나 중국의 이러한 전략은 이미 미국의 생각 범위 내에 들어가 있는 방식이다.

美 "통화가치 낮추면 보복 관세"…한국도 사정권

미 상무부는 23일(현지시간) 미 달러화 대비 통화가치를 절하하는 국가에 상계관세를 부과할 방침이라고 발표했다. 윌버 로스 상무부 장관은 성명에서 "미국 산업에 피해를 줄 수 있는 '통화 보조금'을 상쇄하기 위한 것"이라며 "다른 나라들이 미국 노동자와 기업을 불리하게 만들기 위해 더 이상 환율정책을 사용할 수 없게 될 것"이라고 말했다.

_2019년 8월 22일자 한국경제

중국의 행동은 미국의 생각 범위 내에 있다. 그러니 결국 일본처럼 플라자합의로 갈 것인지 아니면 그전에 중국의 증시가 폭락할 것인지는 중국이 생산성 향상과 고급화 전략을 성공하느냐에 달렸다고 볼 수 있다.

그러나 일본과 중국을 단순비교하기에는 무리가 있다. 미국과 일본은 자유민주주의와 자유시장경제를 공유하는 협력국이었고, 중국은 자유민주주의의 적이기 때문이다.

여기서는 미국의 의도가 중요하다. 미국은 연착륙을 유도하되 경착륙하는 전략을 짜고 있다고 생각된다. 무슨 말인가 하면, 세계경제는 연착륙을 유도한다. 그래서 최대한 시간을 끈다. 미국이 시간을 끄는 이유는 중국에서 미국으로 수출하는 외국기업이 중국 이외의 나라로 공장을 옮길 시간을 벌기 위해서다. 그래서 관세를 조금씩 올리면서 시간을 버는 중이다. 만약 관세를 급격히 올리면 미국의 소비자, 기업이 피해를 받으니 속도를 조절하는 전략이다.

이러면 세계경제와 미국경제는 연착륙을 한다. 그리고 세계경제와 미국경제가 중국이 폭락해도 문제가 없다고 생각하면 그 때는 중국에 무지막지한 공격을 가할 수도 있다. 예를 들면 환율조작국 선정, 북한과 이란의 핵무기 프로그램 지원 및 유엔제재 위반 등으로 인민은행 등 중국은행 세컨더리 보이콧과 같이 말이다.

뿐만 아니라 신용평가사 신용등급 하향, 외국인 자금 한꺼번에 빼기 등 쓸 방법은 얼마든지 많다. 이러면 중국은 한순간에 망한다.

결론적으로 중국은 일본의 경우처럼 생산성 향상, 고급화 전략으로 미국 시장을 공략할 수 있으나 상황은 그리 좋지 않다.

중국에 금융위기가 닥치면 해야 할 일

중국에 금융위기가 닥치면 일단 미국의 주식시장이 털썩 주저앉을 것이다. 그러나 곧 회복될 것이다. 나스닥에 −3%가 뜬다면 바로 팔고 한 달 동안 기다리고, 중간에 정치인들이 무슨 말을 하던지 꼭 한 달을 채우고 투자해야 한다. 게다가 지금은 세계의 모든 은행 시스템이 연결되어 있다. 그러니 위기의 여파는 한국까지 올 것이다. 따라서 여유자금은 반드시 미국 국채를 사야 한다.

예를 들어 중국에 금융위기가 와서 −3%가 떴다. 그러면 일단 미국 주식을 팔았을 것이다. 그러나 이 상황에서는 한국의 증권사 계좌에 넣어 놓는 것이 아니라 꼭 달러로 미국채를 사야 한다. 왜냐하면 중국에 금융위기가 왔을 때 중국에 투자했던 한국의 증권사가 망할 수 있기 때문이다. 따라서 바꿔 놓은 달러를 계좌에 넣어 놓는 것이 아니라 반드시 미국 국채를 사놓아야 한다. 다시 파는 한이 있더라도 말이다.

특히 RP같은 상품은 사지 말아야 한다. 왜냐하면 증권사에서 달러 자금이 모자라면 얼마 안 되는 이자를 주면서 RP로 돌려막기 할 수도 있기 때문이다. 따라서 미국채가 답이다.

중국의 위기가 온다는 보장은 없다. 하지만 위기는 갑자기 올 수 있으므로 대응책을 미리 세워 놓아야 한다. 중국의 금융위기는 미국의 관세 압박으로 촉발되며, 외자기업 이탈과 부동산 가격 폭락 후 은행, 부동산기업 부도로 이어지고 한국까지 영향이 미친다. 이때 −3%가 뜨면 반드시 미국 국채를 사놓아야 한다(위기 대응 매뉴얼로 중요하므로 반복·강조한다).

시험 삼아 미리 미국국채를 사보는 것도 좋다. ETF가 가장 편리하다.

미국채 매수 - 상장지수펀드 ETF

미국채 1년~3년 물
iShares 1-3 Year Treasury Bond (SHY)

미국채 2년 물
Vanguard Extended Duration Tre. (EDV)

미국채 7~10년 물
iShares 7-10 Year Treasury Bond (IEF)

미국채 20년 물
iShares Barclays 20+ Yr Treasury (TLT)

미국채 20년 물-3배 레버리지
Direxion 20-Yr Tr. Bull 3X Shrs (TMF)

위 ETF는 증권사 HTS에서 주식처럼 쉽게 살 수 있다.

30장

세계 환율전쟁의 시작

유럽에서 시작된 환율전쟁은 미국이 가세하면서 세계적인 환율전쟁
으로 번지고 있다.

ECB, 이달 말 양적완화 종료…정책금리 동결

유럽중앙은행(ECB)은 13일(현지 시각) 계획대로 이달 말 2조6000억유로(약

3328조원) **규모의 양적완화**(QE · 중앙은행이 채권을 사들여 자금을 시중에 푸는 조치)**를 중단한다고 공식 발표했다.**

_2018년 12월 13일자 조선일보

위의 기사가 나온 날짜(2018년 12월 13일)가 중요하다. 이 날로 유럽중앙은행은 계획대로 2조6000억 유로(약 3328조원) 규모의 양적완화(QE · 중앙은행이 채권을 사들여 자금을 시중에 푸는 조치)를 중단한다고 공식 발표했다.

양적완화를 종료한다는 의미는 더 이상 돈을 풀지 않겠다는 말이다. 이와 같은 발언이 나온 배경은 2018년 12월 미국 주식 폭락과 관련이 있다. 당시 미연준 의장 파월이 지속적인 금리인상을 시사하면서 미증시는 연일 내리막길이었다. 그러자 미국의 채권금리가 높아지면서 모든 돈이 미국으로 빨려 들어가던 시기다. 유럽은 이를 막기 위해 경기가 좋지 않음에도 불구하고 양적완화를 종료했던 것이다.

앞서 ECB는 2018년 6월 통화정책회의 후 양적완화 프로그램의 단계적 축소와 종료를 예고하고, 9월까지 월 300억 유로 채권 매입 규모를 유지하고, 10~12월에는 월 150억 유로로 매입 규모를 줄인 후 연말까지 양적완화 프로그램을 완전히 중단하겠다고 했다. 더불어 물가목표치도 달성했다고 발표했다.

ECB가 양적완화 종료를 결정한 이유는 유로존(유로화를 사용하는 19개국)의 경제가 회복되고 있다는 판단에서다. 실제 6월 이후 유로존의 인플레이션(물가상승률)은 매달 ECB의 목표치(2.0%)를 달성했다.

ECB의 발표 이후 세계 증시는 패닉에 빠졌다. 미국 증시는 12월 26일까지 지속적으로 빠졌고 결국 파월이 금리를 동결하겠다는 2019년 1월 발언이 나오고 나서야 본격적으로 반등하기 시작한다. 미국이 금리를 동결하면서 주가가 반등하자, 유럽중앙은행 총재인 마리오 드라기는 슬그머니 다시 양적완화 재가동 검토에 나선다.

"예상보다 심각"‥2개월만에 양적완화 검토 나선 ECB

"경제상황 예상보다 저조" 한목소리 우려

수출 부진한 독일..10년물 국채 수익률 0.1% 밑으로

ECB, 작년말 종료 양적완화 프로그램 재가동 만지작

_2019년 2월 18일자 이데일리

재가동 기사가 나온 시점은 2019년 2월이다. 마리오 드라기의 속셈은 '사실 우린 안 좋았어. 사실 내가 거짓말 한 거야'였다. 돈이 미국으로 다 빨려 들어가는 상태에서 양적완화를 종료하겠다는 발표라도 없었으면 유럽은 과연 어떻게 되었겠는가?

사실 유로존 성장률은 최악이다. 국제통화기금(IMF)은 2019년 유로존 경제성장률 전망치를 기존 1.9%에서 1.6%로 내린 상태다. 유럽연합(EU) 집행위원회는 1.9%였던 성장률 전망치를 1.3%로 더 낮췄다. 민간 투자은행인 BNP파리바는 심지어 1.0%로 전망하고 있다.

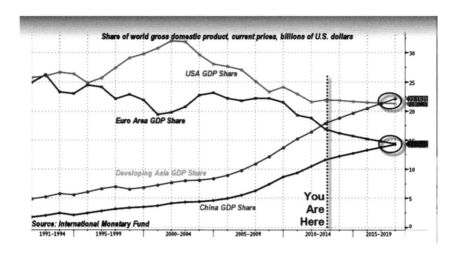

글로벌 산업구조가 변하면서 유로존의 성장률이 곤두박칠을 쳤다. 앞의 차트에서 미국을 보라. 전세계에서 차지하는 GDP 비율이 30%대에서 하락하기는 했지만 그래도 22%는 유지한다. 반면 유로존은 20%대에서 14%까지 급격히 하락하였다.

유로존의 빈자리는 누가 메웠는가? 바로 동아시아 국가들인 일본, 한국, 대만, 홍콩, 싱가폴 등이다. 또한 중국이 2001년 WTO에 들어오면서 급격히 점유율을 높이고 있다.

유럽 경제가 빙하기로 접어든 이유는 세계 경제질서 속에 중국이 등장했기 때문이고, 유로존 맏형격인 독일마저 경제가 좋지 않기 때문이다. 특히 유로존의 최대 경제국인 독일이 흔들리고 있다는 점은 치명적이다. 독일연방 통계청은 2018년 4분기 국내총생산(GDP) 성장률이

0%를 기록했다고 밝혔다. 3분기 마이너스 성장(-0.2%)에서는 벗어났지만 성장세를 회복하는 데는 실패한 것이다.

잘나가던 독일 경제가 주춤하는 이유는 무엇인가? 독일의 주력산업은 자동차다. 그런데 미국과 유럽 등지에서 자동차 판매가 감소하고 있다. 우버와 같은 차량공유서비스 때문이다.

미국 자동차 총판매량
https://kr.investing.com/economic-calendar/all-car-sales-886

위의 링크는 미국의 자동차 총판매량 지표인데, 매우 빠른 속도로 감소하고 있음을 알 수 있다. 원래 미국의 자동차 총판매량 지수는 불황의 지표로 사용되어 왔는데 차량공유서비스 때문에 떨어졌다면 이 지표를 더 이상 불황을 측정하는 데 사용할 수는 없다. 이제는 미국 잠정주택판매지수만을 써야 할 것 같다.

미국 잠정주택판매지수
https://kr.investing.com/economic-calendar/pending-home-sales-index-902

자동차와 주택을 불황의 지표로 보는 이유는, 자동차와 주택이야말로 중산층이 소유하면서 할부로 이자를 내고 있는 대표적인 두 가지 물건이기 때문이다. 그러니 이 지표가 떨어지면 공황이 오곤 했다.

2008년 금융위기 때도 그랬다.

유럽은행총재 마리오 드라기는 이 상황을 인식하고 2019년 2월에 양적완화 재가동을 발표한 것이었다. 그러자 독일의 10년 채권 수익률은 더 하락한다.

독일 10년 채권수익률
https://kr.investing.com/rates-bonds/germany-10-year-bond-yield

2019년 11월 4일 현재 수익률은 −0.370%로 마이너스를 기록하고 있다. 마리오 드라기 총재의 발표로 유럽 채권에 투자되어 있던 돈은 다시 미국으로 들어가게 된다. 그리고 글로벌 자금이 유럽 채권을 팔고 미국의 채권을 사면서 장단기 금리차 역전 현상이 발생한다.

날짜	10년-3개월 금리
2019년 03월 24일	−0.003
2019년 03월 22일	−0.025

그런데 드라기 총재가 이번엔 금리를 먼저 내리겠다고 했다.

드라기의 추가 금리인하 가능성 발언에 유럽 증시 오름세

마리오 드라기 유럽중앙은행(ECB) 총재가 18일 둔화된 유로존 경제를 위해 추가 금리인하 및 채권매입 재개 가능성을 언급하자 유럽 주식시장이 상당한 오름세를 보였다.

이날 오전장에서 프랑스의 CAC 40은 1.4% 올랐고 독일의 DAX는 1.2% 상승했다. 영국의 FTSE 100는 0.8% 올랐다.

_2019년 6월 18일자 뉴시스

드라기 총재의 금리 인하 발언은 2019년 6월 18일이었다. 그리고 파월이 드디어 금리인하에 준하는 발언을 한다.

'인내심' 버린 파월, 금리인하 강력 시사…연내 2회 내릴 듯

앞서 지난 3월 FOMC 회의에서는 11명이 연내 금리 동결을 요구했다. 4명은 한 차례, 2명은 두 차례 인상을 각각 주장했다. 이에 대해 투자은행 골드만삭스는 "예상보다 많은 8명의 FOMC 위원이 올해 중 0.25~0.5%포인트 금리 인하를 전망하는 등 연준의 금리 인하 가능성이 증대됐다"고 평가했다. 시카고상품거래소(CME) 페드워치에 따르면 미국 연방기금 금리선물 시장은 7월 말 FOMC에서 정책금리가 인하될 가능성을 100% 반영하고 있다.

_2019년 6월 20일자 매일경제

드라기에 이어 파월까지 왜 이런 발언들이 계속되는 것일까? 상황을 정리해 보자. 누가 먼저 도발을 했는가? 마리오 드라기 총재였다. 파월 의장이 1월 금리동결을 하자 드라기 총재는 기다렸다는 듯이 양적완화와 금리인하 발언을 하면서 독일 채권은 마이너스로 갔다. 이에 따라 유럽 채권에 투자했던 자금이 모두 미국으로 몰렸다. 그런데 이게 왜 도발인가?

바로 '이웃나라 거지 만들기 게임'이기 때문이다. 디플레이션 우려, 즉 경기가 좋지 않아서 누구도 주택, 주식 등을 안 사려고 할 때 국가에서 할 수 있는 방법은 무엇인가? 바로 자국의 돈 가치를 낮춰서 수출을 늘리는 방법이다. 즉, 물건을 더 많이 팔아서 흑자가 되니 이웃나라의 부를 빼앗아 오는 효과가 발생한다. 그러면 상대국도 가만 있지 않는다. 덩달아 자국 돈의 가치를 낮추면서 방어한다.

돈의 가치를 낮추는 방법은 두 가지인데, 하나는 이자율을 낮춰서 자금들이 더 많은 이자를 주는 나라로 떠나게 하여 상대적으로 자국 돈의 가치가 떨어진다. 또 한 가지 방법은 돈을 찍어내면서 양적완화를 하면 돈이 흔해지면서 가치가 떨어진다.

유럽이 이 두 가지 방법을 사용했고, 글로벌 자금이 미국으로 가는 와중이었는데 미국도 이자율을 낮추면서 이웃나라 거지 만들기에 동참한 것이다.

그러면 글로벌 자금은 어디로 향하는가? 신용등급도 좋고 안전하면서 돈을 벌 만한 나라다. 그곳이 바로 일본이다.

JPY/KRW – 일본 엔 한화
10.8542엔이다.

일본 돈의 가치는 떨어지지 않고 있다. 글로벌 자금이 일본으로 몰리는 이유는 경상수지 흑자 때문이다. 일본이 불황이기는 하지만 상대적으로 다른 나라보다 경상수지 흑자 규모가 크기 때문에 안정적으로 판단하며, 위기 시에는 글로벌 자금이 일본으로 몰린다.

그리고 한국도 마찬가지로 달러 원 환율이 다시 급락하고 있고, 중국도 함께 떨어졌다.

USD/KRW – 미국 달러 한화
1,162.66원이다.

USD/CNH – 미국 달러 중국 위안
6.8532위안이다.

6.9위안을 넘어갔던 위안화는 6.8대에서 움직이고 있다. 이러면서 중국은 가장 안 좋은 경우이다. 왜냐하면 중국은 미국이 매긴 관세를 무력화 시키기 위해 환율을 6.3위안에서 6.9위안으로 급격히 10%를 올렸다. 그런데 미국이 기준금리를 인하하자 다시 6.8대로 진입하면서 환율이 떨어지고 있는 것이다. 그리고 미국이 추가로 금리를 내리면 중국은 강제로 다시 환율이 더 떨어질 수 있다.

금리를 내리면 리세션(경기후퇴)만 아니라면 주가는 올라간다. 금리를 내리는 나라 중 경기부양 효과가 있는 나라는 어디인가? 경기가 좋으면서 금리까지 내려 채권 자금이 주식으로 이동하게 할 수 있는 나라는 바로 미국이다. 미국은 소매판매지수, 실업률, 주택판매지수 등 눈에 보이는 지표가 좋다. 그러니 미국은 금리까지 내리면 주식으로 자금이 이동해 주가가 올라갈 가능성이 크다.

반면 금리를 내리는 나라 중 경기부양 효과가 없는 나라는 어디인가? 한국, 유럽, 일본, 중국 등이다. 각종 경제지표가 안 좋기 때문이다. 아무리 금리를 내리고 양적완화를 해도 좋아지지 않는다. 특히 중국은 부채비율이 사상 최대이기 때문에 가장 위험한 나라다.

세계 환율전쟁의 시작 2

그린스펀 "美 국채금리 마이너스 시간문제"

앨런 그린스펀 전 미국 연방준비제도(Fed · 연준) 의장이 4일(현지시간) CNBC와 인터뷰하면서 "미국에서도 마이너스 금리 현상이 나타나는 건 시간문제"라고 말했다.

> 미국 국채는 저출산 고령화 때문에 마이너스로 가고 있다. 그린스펀 전 의장은 "최장기물인 30년 만기 국채 추이에 주목해야 한다. 고령화에 따른 채권 수요 증가로 금리가 계속 낮아질 것"이라면서 "이미 벨기에, 독일, 프랑스, 일본 국채는 마이너스 금리"라고 언급했다.
>
> _2019년 9월 5일자 매일경제

그린스펀이 언급한 벨기에, 독일, 프랑스, 일본은 모두 2차 세계대전 참전국인 유럽과 일본이다. 전후 태어난 세대를 베이비붐 혹은 단카이 세대라고 한다. 1945년에 전쟁이 끝났으니 48년생부터 시작이고 이미 70세가 넘어가기 시작했다.

고령화 사회로 나아가면 국민연금과 의료보험에 막대한 자금이 필요해진다. 선진국은 저출산국가이므로 출산율이 반토막 이상인 젊은 세대가 노인 세대를 부양해야 한다. 하지만 턱없이 부족하다. 따라서 부족한 재원을 마련하기 위해 국채를 찍어 낼 수밖에 없다.

경기부양도 쉽지 않다. 많이 태어난 세대가 나이가 들면서 소비를 하지 않기 때문이다. 그래서 금리를 낮춰 자국 돈의 가치를 떨어뜨리는 방법을 쓴다. 금리를 낮추면 외국으로 돈이 빠져나가고, 수출은 잘된다. 이런 이유로 전세계가 경쟁적으로 돈의 가치를 낮추고 있으며, 채권의 수익률은 점점 더 낮아지고 있다.

따라서 벨기에, 독일, 프랑스, 일본 등과 같은 나라들의 국채 수익률이 마이너스를 보이고 있다. 그에 비해 미국은 플러스다. 그러니 갈 곳 없는 돈들이 유럽과 일본에서 빠져 나와 미국으로 들어가고 있다. 미국으로 들어가니 미국의 국채수익률이 떨어지고 있고 장단기 금리 차도 역전이 되고 있는 것이다. 이미 3개월물과 10년 물은 역전된 지 오래고 2년물과 10년물도 역전 현상이 발생한다.

그나마 경기가 좋은 미국은 금리를 올렸다가 증시가 급락하자 다시 금리를 내리고 있다. 금리에는 추세가 있다. 한 번 방향을 잡으면 지속성을 띤다. 방향을 바꾸면 돌이킬 수 없는 일이 발생한다(금리 방향을 바꿨던 EU는 재정위기에 빠진 바 있다). 그래서 결국 마이너스 금리로 갈 것이라 예상된다.

EU는 경제공동체고 일본, 미국은 단일국가다. 경제공동체는 한 나라에서 재정위기가 발생했다고 하여 다른 나라에서 무조건 지원하는 시스템이 아니다. 반면 한 나라는 한 지역이 재정위기에 빠지면 다른 지역에서 지원하는 시스템이다.

예를 들어 EU의 그리스는 재정위기에 빠진 적이 있었고, 당시 독일의 수출 실적은 좋은 상황이었다. 독일이 선뜻 그리스를 도울까? 개미처럼 열심히 일해서 베짱이처럼 놀고먹는 나라를 돕기는 어려운 일이다. 반면 미국에서 자동차 공업이 몰락한 러스트벨트 지역을 월가가 있는 뉴욕주에서 세금을 걷어 지원한다면 반발이 있을까? 반발이야 있을 수도 있지만, 돕지 않을 수 없는 관계다. 미국과 달리 유럽에서 재정위기가 발생한 이유가 바로 여기에 있다.

EU는 1999년 탄생했다. 1991년 12월 소련이 해체되었고, 1995년에는 WTO 자유무역이 실시되었다. 단일시장으로는 세계에서 가장 큰 슈퍼파워 미국에 대항하기 위해 유럽 각국이 뭉쳐 경제공동체를 만들었다. 단일 통화를 쓰는 꽤 단단한 경제공동체라 할 수 있다.

하지만 거기에는 한계도 명확하다. 독일과 그리스를 보자. 제조업 국가인 독일은 수출로 먹고 산다. 자동차, 기계류, 생활용품 등 독일 제품은 경쟁력이 있어 경제도 탄탄하다. 하지만 문제는 마르크화의 가치가 높다는 점이다. 마르크화의 가치가 높으니 미국으로의 수출 경쟁력이 떨어진다. 미국시장에서는 미국차, 일본차, 한국차 등 온갖 나라의 차들이 다 팔리는데 독일의 마르크화가 비싸다면 경쟁력이 떨어질 수밖에 없다.

그런데 EU가 이 문제를 해결해 주었다. EU는 여러 나라가 모인 공동체다. 그렇기 때문에 여러 나라의 돈 가치를 섞으면 독일 돈의 가치는 상대적으로 떨어지게 되어 있다. 게다가 EU 나라들끼리는 관세가 없기 때문에 독일은 EU에 독일차를 팔 수 있다. 그러니 EU의 유로화를 쓰면 세계적으로도 더 많이 팔 수 있고 EU 내에서도 더 많이 팔 수 있다. 때문에 EU 출범 후 독일의 재정은 더욱 탄탄해졌다.

이에 반해 그리스는 사정이 조금 다르다. 그리스의 수출품목은 기껏해야 선박이나 올리브 등이고, 대부분의 수입은 관광에 의존한다. 관광은 속성상 돈의 가치가 떨어져야 유리하다. 그러나 독일과는 달리 그리스는 EU에 가입하면서 돈의 가치가 떨어지지 않고 오히려 국격에 비해 올라가 버렸다. 당연히 관광으로 먹고 살기가 더 힘들어져버렸다.

그리스도 성장을 하기는 해야 하는데, 방법은 수출과 내수다. 세계적인 품질이 없기 때문에 수출은 패스다. 남은 것은 내수, 즉 소비뿐이고, 소비로 먹고 살려면 돈이 있어야 한다. 그것은 유로화가 될 것이다.

그런데 그리스가 EU에 들어오면서 좋은 일이 하나 생겼다. 그리스 국채를 아주 낮은 이자율로 발행할 수 있게 된 것이다. EU의 특성상 신용등급도 섞어서 중간등급으로 가게 된다. 그러니 재정이 나쁜 그리스는 10%가 넘는 이자를 주면서 국채를 발행했어야 하지만 EU에 들어온 이상 국채 이자율을 높일 수 없다.

그리스 입장에서는 EU가 깨지지 않으려면 그리스 국채가 디폴트가 나도, 재정이 좋은 국가들이 도와주리라는 믿음이 있었을 것이다. 그 믿음 하에 낮은 이자로 국채를 발행해서 독일의 자동차 등을 싸게 사면서, 즉 빚으로 소비를 하면서 발전할 수 있었다.

그런데 문제가 생겼다. 2008년 금융위기다. 금융위기가 터지자 무역흑자국인 독일의 국채는 여전히 3% 정도로 낮았지만 재정적자가 심한 그리스는 무려 30% 가까이 치솟았다. 더 이상 국채를 발행할 수도 없고 지금까지 빌린 돈에 대한 이자를 내기도 버거웠다. 이럴 경우 한 나라라면 유로화를 더 찍으면 될텐데 EU의 큰형님인 독일이 그리스의 재정지원에 반대를 했다. 왜 개미처럼 일한 우리들의 돈을 가져다가 베짱이처럼 논 그리스를 도와주냐고 말이다.

이것 때문에 유럽의 재정위기가 시작되었다. 독일이 이렇게 반대를 하니 포르투갈, 스페인, 이탈리아와 같은 남부유럽의 재정적자 국가들도 결국 돈을 안 갚는 것이다.

이 시기에는 EU뿐 아니라 미국, 일본도 위기였다. 그러나 미국과 일본은 무제한으로 양적완화를 실시하고, 제로금리까지 떨어뜨리면서 일관성 있게 밀고 나갔다.

그런데 제로금리가 되면 무엇이 좋은가? 미국의 AIG와 같은 보험사는 천문학적인 손실로 파산위기에 처했다. 미국은 재정지원을 통해 AIG에 천문학적인 돈을 지불한다. 그런데 만약 이자가 3%였다면 AIG는 기업이 정상화 되기도 전에 이자 때문에 다시 파산하고 말 것이다. 하지만 이자가 0%라면 이야기가 달라진다. 1000년을 빌려도 이자가 0%이니 전혀 부담이 되지 않는다. 따라서 구조조정을 하고 자산을 팔고 영업을 해서 정상화가 되었을 때 돈을 다시 갚으며 기업이 살아날 수 있다.

그리고 제로금리까지 가면 자국의 돈 가치는 어떻게 되는가? 떨어지게 되어 있다. 떨어지면 수출이 잘 된다. 그러니 일본과 미국은 2008년 금융위기 이후 양적완화와 제로금리로 자국의 기업을 지원해주면서 위기를 헤쳐 나왔고 미국은 제로금리에서 벗어났다.

반면 EU는 어떻게 대응했을까?

EU가 양적완화를 하려면 가맹국들의 승인이 있어야 한다. 그런데 만약 재정흑자가 가장 많고 건전한 독일이 반대를 하면 어떻게 되는가? 정책에 혼선이 생긴다. 실제 독일은 무제한 양적완화를 반대했다. 왜냐하면 독일은 바이마르 공화국 시절 돈을 무제한 찍어 냈다가 하이퍼 인플레이션 때문에 고생한 경험이 있기 때문이다.

결국 독일의 반대로 재정확장이 아닌 재정긴축을 하게 된다. 그리고 2011년에는 아직 경기가 회복되지도 않았는데 금리를 1% 이상으로 올리게 된다. 그러자 EU의 이자부담이 늘어나서 경기는 다시 가라앉는다. 게다가 미국과 일본이 제로금리에 양적완화를 하는 데 비해 EU는 긴축정책을 펴니 갈 곳 없는 돈들이 EU로 몰려들어 유로화의 가치가 상승했고, 수출마저도 힘들게 된다. 이에 EU는 2014년 이후 금리를 마이너스로 전환하면서 무제한 양적완화를 하게 된다.

갈팡질팡하는 EU의 정책은 위기를 벗어나지 못하게 하는 암초로 작용했으나, 그 사이 일관된 정책을 펼쳤던 미국과 일본은 위기에서 벗어나게 된다. 특히 미국은 2012년부터 본격적으로 셰일가스가 나오면서 제2의 전성기를 맞게 되고 실업률도 낮아지고 소비도 좋아지면서 오히려 금리를 올리게 된다.

그러나 2019년 현재 경기가 좋은 미국으로 세계의 돈이 쏟아져 들어오자 미국의 달러가치는 다시 올라 수출경쟁력이 떨어지게 되었다. 그리고 미국도 서서히 물가, 실업률, 소비, 주택판매 등에서 경기침체 기미를 보이자 양적완화 축소를 끝내고 금리를 낮추기 시작한 것이다.

결국 미국도 경기침체가 본격화되기 전에 금리를 낮춰 선제적으로 대응한다면 다행이지만 그럼에도 불구하고 향후 경기가 꺾이게 된다면 미국도 결국 마이너스 금리를 쓸 수밖에 없을 것이다. 그러면 미국, EU, 일본 등이 모두 마이너스 금리와 양적완화를 하게 될 수도 있다.

여기서 누가 가장 유리할까? 역시나 미국이다. 내구재, 비내구재, 서비스 중 내구재 소비는 지속적으로 감소하고 있다. 내구재는 자동차, 선박, 가전제품, 건축물 등인데 이런 소비는 공유경제와 인공지능, 빅데이터 등으로 인해 효율적인 소비붐이 일어난다. 앞서 예로 들었다시피 인공지능, 빅데이터, 자율주행, 우버와 같은 공유경제가 만나면 현재의 차량 5%만 가지고도 충분히 효율적으로 사용이 가능하다는 얘기가 된다.

그런데 이런 우버와 같은 공유경제를 이끄는 기업은 미국에 있다. 이를 서비스기업이라 한다. 인공지능이나 빅데이터, 클라우드 등도 마찬가지다. 모두 미국이 앞서는 분야다. 따라서 재정확장과 마이너스 금리로 환율전쟁이 시작된다면 가장 유리한 나라는 미국일 수밖에 없다.

중국의 현재 문제점

제조업

철강, 조선, 정유, 석탄, 자동차 등의 공급과잉과 경영부실로 좀비기업이 증가하고 있다. 제조업 공급과잉은 지금까지 세계의 공장 역할을 해왔던 여파다. 중국은 그동안 막대한 대미국 수출로 유지되었는데, 미국이 관세를 올리자 물건들이 갈 곳이 없다. 대규모 실업에 대한 우려 때문에 구조조정을 하지 않으면서 중국경제에 크나큰 악영향이 미쳤고, 신용등급과 경제성장률이 떨어지면서 그대로 주저앉을 수도 있다.

수출

정체되고 있다. 유럽시장은 침체되었고, 호황국면인 미국은 관세 때문에 수출이 막혔다. 미국을 대체할 신흥국도 침체다.

투자

부동산 부채가 높고 부동산 버블이 심하다. 지방정부에서 유령도시를 만들면서 GDP를 끌어 올리고 있으나 오히려 지방정부의 부실화와 함께 은행도 동시에 부실화 되고 있는 상황이다.

부채

세계 2위 규모(총부채는 GDP 대비 260%, 2015년 현재 전세계의 40%)이며 2007년부터 2015년까지 전세계 부채 증가액의 43%가 중국 때문에 발생했다. 2008년 금융위기 기간 동안 중국이 부채로 경기를 끌어 올려 발전했기 때문이다.

인구구조 변화

중국도 베이비부머의 은퇴가 시작되면서 심각한 노령화에 시달리고 있다. 일본과 한국은 선진국이 되면서 노령화가 진행되었으나, 중국은 선진국이 되지도 못했는데 국가가 늙어가고 있다.

부의 양극화 심화로 내수 부양 불가능

중국인 0.4%가 중국 전체 자산의 70%를 소유(중국 주간지 '스다이저 우바오')하고 있으며 하층민의 불만이 극에 달해 있다.

저축

2015년 현재 55%는 제로 수준이고 상위 10%가 총 저축의 74.9%를 차지하고 있다. 하층민 55%는 제대로 된 노후 준비도 안 되어 있는 상황이다.

중국의 노동생산성 약화

선진국 수준으로 오른 中 인건비

17일 블룸버그는 옥스퍼드 이코노믹스 최신 보고서를 인용해 "중국의 생산성 대비 노동비용은 미국과 비교해 겨우 4% 낮은 수준"이라고 보도했다.

보고서는 "미국 업계는 세계 최고 생산성과 유연한 노동시장, 값싼 에너지, 거대한 국내시장 등으로 혜택을 보고 있다"고 지적했다. 블룸버그에 따르면 미국의 1인당 제조업 생산성은 2003~2016년 40% 올랐다. 이는 독일(25%), 영국(30%)을 뛰어넘는 수치다.

같은 기간 중국 생산성도 2배 넘게 증가했지만 미국 생산성은 중국보다

80~90% 높은 것으로 나타났다.

_2016년 3월 17일자 매일경제

중국의 노동비용은 이미 미국과 4% 정도의 차이로 좁혀졌다. 이 와중에 관세 25%까지 현실화되면 중국에서 공장을 돌릴 이유가 사라진다.

미국 관세부과에 따른 기업들의 중국 탈출 러시

샤프·파나소닉…日 기업들도 中 현지공장 속속 철수

샤프, 리코 등 복합기 생산 업체들은 이미 중국 내 생산 거점 이전을 확정했다. 샤프와 리코는 미국 수출용 복합기를 올여름부터 중국 대신 태국에서 제조하기로 했다. 샤프는 지금까지 전량을 중국 내 공장에서 생산하던 노트북PC 등 일부 라인도 베트남으로 옮기기로 했다.

교세라는 미국 수출용 복사기·복합기 생산을 중국 대신 베트남에서 하는 방안을 검토하고 있다. 중국에서 미국 수출용 디지털카메라를 생산하는 파나소닉 역시 동남아시아를 비롯한 타 지역으로 이전을 타진하고 있다. 세이코는 중국 다롄 공장에서 조립한 뒤 광저우 공장에서 최종 마무리했던 시계 제품의 생산을 일본으로 복귀시키는 방안을 고민하고 있다. 유니클로를 운영하는 패스트리테일링 역시 중국 위탁생산 물량을 베트남 방글라데시 등 동남아로 이전하는 방안을 추진하고 있다. 중저가 시계를 생산하는 시티

280   내일의 부

즌은 "미·중 무역갈등 진행 상황에 따라 중국·태국 공장 생산 물량 조절에 나서는 방안도 검토하고 있다"고 설명했다.

_2019년 6월 11일자 매일경제

이에 비해 미국은 유연한 노동시장과 값싼 에너지 그리고 거대 내수 시장으로 경쟁력이 상승하고 있다. 선진국 기업은 베트남, 인도네시아 등 동남아로 공장을 이전하거나 미국으로 리쇼어링(공장 본토 이전)하고 있다.

중국 외국환 표시 채권의 80%가 미국 달러화와 연동

미국의 기준금리 인상으로 위안화 가치가 하락할수록 중국 기업은 빚 갚기가 더 힘들어진다. 위안화 가치의 하락이 지속될 경우 외국자본과 중국 자국 내 자본의 탈출이 가속화될 것이다.

중국의 경착륙 시나리오 1

IMF "中, 개도국 빌려준 돈 공개하라"…차이나머니 정조준

중국은 지난 15년간 개도국 100곳 이상에 차관을 제공한 것으로 알려져 있다. 남미의 베네수엘라부터 아시아의 파키스탄, 그리고 아프리카 대다수 국가까지 전 세계 개도국들이 중국에서 큰돈을 빌렸다.

선진국들은 이를 중국의 '부채-함정 외교(debt-trap diplomacy)'라고 부르면서 문제를 공론화하겠다는 계획이지만 중국의 반발이 만만치 않다.

중국의 '일대일로 정책'에 적극 동참해 무리한 인프라스트럭처 투자를 하다가 디폴트 위기에 내몰린 파키스탄은 일단 중국, 사우디아라비아, 아랍에미리트(UAE) 등에서 추가로 급전을 빌리고 있다. 동시에 IMF와 60억~80억달러 규모의 구제금융 협상도 진행 중이다. IMF는 구제금융 조건으로 대출 정보를 투명하게 공개하라고 요구하고 있다. 파키스탄은 중국에 20년간 400억달러의 빚을 갚아야 하는 상황으로 전해졌다.

IMF와 세계은행의 1대 주주인 미국의 문제의식은 바로 이 대목에 있다. 중국에서 돈을 빌린 나라들이 빚을 못 갚을 처지가 되자 IMF나 세계은행에 손을 벌리고 있다는 것이다. 만약 국제기구가 긴급 수혈을 해 주면 이 돈이 도로 중국에 들어갈 것이란 우려도 크다.

_2019년 4월 3일자 매일경제

중국을 향한 미국의 포위·압박 전략이 하나둘씩 드러나고 있는 가운데, 중국도 여러 가지 위기 상황에 놓여 있다. 그동안 중국은 일대일로를 통해 인플레이션을 수출해 왔다.

현재 중국은 중진국 함정에 빠져 있다. 중진국 함정이란 1인당 GDP 1만 달러가 넘어가면 그 다음부터 임금과 토지의 사용료가 폭등하기 때문에 자본이나 기술발전을 통해 더 높은 생산성 향상이 되어야 하는데 그것을 극복하지 못하고 1만 달러에서 정체되거나 그 이하로 주저앉는 현상을 말한다.

중국은 지금까지 저렴한 인건비와 싼 토지 이용료를 이용해 선진국이 버린 기술과 국가에서 일으킨 부채를 활용해 경제성장을 해왔다. 그러나 중진국 함정에 빠진 이후부터는 이러한 공식이 통하지 않는다. 국가부채를 더욱 늘려보지만, 결과는 제조업 공급과잉으로 나타난다.

예를 들어 중국에 A라는 철강회사가 있다. 토지 가격과 노동자의 인건비가 올라가면서 국제적인 상품 경쟁력이 떨어져 있는 상태다. 이 철강회사가 살아남으려면 기술향상을 통해 더 좋은 특수철강을 만들거나 신소재를 만들어 새로운 시장을 개척해야 한다. 하지만 말이 쉽지 아무나 할 수 있는 일이 아니다. 또 만약 이대로 방치하면 사업을 접을 수밖에 없다. 그동안 경쟁력으로 작용했던 가격 싼 철강을, 인건비와 자재비 등의 상승으로 더 이상 만들지 못하기 때문이다.

A철강회사 사장의 고민이 시작된다. 그런데 잘 생각해보니 중국의 대출이자가 매우 낮다. 그래서 철강회사를 네 개 더 짓기로 한다. 이자 부담이 거의 없는 상황에서 더 저렴한 가격으로 철강을 만들어 박리다매로 팔면 죽지는 않겠다고 판단한다.

빚을 내면서까지 무리하게 사업을 늘리는 이유는 업황이 좋아서가 아니다. 만약 사업을 계속하면 대규모 실업도 발생하지 않을뿐더러 그저 좀비기업으로 살아남는 편이 자신에게도 유리하다고 생각하기 때문이다.

2008년 금융위기 이후 중국은 이러한 방법을 적극 사용했다. 그 결과 대규모 실업사태는 발생하지 않았으나, 세계는 중국 상품이 쏟아져 나오면서 거대한 디플레이션이 일어났고, 중국 자신도 300%가 넘는 국가부채를 떠안으면서 스스로 위험을 자초하고 있는 것이다.

중국 부채 비상, 규모 GDP 대비 300% 넘어선 듯

숨겨진 지방, 기업 부채 더하면 600% 초과했을 수도

하지만 국제금융협회(IIF) 트란 황 이사를 비롯한 다수 해외 금융 전문가들의 최근 주장을 고려하면 상황은 달라진다. 아무리 긍정적 시각으로 봐도 300% 돌파가 유력하다는 것이 정설이다.

_2018년 12월 26일자 아시아투데이

여기서 중국은 묘수를 하나 찾아낸다. 기술 발전 없이 발전하는 '일대일로'가 그것이다. 거대한 토목공사만 하면 GDP를 획기적으로 올릴 수 있다. 시나리오는 이렇다.

일대일로를 통해 해상과 육상에 실크로드를 만든다는 사실을 대외에 공표하고, 그 통로에 있는 국가들에게 항구와 도로, 철도 등을 놓아준다. 그 대상국은 아프리카나 아시아의 최빈국들이다. 그들에게 "당장은 돈을 받지 않을 테니, 추후 항구나 철도를 이용해 자금을 마련하고 그때 빚과 이자를 갚으라"는 것이다.

거의 공짜나 다름없다고 여긴 대상국가들은 무상으로 인프라를 구축해주겠다는데, 당연히 오케이다. 그러나 그들 나라는 사업성이 없

다. 수출량이 보잘것없는데, 항구와 도로가 무슨 소용인가? 내전으로 폭파나 안 되면 다행이다.

그런데 중국은 왜 거의 공짜나 다름없는 그리고 자금을 회수할 수 있을지도 미지수인 사업을 하는 것일까? 왜냐하면 위안화를 수출해야 하기 때문이다. 중국은 끊임없이 일자리를 만들어내야 한다. 그래야 사람들이 돈을 벌 수 있고 공산당에 협조도 할 수 있다. 만약 일자리가 없다면 사회불만이 커져 내부로부터 폭동이 일어날 수도 있다.

따라서 일대일로 프로젝트는 중국이 자국의 건설회사와 인민을 데리고 와서 위안화 결제를 통해 이들의 일자리를 만들고 이들의 불만을 잠재우며 동시에 GDP도 끌어올릴 수 있는 해법인 것이다. 즉 미국에 수출을 하지 않고도 엄청난 일자리와 경제발전을 이룰 수 있는 것이다.

결국 일대일로에 참여했던 국가들은 중국에 지불불능을 선언한다. 그에 대해 중국은 이들 국가들에게 "디폴트를 선언하거나, IMF 혹은 세계은행에서 돈을 빌리면 돼"라고 말한다. 결국 중국은 일대일로 참여국들이 디폴트로 가져온 IMF, 세계은행의 달러를 가지고 빚을 메우면 되는 것이다.

하지만 중국의 꼼수를 뻔히 아는 트럼프가 이를 가만두고 볼 리가 없다. 일대일로 참여국가에게는 IMF 지원을 금지했으며, 자신의 사람인 맬패스를 세계은행 총재로 임명하였다. 맬패스의 역할은 달러가 중국으로 들어가지 못하도록 막는 일이다.

미국의 향후 전략을 다시 정리해 보자.

①중국이 일대일로를 통해 저개발국에게 돈을 빌려줬다.

②중국은 신용등급이 좋은 상태에서 세계은행 등에서 싼 이자로 자금을 빌려 일대일로의 저개발국에게 고금리로 재차 빌려줬다.

③현재는 일대일로에 참여한 저개발국이 고금리로 망해나가고 있다.

그런데 중국이 ③번처럼 저개발국이 고금리를 감당할 수 있다고 생각했을까? 당연히 아니다. 그래서 ④번을 생각하지 않았나 하는 의문이 든다. ④번은 앞서 설명한 방식이다.

④저개발국은 IMF, 세계은행에 디폴트를 선언하고 IMF, 세계은행이 저개발국에게 돈을 빌려주면 그 돈이 다시 중국으로 들어간다.

이러한 구조 말이다. 하지만 중국의 예상은 빗나가고 말았다. 세계은행과 IMF가 중국의 의도대로 움직일 생각이 없기 때문이다. 그렇다면 ④번의 시나리오는 어떻게 펼쳐질까? 이렇게 생각해 볼 수 있다.

④저개발국이 디폴트로 손을 벌릴 때 IMF나 세계은행에서 채무삭감을 조건으로 혹독한 구조조정을 시킨다.

이렇게 되면 중국의 계획은 틀어진다. 저개발국이 중국에게 채무삭감을 얘기할 것이기 때문이다. 중국이 채무를 삭감해준다면 회수되는 돈은 1/10 정도에 머무를 것이다. 중국이 망하는 이 카드를 받을 리 만무하다.

그러면 세계은행과 IMF 또는 미국은 공작을 통해 이들 저개발국들이 공동성명을 발표하도록 이끈다.

'중국은 못 갚는다는 사실을 뻔히 알고도, 저개발국에게 과도한 채무를 지게 해서 토지와 항구 등을 빼앗으려 한다.'

중국의 이런 말도 안 되는 주권유린행위를 비난함과 동시에 돈을 갚을 의무에서 벗어난다. 전세계는 때를 맞춰 저개발국을 지지하는 성명을 발표한다.

'너희들의 처지를 역이용한 중국에게는 채무를 이행할 의무가 없다. 채무삭감이 정당하다.'

그러면 중국은 1/10이라도 받아야 하는가? 아니면 국제사회의 비난을 받고 채무삭감을 해줘야 하는가? 결과가 무엇이든 중국의 전략은 부메랑으로 돌아올 것이다.

중국의 경착륙 시나리오 2

내가 생각하는 중국의 경착륙에 따른 향후 시나리오는 다음과 같다.

※미중 무역전쟁이 앞으로 1~2년 더 진행되고, 중국 경제성장률(6% 이하)의 둔화가 더욱 가속화되어 5% 이하로 지속된다.

※미국이 금리를 올려 달러가 미국으로 회귀하도록 만든다.

※신흥국 중 일부는 달러 부족으로 디폴트를 선언하고 IMF에 구제금융을 신청한다.

※자산을 신흥국 시장에서 안전자산 쪽으로 이동시키는 것이 대세가 된다.

※수출 둔화와 미국기업의 중국투자 감소로 인해 달러가 말라가는 중국은 외환보유고를 헐어서 탈출하는 외국기업에 달러를 내주게 된다.

※중국의 외환보유고가 급격히 고갈되고 있다는 사실을 알게 된 미국의 헤지펀드는 중국을 공격한다. 돈을 빌려 위안화 약세에 베팅한다.

※이에 중국 당국은 달러를 풀어 위안화를 사들이는 방법으로 위안화 강세를 이끌며 반격한다.

※중국 내부의 외국인들은 중국자산의 하락을 염려해 위안화를 달러화로 환전한 후 자국으로 회귀한다.

※중국이 본국이나 제3국으로 달러를 들고 나가려는 외국기업을 막아서면 투자가 안 될 뿐 아니라 중국에 남아있으려던 기업들마저 중국을 탈출하게 만드는 역효과를 낸다.

※이에 중국 금융시스템은 달러 환전으로 달러부족사태를 겪고 이로 인해 일부 은행, 증권사, 보험사 등이 파산하게 된다.

※중국 당국은 금융시스템 파산을 막기 위해 외환보유고를 써서 금융시스템을 살린다.

※중국 당국의 외환보유고가 급격히 줄어든 것을 기화로 미국의 S&P, 무디스 등 신용평가사들은 중국 및 금융당국 신용등급을 하락시킨다.

※중국에 들어와 있던 외국계 국부펀드들은 신용등급 하락으로 인해 투자

손실을 회피하려고 중국에서 자금을 빼서 다른 신흥국으로 이동시킨다. 신용등급 하락이 있었는데도 자산을 옮기지 않으면 배임혐의를 받을 수 있기 때문이다.

※위안화의 급격한 하락에 중국 내부에서도 기업이나 자산가, 고위 공직자들은 사태의 심각성을 알고 위안화 자산을 달러화로 바꿔 해외로 유출한다.

※결국 중국은 디폴트에 빠지고 IMF행을 선언한다.

※IMF의 구조조정 권고에 따라 중국의 국영기업들은 민간에 헐값에 팔리고 중국은 국부 유출이 심화된다.

※대차대조표 불황으로 잃어버린 30년에 빠진다.

투자의 관점에서 갑작스러운 경착륙은 투자시점을 찾기 힘들다. 그럼에도 투자시기를 찾는다면, 바닥까지 추락한 내수주 투자라 하겠다.

중국의 주식시장은 얼마가 바닥일까? 2008년 금융위기 당시 미국의 주가지수는 고점대비 50% 빠졌고, 한국 50%, 일본 60% 정도였다. 그리고 중국의 하락률은 70%였다. 본래 자국이 망하면 70%, 미국이 망하면 50%인데 중국은 2008년 당시 무려 70%나 빠진 것이다. 이 사실을 토대로 중국이 향후 스스로 붕괴된다면 주가지수가 고점대비 80% 이상 빠질 수 있다.

일본의 경우 잃어버린 20년 동안, 1989년 12월 29일 최고점 38,915p를 기록한 후 2003년 4월 28일 7,607p까지 최대 80% 떨어졌다. 주가가 무려 14년 동안 떨어졌다. 중국과 일본을 직접 비교할 수는 없으나, 비슷하다고 가정하더라도 이렇게 긴 기간 동안 주가가 떨어지면 중국에 투자할 시점을 잡기 정말 힘들다고 볼 수 있다.

중국의 경착륙 징후

중국의 경착륙 징후는 다음으로 알 수 있다.

중국의 위안화 급등

중국의 위안화가 급등하게 된다. 한국도 IMF 당시 700원이었던 환율이 2000원을 넘기면서 3배가 올랐다. 중국을 여기에 대입해 본다면 현재 달러 위안이 6.9위안에서 형성되고 있기 때문에 환율이 급등해서 최소 8위안을 넘어갈 수도 있다. 만약 3배까지 높아진다면 24위안도 가능하다.

중국 정유사의 정유 덤핑

1997년 석유시장정보국(Oil Market Intelligence) 보고서를 보면 한국은 IMF 당시 국내시장이 붕괴되었다. 이에 따라 한국의 정유사는 달러를 확보하기 위해 필사적으로 수출에 매달렸다. 결국 한국의 정유사들 때문에 현물 경유가격은 1996년 1월 배럴당 32.5달러에서 10월 13.80달러로 폭락한다. 싱가포르에서는 1996년 10월부터 1998년 10월까지 경유가격이 58% 하락하였고, 미국의 Gulf Cost Market은 1996년 12월부터 1999년 2월까지 58%, 유럽도 51% 하락하였다. 따라서 중국의 경기침체는 정유제품 소비를 줄어들게 만들고, 반면 아시아 정유제품 홍수로 이어질 것이다.

미중 무역전쟁 이후

미중무역전쟁이 발발한 이유는 중국의 GDP가 미국 GDP의 40% 이상으로 따라왔기 때문이다.

1985년 미국이 일본과 플라자 합의를 한 이유도 일본이 미국 GDP

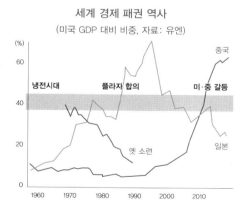

세계 경제 패권 역사
(미국 GDP 대비 비중, 자료: 유엔)

의 40%에 육박했기 때문이다. 소련도 마찬가지다. 소련은 1980년 초반 미국 GDP의 40%에 도달했다. 이에 미국은 소련과의 전쟁을 선포하고 1980년 모스크바 올림픽에 불참했고 소련을 포함한 동구권은 1984년 LA 올림픽에 불참했다. 이후 1991년 소련은 붕괴되었고, 일본도 1989년 부동산버블이 꺼지면서 잃어버린 20년을 넘어 30년을 지나고 있다. 역사를 통해 패권국인 미국이 소위 '손을 보는'시점은 경쟁국가가 자신의 GDP 40%선까지 올라왔을 때임을 알 수 있다.

현재 진행중인 미중무역전쟁의 당사자 중국은 언제 40%선에 도달했을까? 바로 2008년이다. 이 시점에 미국은 중국에 본격적인 전쟁을 선포하고 중국을 손 봤어야 했다. 그러나 그 때는 금융위기 와중이었다. 미국은 양적완화로 돈을 풀고 기업을 살리는 데 여념이 없었다. 덕분에 중국은 까다로운 관문을 무사통과할 수 있었고, 미국 GDP의 40%를 넘어서 이제는 미국을 모든 면에서 위협하는 나라가 되었다. 따라서 미중무역전쟁은 어차피 시작될 수밖에 없는 필연이었다.

미국이 힘들게 일본, 소련, 중국과 싸우는 이유는 그 자신이 강력한 슈퍼파워를 가지지 못했기 때문이다. 1945년 2차 세계대전 이후부터 1960년에 들어서기 전까지 미국은 슈퍼파워를 가진 나라였다. 이 시기는 그야말로 미국의 황금기였다. 레이건을 따라하는 트럼프의 선거구호는 무엇이었는가? "Make America Great Again"(다시 미국을 위대하게)였다. 슈퍼파워를 가졌던 1950년대로 돌아가자는 외침이었다. 이때의 미국은 달러와 관련하여 국제금융위기를 상상할 수도 없었다.

1966년 발간한 '대통령 경제백서 1966 Economic Report of the President'를 보면, 미국의 위기는 미국 내부의 위기일 뿐, 외부는 고려 대상이 아니었다. 왜냐하면 미국은 석유 수출국이었고 경상수지 흑자 국이었기 때문이다. 또한 마셜플랜을 통해 2차 세계대전으로 폐허가 된 유럽에 엄청난 원조까지 해주던 시기였다.

유럽부흥계획(유럽復興計劃, European Recovery Program, ERP) 또는 마셜플랜(Marshall Plan)은 제2차 세계대전 이후 황폐화된 유럽의 동맹국을 위해 미국이 계획한 재건, 원조 계획이다. 미국의 국무장관 조지 마셜이 제창했기 때문에 마셜플랜 또는 마셜계획이라 불리며, 황폐해진 유럽을 재건축하고, 미국의 경제를 복구시키며, 공산주의의 확산을 막는 것이 목적이었다.

마셜플랜과 원조경제는 미국을 더 부강하게 만들었다. 대부분 미국의 자본과 자산 그리고 미국인들을 고용해서 해외원조를 실행했기 때문이다. 실업률은 제로에 가까웠고 미국의 기업은 천문학적인 이익을 거둬들였다. 이런 호시절에 어떻게 달러위기가 있을 수 있겠는가?

하지만 베트남전쟁이 발발하자 상황이 바뀌기 시작한다. 달러위기의 시작이었다.

금본위제 폐기

베트남의 공산화를 막기 위해 벌인 전쟁은 돈 먹는 하마였다. 돈이 넘치던 미국도 재정이 바닥나기 시작한다. 어쩔 수 없이 당시 금본위제였던 브레튼우즈체제를 스스로 해체했다.

브레튼우즈체제(Bretton Woods system, BWS)는 국제적인 통화제도 협정에 따라 구축된 국제통화체제로 2차 세계대전 종전 직전인 1944년 미국 뉴햄프셔주 브레튼 우즈에서 열린 44개국이 참가한 연합국 통화금융회의에서 탄생되었다. 이후 미국 달러화를 기축통화로 하는 금환본위제도(금 1온스를 35달러로 고정시키고, 그 외에 다른 나라의 통화는 달러에 고정)가 실시되었다.

금본위제에서는 보유중인 금만큼만 달러를 찍을 수 있었다. 즉, 금 1온스를 35달러에 고정하는 것이 핵심인데 미국은 전쟁비용으로 천문학적인 돈을 쏟아부었다. 그러자 독일과 프랑스가 '어떻게 그렇게 많은 돈을 찍어 낼 수가 있는가?'라는 의심을 품는다. 이에 프랑스의 샤를 드골은 달러의 가치하락으로 인해 금본위제가 흔들리는 것을 우려해 프랑스가 미국에 맡겨 놓은 금을 반환하라고 요구했고, 뒤이어 독일과 벨기에까지 프랑스에 동참한다.

하지만 당시 미국 대통령이었던 닉슨은 달러의 금태환을 거부한다. 이것이 닉슨쇼크다. 미국은 더 이상 금과 연동해 달러를 찍지 않겠다고 선언했고, 이는 금본위제의 해체를 의미한다.

돈이란 많이 찍으면 찍을수록 가치가 떨어진다. 달러도 마찬가지다. 따라서 미국은 달러를 사우디아라비아의 왕가를 보전해주는 대가로 달러로만 석유대금을 결제하는 페트로달러시스템을 발족시킨다. 당시

이란의 팔레비 왕가가 이슬람 원리주의자들에 의해 왕정이 무너지고 국외로 쫓겨나면서 사우디도 미국의 군사력이 절실히 필요했기에 두 나라 간 딜이 일어날 수 있었다.

오일쇼크

달러의 위상을 흔드는 또 하나의 사건이 발생한다. 중동전쟁으로 인한 오일쇼크였다. 1973년 10월 제4차 중동전쟁 발발 이후 페르시아만의 6개 산유국들은 가격인상과 감산에 돌입, 배럴당 2.9달러였던 원유(두바이유) 고시가격이 4달러를 돌파한다. 1974년 1월에는 11.6달러까지 치솟으면서 2~3개월 만에 무려 4배나 폭등한다. 이 파동으로 1974년 주요 선진국들은 두 자릿수 물가상승과 마이너스 성장이 겹치는 전형적인 스태그플레이션을 겪어야 했다. 그리고 이 당시 학계를 흔들던 이론이 있었다. 바로 석유 고갈론이다.

미국은 자유민주주의, 자유시장경제를 지켜야 하는 경찰국가이다. 그런데 미국이 자국에서 나는 석유를 수출하다가 석유가 고갈되면 어떻게 되는가? 비행기와 항공모함, 전투기가 뜨려면 석유가 필요하다. 석유가 고갈되면 중동에서 석유를 받아 전투를 치러야 한다. 만약 대서양의 소련 잠수함이 석유수송선을 격침시킨다면 미국은 속수무책이 된다.

그래서 미국은 석유금수조치를 내린다. 국가 안보상의 이유였다. 이

때부터 미국은 석유 때문에 중동에 목줄을 잡힌다.

미국은 1980년대 중반부터 원유의 생산보다 수입이 많은 나라로 바뀌었다. 이는 무역적자의 원인으로 작용했고, 무역적자는 달러위기를 부른다.

세계화

1980년부터 시작된 세계화로 미국은 제조업 강국에서 서비스업 국가로 바뀌었다. 어떤 영향을 주었기에 산업의 방향까지 달라진 것인가?

미국에서 성공한 기업이 있다고 가정해 보자. 미국에서 성공한 기업은 수출도 쉽다. 그들의 기술과 관리능력은 해외경쟁에서 유리하게 작용한다. 수출이 시작되고 비중이 늘어나자, 수출보다 현지에서 자체 생산하는 편이 낫다는 결론에 이른다. 물류비를 대폭 절감할 수 있고,

저렴한 토지를 이용할 수 있다. 그뿐인가, 관세를 물지 않아도 되고, 현지의 인건비는 미국에 비해 현저히 낮다. 따라서 성공한 미국의 기업은 해외로 생산기지를 옮긴다. 그러자 미국에는 일자리를 잃은 노동자들만 남는다. 대표적으로 1980년대 자동차 메카였던 디트로이트가 러스트벨트(녹슨 공업지대)가 된 것이다.

미국의 부문별 GDP 현황

(단위: 억 달러)

구분	1947	1965	1985	2005	2015	2016
국내총생산(GDP)	2,499	7,437	43,467	130,937	180,366	185,691
민간부문	2,167 (86.52)	6,324 (85.04)	37,332 (85.86)	113,663 (86.81)	156,987 (87.04)	161,775 (87.12)
농업 어업 수렵	199 (7.97)	224 (3.02)	770 (1.77)	1,286 (0.98)	1,752 (0.97)	1,599 (0.86)
광업	58 (25.42)	112 (25.75)	1,069 (18.53)	2,266 (12.03)	3,278 (12.03)	2,646 (11.71)
제조업	635 (25.42)	1,915 (25.75)	8,053 (18.53)	17,042 (12.03)	21,703 (12.03)	21,752 (11.71)
서비스업	1,270 (50.81)	4,074 (54.77)	27,430 (63.10)	93,069 (71.08)	130,254 (72.22)	135,778 (73.12)
공공부문	337 (13.48)	1,113 (14.96)	6,146 (14.14)	17,274 (13.19)	23,380 (12.96)	23,916 (12.88)

주: ( )은 GDP 에서 각 부문이 차지하는 비중임
자료: 미국 상무부 경제분석국(BEA)

2016년 기준, 미국의 제조업은 11.71%로 축소되었고, 반면 서비스업은 73.12%까지 늘어났다. 그런데 문제는 서비스업의 특성상 많은 사람을 고용하지 않는다는 데 있다. 이에 따라 1980년대부터 미국은 엄청난 실업률에 시달려야 했고, 제조업이 몰락하면서 대부분의 물건을 해외에서 수입하게 되었다.

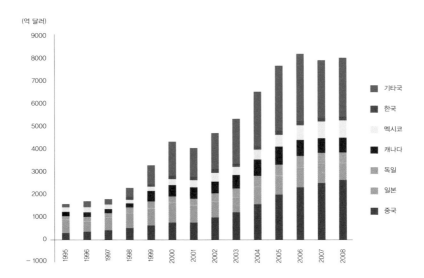

미국 무역적자의 국가별 구성

(억 달러)

자료: 한국무역협회

수출국이었던 미국은 대부분의 상품을 수입하는 나라가 되었다. 그런데 한 나라가 어떻게 수입만 할 수 있는가? 바로 달러가 강했기 때문에 가능한 일이었다. 자국의 통화가 강하면 강할수록 물건을 싸게 사는 효과가 발생한다. 달러가 강해진 이유도 살펴보자.

신흥국의 과잉저축

1990년대 중반까지 신흥국들은 국제금융시장에서 자본을 빌려오는 입장(경상수지 적자)이었다. 돈을 빌려 더 많이 투자하고, 더 많은 돈을 벌

내일의 부

수 있다는 생각 때문이었다. 한 예로 1997년 대우는 천문학적인 빚을 지고도 사업을 하고 있었다.

그러나 아시아 외환위기를 겪으면서 자본을 빌려주는 입장(경상수지 흑자)으로 전환된다. 이때부터 인식이 바뀌었는데 외환위기를 겪으면서 달러가 있어야 IMF를 다시 겪지 않는다는 경험치를 얻었고, 외환보유고를 쌓기 시작한다. 중국 3조 달러, 한국 3,500억 달러 등 아시아 국가들의 외환보유고는 비약적으로 증가한다.

신흥국 통화의 저평가

중국을 비롯해 신흥국들의 주요 수출 대상국은 바로 미국이다. 미국에 수출하려면 자국 돈의 가치가 낮아야 유리하다. 각국이 수출주도형으로 경제성장을 했기 때문에 유리한 위치를 확보하기 위해 인위적인 환율 저평가를 시도한다.

이 때문에 달러가치가 치솟는다. 그래서 미국이 자국을 상대로 대규모 무역흑자를 일으키는 국가에게 항상 하는 말이 '환율조작국 지정'이다. 환율조작국으로 지정하면 자국이 환율을 조작한 것만큼 미국이 상계관세를 때릴 수 있다.

신흥국의 이해와 미국의 이해가 맞아 떨어져 신흥국의 통화는 항상 약하고 미국의 달러화는 항상 강하게 되었는데, 미국과 신흥국에는 각자가 가진 문제가 있다.

①미국의 문제점

• 실업률 증가

신흥국으로부터 들어온 달러를 다시 신흥국에 투자를 함으로써 거대 재벌들은 천문학적인 돈을 번다. 그러나 정작 미국에서는 러스트벨 트가 생기고 실업자가 증가한다.

• 달러 강세

달러 강세로 수출보다는 신흥국으로부터의 수입이 대폭 증가한다. 따라서 미국은 소비의 증가와 인플레이션이 생긴다.

• 상품수지 적자

강달러를 바탕으로 수입에 의존하게 되면서 상품수지 적자가 누적된다.

②신흥국의 문제점

• 신흥국 통화의 약세

신흥국은 달러를 의도적으로 미국에 저축함으로써 신흥국 통화의 약 세를 불러오고 수입보다는 수출을 하게 된다. 따라서 막대한 달러 흑자임에도 불구하고 강제로 통화를 약하게 만들어 신흥국 국민들은 소비여력이 현저히 떨어진다. 그러니 신흥국은 소비의 감소와 함께 디플레이션이 생긴다.

• 신흥국 국민의 노예노동

신흥국은 통화 약세를 통해, 저렴한 노동력을 바탕으로 만들어지는 재화를 수출함으로써 경제를 발전시킨다. 그러나 신흥국 국민들의 희생이 불가피하다. 예를 들어 한국돈이 만약 달러당 1200원이 아니고 600원이라면, 파리오픈을 보러 비행기표를 끊을 때 40만 원만 있으면 된다. 그리고 유럽여행도 쉽게 다녀올 수 있다. 그러나 하염없이 환율이 올라서 달러당 2000원을 돌파했다면, 여행은 고사하고 입에 풀칠하기도 힘들어진다.

미국은 어떻게 달러가치를 지켜갈 것인가?

미국과의 무역전쟁은 한국, 일본, 유럽과 같은 대미 무역수지 흑자국에게 언제든지 일어날 수 있는 일이다. 미국이 대미 무역수지 흑자국에게 관세로 협박하는 일이 다반사기 때문이다. 그런 면에서 한국의 디플레이션은 이제 고착화 되어가고 있다고 할 수 있다. 의도적으로 달러 원 환율을 올리면서 소비 감소와 디플레이션이 불가피하기 때문이다. 유럽을 보더라도 금리를 마이너스로 낮춰서라도 미국 수출길을 열고자 하고, 일본도 마찬가지 스탠스다. 할 수만 있다면 엔화를 더 많이 낮추고자 한다.

결국 해법은 원화가치를 높여 내수를 살리는 것이다. 그러나 한국, 일본, 유럽 어느 누구도 자국통화 가치를 높여 내수를 살리려 하지 않는다. 그러니 디플레이션을 피할 길이 없다.

반대인 미국은 인플레이션과 소비의 증대가 일어난다. 그러니 미국의 기업은 성장하고, 이미 인건비가 올라서 자본이 떠나는 선진국들은 디플레이션이 생기고 실업률이 높아지고 소비가 감소한다.

이런 와중에 트럼프의 보호무역주의가 나오게 된 것이다. 세계의 모든 나라가 미국을 뜯어 먹으려 하고 있는데 미국이 관세를 때리지 않겠는가? 중국과 세게 한판 붙고 있고, 중국이 떨어지면 그 다음은 일본과 유럽 그리고 한국, 대만 등이 될 것이다.

심지어 트럼프는 미국이 수출을 하지 않는 편이 더 낫다고 말하고 있다. 미국 입장에서는 당연하다. '이제는 셰일가스가 나와서 그 어떤 것도 수입할 필요가 없는 나라가 되었고, 혼자서 성장할 수 있는데 왜 무역을 하는가?'라는 것이다. 더 이상 석유를 수입할 필요가 없으므로 쿠르드족 문제에서도 슬쩍 빠지면서 암묵적인 메시지를 던진다. '너희들끼리 잘 해봐. 미국이 미군 죽이고 돈 써가면서 너희들 도와줄 필요가 없어' 하고 말이다.

그리고 가장 큰 문제점은 무엇인가? 바로 미국이 안고 있는 고착화된 적자 문제다. 미국은 달러를 찍어서 신흥국에게 수입 대금을 지불하는데, 언제까지 이런 시스템이 가능할까?라는 의문이 생기는 것이다. 이러다가 만약 세계 각국이 달러가치에 의심을 품는다면 달러는 한 순간에 폭락할 수 있다.

현재 미국의 적자 규모는 2008년 글로벌 금융위기 직후 큰 폭으로 감소하여 2013년 2.2%까지 감소하였으나, 이후 다시 증가하여 2016년 기준 경상수지 적자는 GDP의 2.6% 수준인 4,517억 달러를 기록하고 있다. 게다가 미국은 재무성채권(미국채)을 팔아서 줘야 하는 이자도 복리로 늘어나는 구조이고, 그 규모도 엄청나다.

만약 달러가치가 의심 받는다면 세계는 재앙에 빠진다. 왜냐하면 미국의 소비자가 소비하는 물품을 달러로 결제할 수 없는 일이 벌어지기 때문이다. 달러로 결제가 안 되면 미국의 소비는 곧바로 위축되고, 이런 엄청난 수요가 일시에 줄어들면 세계는 공황에 빠지게 된다. 아마도 1929년에 버금가는 세계대공황일 것이다. 그러니 미국은 반드시 달러가치를 지켜야 한다.

과연 미국은 어떻게 달러가치를 지킬 것인가? 달러가치 훼손의 원인은 적자 때문이다. 따라서 적자의 원인을 없애면 된다.

셰일가스

미국 원유 생산 및 수입량 추이(1월 기준)

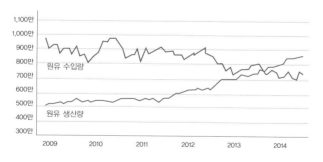

미국은 셰일가스를 생산하면서 이미 2013년부터 원유생산량이 수입량을 넘어섰다. 따라서 미국은 조만간 세계에서 가장 많은 석유를 수출하는 나라가 될 것이다. 적자의 원인이 일시에 흑자를 내는 효자종목이 되었다. 이를 통해 경상수지가 상당 폭 개선될 것이다.

리쇼어링

리쇼어링(Reshoring 또는 온쇼어링onshoring, 인쇼어링inshoring, 백쇼어링 backshoring)은 해외에 진출한 제조기업을 다시 국내로 돌아오도록 하는 정책이다. 저렴한 인건비를 이유로 해외로 공장을 옮기는 오프쇼어링과는 반대되는 개념이다.

트럼프 대통령은 신흥국에 관세를 매기는 전략으로 공장들의 미국 유턴을 유도하고 있다. 덕분에 지금 미국은 유래 없는 일자리 호황을 누리고 있다. 관세 수입이 늘고, 일자리가 늘어난 만큼 소비가 진작되어 내수경기도 좋다. 이처럼 리쇼어링은 무역수지를 개선하는 효과를 발휘하고 있다.

지금 미국은 영광의 시대인 1950년대로 돌아가고자 한다. 무역흑자가 나는 미국을 꿈꾼다. 따라서 달러는 더욱 강해질 수밖에 없다. 투자 관점에서 달러에 투자하면 재산상의 이익을 볼 수 있다는 뜻도 된다.

세계적인 저출산 현상 속 성장에 유리한 나라는?

저출산은 국가에 심각한 문제로 대두된다. 중국도 저출산이 심화되고 있다.

中 출생률 작년 또 급감…2030년 총인구 감소

523만명 출생…예상보다 30%↓

10년후 노인인구 3억명 달할 듯

14억 인구의 중국이 저출산으로 급속히 성장 동력을 잃고 있다. 지난해 출생아 수가 1961년 이후 가장 낮은 수준을 보이는 등 과거 예상했던 것보다 빠르게 출산율이 떨어지면서 중국 경제의 주요 리스크로 떠올랐다.

_2019년 2월 10일자 한국경제

중국에 저출산 현상이 일어나는 이유는 산업화 때문이다. 농업이나 산업화 초기에는 자녀들의 학력이 낮아도 취직이 되었지만, 산업화가 진행되어 제조업이 더 고도화되면서 숙련된 그리고 교육을 많이 받은 고급 인력이 필요해졌다.

교육을 많이 받은 자녀의 취업은 자녀가 생산수단에서 사치재로 바뀌었음을 의미한다. 자녀교육에 들어가는 비용을 감당할 수 있는 고소득층에서는 출산율이 높아진다. 반면 저소득층은 출산율이 떨어지거나 저임금이나 미취업 상태라면 결혼과 출산 자체를 포기하는 현상이 생긴다.

저출산이 야기하는 문제점들을 살펴보면, 우선 저출산 시기에 태어난 자녀가 취업하는 시점이 되면 노동인력의 공급 부족 때문에 임금이 상승한다. 이는 생산성 향상으로 인한 자연스러운 임금 상승이 아닌 수요 대비 공급의 부족 때문에 생기는 현상이다. 때문에 생산의 4요소 (토지, 노동, 자본, 기술) 중 노동 가격의 상승으로 인한 생산성 저하로 이어진다.

더 큰 문제는 베이비붐 세대다. 전후 세대인 베이비붐 세대는 두터운 인구층을 형성하고 있다. 이들이 노령층으로 진입하면서 의료보험, 사회복지 분야에 비용부담이 가중된다. 게다가 노령층은 소비력이 약하다. 소비는 축소하고 의료비만 많이 쓰는 가운데, 사회적 비용은 증가하게 된다. 뿐만 아니라 저출산 여파로 소비성향이 높은 청년 인구가 줄어 사회의 활력과 국가의 GDP는 더 떨어진다.

저출산 고령화 현상은 한, 중, 일이 모두 가진 고민이다. 이 중 가장 큰 문제는 중국이다. 일본은 선진국이 된 이후 고령화가 되었고, 한국은 선진국이 되는 와중에 고령화가 되어가고 있지만, 중국은 후진국에서 고령화가 진행되고 있기 때문이다. 중국은 기본적인 연금 장치도 미비한 상황이다.

이에 반해 미국의 상황은 어떠한가?

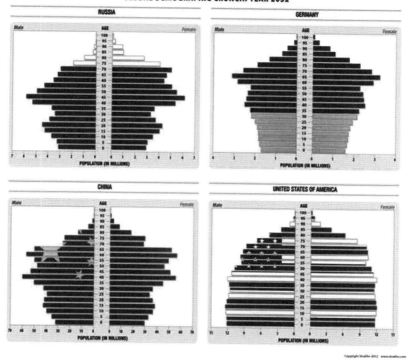

2032년의 인구 그래프를 보자. 중국, 러시아, 독일은 고령인구가 급격히 늘어나는 항아리형인데 반해, 미국은 20대 인구가 많은 안정적인 몽골텐트형이다. 미국 역시 2차 세계대전 이후 베이비부머가 태어나면서 높은 인구증가율을 보였었다. X세대로 넘어가면서 인구가 감소하는 듯했지만, 바로 다음인 Y세대가 급격히 늘어나고 있다.

미국에 10대와 20대의 인구가 많은 이유는 전세계에서 몰려드는 이민자들 때문이다. 이민자는 두 부류로 나뉘는데, 한 부류는 고급인력,

다른 한 부류는 멕시코 국경을 통해서 넘어오는 불법체류자들이다.

민주당은 이민자들을 위의 두 부류로 나누어 받겠다는 입장이지만, 트럼프가 소속된 공화당은 고급인력만을 합법적인 이민 절차로 받겠다는 입장이다. 멕시코 국경에 장벽을 설치하겠다는 트럼프에 맞서 민주당은 셧다운을 하면서 절대 예산을 내주지 않고 있다.

민주당이 남미에서 넘어오는 불법체류자를 받자고 하는 데는 두 가지 이유가 있다고 생각된다.

첫째, 불법체류자를 허용하여 향후 선거권을 가지면 자신을 합법 체류자로 만들어준 민주당을 찍게 되기 때문이다.

둘째, 미국의 내수기업 때문이다. 다국적기업은 불법체류자가 늘어나면 보다 저렴한 임금으로 더 싸게 물건과 서비스를 제공할 수 있다. 최저임금과 보험 등을 보장하지 않아도 되므로 원가를 대폭 낮출 수 있다.

미국의 내수기업은 불법체류자가 더 많이 들어올수록 이익이다. 그러니 미국의 CNN, WP, NYP 등 메인스트림 언론은 트럼프가 장벽으로 사람을 차별한다고 공세를 펼친다(우리나라 언론의 경우 대부분 미국의 메인스트림 미디어의 주장을 그대로 복사 재생한다).

그러나 트럼프의 생각은 다르다. 불법체류자가 많이 들어올수록 자산이 많은 사람은 게이트(문) 안쪽에서 안전하게 생활하지만 대부분의 저소득층 주민은 치안에 불안을 느낀다. 게다가 불법체류자가 더 많이 들어오면 저임금 일자리가 위협을 받게 된다. 그러니 오히려 불법체류자를 막는 것이 저임금 일자리를 지켜 자국의 블루칼라(저임금 노동자)를 보호하는 조치라고 생각한다.

큰 그림으로 보자면 중국, 독일, 러시아, 한국, 일본 등은 시간이 갈수록 저출산 고령화 때문에 경제활력이 떨어진다. 하지만 미국은 젊은 층의 광범위한 유입으로 활력이 솟아나게 된다. 따라서 인구로 보더라도 미국이 다른 나라보다 성장에 훨씬 유리하다.

37장

셰일가스를 통한 미국의 패권전략

셰일 혁명 美, 세계 최대 산유국 된다

미국이 내년에 러시아와 사우디아라비아를 제치고 세계 최대 산유국 자리를 차지할 것이라는 전망이 나왔다. 이란 제재 등으로 유가가 지속적으로 강세를 띠자 미국 에너지 기업들이 첨단 시추 기술을 앞세워 셰일오일 생산을 늘리고 있기 때문으로 분석된다.

_2018년 7월 12일자 한국경제

미국은 이제 사우디아라비아를 제치고 세계 최대의 산유국이 된다. 엄청나게 쏟아져 나오는 셰일가스 때문이다.

[특별기고] 셰일가스 혁명과 가스자동차의 새로운 기회

천연가스는 현재 60년 사용할 수 있는 190조m³의 매장량이 확인되어 있으며, 셰일가스가 채굴되기 시작하면서 200년은 사용할 수 있는 640조m³의 매장량이 파악되었고, 일부 전문가들은 500년 동안 사용할 수 있는 매장량까지도 있을 것으로 추정하고 있다.

_2016년 1월 4일자 가스신문

많게는 500년간 쓸 수 있는 양이라고 한다. 그러나 아직 발견되지 않는 셰일까지 따진다면 그 양은 예상을 훨씬 뛰어넘을 수도 있다.

美 서부텍사스서 1천조원 상당 셰일원유 매장량 발견

이번 발표는 퍼미언 분지 일대에 최대 750억 배럴의 셰일 원유가 매장돼 있을지 모른다는 석유회사 파이오니어 내추럴 리소시즈의 최고경영자(CEO) 스코트 셰필드의 주장에 힘을 실어주는 것이다.

750억 배럴은 세계 최대의 매장량을 자랑하는 사우디아라비아의 가와르

유전에 버금가는 규모다.

_2016년 11월 16일자 연합뉴스

퍼미안 분지에서 발견된 750억 배럴은 사우디아라비아의 최대 매장량이 묻혀있는 가와르 유전에 버금간다고 한다.

그러나 이는 새발의 피일 뿐이다. 퍼미안 분지는 텍사스에 있는 일부 유전에 불과하다. 미국 곳곳에는 이보다 훨씬 큰 셰일 유전지대가 퍼져 있다. 이로써 미국은 완전한 에너지 자립을 이루었고, 강력한 경제성장 동력을 얻게 되었다. 아울러 중동의 OPEC과 러시아 등의 석유 위협으로부터 완전히 독립을 이루었다. 아마도 현존하는 국가 중 미국은 식량, 에너지, 기술, 인구, 소비 등을 온전히 자급자족할 수 있는 유일한 나라가 아닌가 한다.

美 4월 고용 26.3만명↑·실업률 3.6% '반세기만의 최저'…"최고의 순간은 아직"

미국 노동부는 4월 비농업 부문 신규 고용이 26만3000명 증가했다고 3일(현지시간) 밝혔다. 이는 시장 예상치인 19만명과 전달의 18만9000명 증가를 크게 웃도는 수준이다.

미국 실업률은 지난해 9월부터 11월까지 1969년 이후 약 49년 만에 최저 수준인 3.7%를 기록했다가 신규 노동자의 노동시장 유입이 늘어나면서 같은 해 12월에는 3.9%로 올랐다. 올해 들어서는 1월 4%까지 올랐다가 2~3월에는 3.8%를 기록했다.

_2019년 5월 4일자 한국경제

미국은 셰일가스 때문에 경기가 초호황이다.

'고용 천국' 美, 이발사도 年2억 번다

셰일오일 붐이 일고 있는 미국 텍사스 서부에서는 이발사의 연 수입이 최대 18만달러(약 2억200만원)에 달한다는 보도가 나와 화제다.

고용 호조로 근로자들의 소비 여력이 확 늘었다. 이발 비용은 셰일오일

붐이 불었던 2014~2015년 25달러에서 최근엔 40달러로 올랐다. 근로자들이 애용하는 면도 서비스를 포함하면 최대 75달러(약 8만4000원)가 든다.

WSJ는 "비싼 가격에도 불구하고 줄을 서서 기다리는 이발소도 있다"며 "이발사들은 하루 20여 명의 머리를 손질하고 700~900달러를 번다"고 전했다.

근로자들이 몰리면서 주택 가격은 3년 새 30% 이상 상승했다. 대도시 인근 마을 학교들은 학생이 늘고 있지만 이를 가르칠 교사가 없어 골머리를 앓고 있다. 인근 호텔도 사업차 방문한 외부 손님으로 인해 하루 객실 이용료가 500달러를 넘어 때로는 뉴욕시와 비교되기도 한다고 WSJ가 전했다.

_2019년 3월 3일자 한국경제

실업률은 역대 최저치에 근접했고 고용의 질도 대폭 좋아졌다. 이발사의 수입이 2억 원이 넘는다. 따라서 집값이 상승하고 소비여력도 좋아지고 있다.

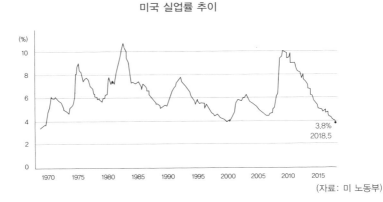

미국 실업률 추이

(자료: 미 노동부)

내일의 부

그리고 미국은 나홀로 호황을 구가하고 있다. 유럽, 아시아, 중국 등 모두 경기가 안 좋은데 미국만 호황이다. 모두 다 셰일가스 때문이다. 이렇게 큰 셰일가스층이 발견되었으니 트럼프는 당연히 파리기후협약을 탈퇴했다. 지구 온난화의 원인으로 지목된 탄소배출을 줄이자는 협약을 트럼프가 지킬 리가 없다.

따라서 탄소배출과 관련된 분야는 향후 전망이 밝지 않다. 배터리, 전기차, 수소차 등과 같은 탄소 이후의 경제 말이다. 미국이 셰일가스를 수출하면서 이 분야의 성장을 묵과할 리 없다. 자신의 상황을 최대한 이용해 세계 에너지패권을 쥐고 흔들려고 할 것이다.

미국의 의도를 알아차린 나라가 있다. 바로 카타르다. 카타르는 천연가스 생산국이다. 그런데 미국에 천연가스 매장량이 엄청나다는 사실을 알고는 OPEC에서 탈퇴한다. 왜냐하면 OPEC은 석유가격을 올리기 위해 감산을 할 것이기 때문이다. 또한 카타르는 미국이 동아시아의 제조업 국가와 천연가스 장기계약을 맺으면 자신들의 시장이 줄어들게 된다는 사실을 인지하였다.

미국 '원유수출' 허용…원유시장 '지각변동' 예고

지난달 30일 미국 정부가 자국산 원유의 수출을 허용하겠다고 밝힌 결정이 국제원유시장에 엄청난 영향을 미칠 것이라고 영국 가디언이 4일(현지시간) 평가했다.

가디언은 정부가 자국 내 셰일석유 생산자들에게 수출 길을 열어줌으로써 사우디아라비아를 포함한 OPEC(석유수출국기구) 회원국과 러시아 등 경쟁업체들에게 막대한 타격을 입힐 것이라고 분석했다.

_2015년 1월 5일자 노컷뉴스

미국은 넘쳐나는 셰일가스를 수출하기로 결정했다. 따라서 미국의 우방들은 셰일가스를 살 수밖에 없고 카타르의 시장 점유율은 줄어들 수밖에 없다. 따라서 카타르는 OPEC을 탈퇴하고 시장점유율을 늘리게 된다.

카타르, LNG선 60척 발주…"한국과 적극 협력하겠다"

카타르 정부가 28일 한·카타르 정상회담에서 액화천연가스(LNG)선을 대규모로 발주하겠다고 밝혀 국내 조선사들의 수주 가능성이 높아졌다. 국내 조선업계가 이를 계기로 턴어라운드할 수 있을지 주목된다.

_2019년 1월 28일자 매일경제

그리고 한국에 LNG선 60척을 발주하면서 한국에 러브콜을 보내고 있는 중이다. 덕분에 울산, 거제 등 조선소 등이 LNG선 호재를 누리고 있다.

미중무역전쟁이 한창인 상황에서 미국의 상황은 이렇다. 먼저 에너지는 작게는 물가의 역할을 한다. 에너지 가격이 올라가면 물가도 상승한다. 물가가 상승하면 Fed(미국중앙은행)은 금리를 올릴 것이다. 금리를 올리면 채권시장은 좋아지는데 주식시장은 망가진다. 트럼프는 미중무역전쟁 와중에 주식시장이 망가지면 지지율이 떨어질 가능성이 크다. 그래서 주식시장을 보호하기 위해 물가를 안정시켜야 하고 물가 안정을 위해서는 에너지 가격이 올라가면 안 된다. 그리고 반대로 에너지 가격이 떨어지면 물가가 오르지 않으므로 Fed에게 금리인하를 요구할 수 있다.

그동안 Fed는, '실업률이 떨어지면 소비심리가 높아져 물가가 뛴다'는 필립스 곡선의 선제 대응차원에서 금리를 올렸다. 그런데 2018년 10월 10일 이후 미국의 주식시장은 고점대비 20%나 빠지면서 폭락했다. 그래서 트럼프는 Fed가 물가가 오르지도 않았는데 금리를 올리는 바람에 주식시장이 망가졌으니, 금리를 1% 정도는 떨어뜨려야 한다고 언급했다. 트럼프 말대로 Fed가 금리를 떨어뜨리면 당연히 주가는 올라간다. 주가가 올라가면 미국인들의 주머니가 두둑해지니 트럼프로서는 재선의 지지기반을 다질 수 있다.

이런 이유 때문에 미국은 석유가격이 떨어지는 정책을 취하고 있다. 그러면 미국과 반대인 OPEC과 러시아는 당연히 석유가격이 올라야 할 것이다. 석유가격이 오르려면 OPEC은 감산을 해야 한다. 그래서 감산을 했더니 유가가 70달러까지 갔다가 미중무역전쟁이 격화되면서 다시 50달러대로 내려왔다. 만약 미중무역전쟁이 격화되지 않았다면 어떤 방향으로 흘러갔을까?

이러한 구도가 될 것이다. 미국은 증산을 통해 석유가격을 떨어뜨리려 하고 OPEC은 감산을 통해 석유가격을 올리려 할 것이다. 그러면 미국의 시장점유율이 높아진다. 증산을 했으니 말이다.

셰일가스에서는 두 가지가 나온다. 하나는 천연가스고 다른 하나는 초경질유(고급휘발유)다. 천연가스는 주로 수출을 하고, 고급휘발유는 미국에서 내수용으로 쓰거나 정제해서 제조업에 들어가는 플라스틱과 같은 상품을 만들어낸다. 따라서 앞으로 경유차는 입지가 좁아질 것이다. 미국에서 고급휘발유가 쏟아져 나오는데 경유차를 쓸 리가 없다.

뿐만 아니라 미국은 LA와 같은 사막기후에 위치한 도시는 환경기준이 까다롭다. 그런데 경유차는 이러한 환경기준을 맞추기 힘들다. 이

산화탄소는 휘발유에 비해 덜 나오지만 환경오염물질인 질소산화물이 많이 나오기 때문이다.

얼마 전 폭스바겐에서 디젤게이트가 터진 바 있다. 더 이상 독일과 같은 자동차 강국도 LA의 환경기준을 맞출 수 없다는 말이다. 그러니 경유차는 이제 퇴출이고 모든 차는 휘발유로 가게 될 것이다.

미국은 셰일가스를 LNG 형태로 수출하게 될 것이다. 천연가스는 크게 아래 세 가지로 나뉜다.

LNG(Liquefied natural gas, 액화천연가스)

LNG는 가스전(田)에서 채취한 천연가스를 정제하여 얻은 메탄을 냉각해 액화시킨 것이다. 주성분이 메탄이라는 점에서 LPG와 구별된다. 천연가스를 −162℃의 상태에서 약 600배로 압축하여 액화시킨 상태의 가스로, 정제 과정을 거쳐 순수 메탄의 성분이 매우 높고 수분의 함량이 없는 청정연료이다. LNG는 무색·투명한 액체로 LPG와 같이 공해물질이 거의 없고 열량이 높아 대단히 우수한 연료이며 주로 도시가스로 사용된다.

CNG(Compressed Natural Gas, 압축천연가스)

압축천연가스(CH_4)는 가정 및 공장 등에서 사용하는 도시가스(LNG)를 자동차 연료로 사용하기 위하여 약 200기압으로 압축한 것이다. LNG의 경우 고가의 냉각과정이나 초저온 탱크(단열 장치)가 필요하지만 CNG의 경우 그런 장치가 필요 없어 비용을 절감할 수 있다. 반면 CNG는 부피가 LNG의 3배 정도 높고, 고압 연료탱크를 사용해야 하기 때문에 저장용기(연료탱크)가 파열하면 폭발할 위험이 있으나, CNG 자체는 자연발화온도가 높아 화재 위험에 대해선 안전하다

PNG(Pipeline Natural Gas, 파이프라인 천연 가스)

대형가스관을 통해 운송되는 천연가스를 말한다. PNG 방식은 배로 실어오는 액화

천연가스(LNG)나 압축천연가스(CNG) 방식보다 경제성이 훨씬 높다. PNG 방식은 단위(MMBtu · 천연가스 부피단위)당 수송원가가 0.31달러 드는 것으로 나타났다. LNG(0.94달러)와 CNG(0.6달러)보다 훨씬 적게 든다.

비용이 가장 적게 들어가는 방식은 PNG다. 천연가스 상태에서 압축하지 않고 파이프라인으로 쏘면 된다. 트럼프가 원하는 방식이 바로 PNG 방식이다. 그리고 러시아가 유럽으로 가스를 수출하는 방식도 바로 PNG 방식이다. 단가가 매우 저렴하기 때문에 앞으로 미국 전역에 PNG 방식의 발전소가 생길 것이다. 현재로써는 민주당과 환경단체가 환경오염을 이유로 반대하고 있다.

하지만 수출은 다르다. 수출은 LNG 방식이다. 가스는 표면적이 넓기 때문에 최대한 압축해서 액화시켜 수출해야 한다. 그런데 미국이 판세를 보니 대책 없이 LNG를 수출했다가는 세계 석유경제가 무너지게 생겼다. 공급과잉으로 석유가격이 폭락할 것이기 때문이다.

그래서 선제적으로 취한 조치가 있다. 이란 제재와 베네수엘라에서 과이도정권 지지다. 핵개발을 빌미로 이란의 석유수출을 봉쇄하고, 석유매장량 1위 국가인 베네수엘라에서 국회의장인 과이도가 현대통령 마두로에 대항해 자신도 대통령임을 선포하자 미국은 과이도를 지지하는 성명을 낸다. 이로써 베네수엘라는 가뜩이나 불안정했던 정치 상황이 더욱 불안해졌고 석유수출은 꿈도 못 꾸는 상태가 된다.

미국은 이렇게 두 나라를 묶어 놓고 셰일가스 수출에 나선 것이다. 이렇게 해야 막대한 양의 셰일가스를 수출해도 가격이 떨어지지 않고 지지될 것이 아닌가?

그런데 앞서 언급한 대로 OPEC과 러시아가 감산을 통해 석유가격을 올리려 하고 있고, 미국은 국제 석유가격이 너무 올라가면 안 된다. 물가가 올라가고 금리가 오르기 때문이다. 그러니 미국은 셰일을 더 퍼내서 증산을 하고 OPEC과 러시아는 감산을 하는 현재 구도가 만들어진 것이다.

미국이 셰일가스 증산으로 노리는 것

미국이 셰일가스를 증산하면 세계 시장점유율이 올라간다. 특히 중국, 한국, 일본, 독일, 대만 등과 같은 제조업 국가들에서 그렇다. 이들은 차후 미국에 대항할 수 있는 국가들이다. 제조업 국가들은 제조업을 바탕으로 국부를 늘릴 수 있기 때문이다. 과거 일본이 그랬고 현재 중국이 그랬으며, 앞으로 독일이 그러지 말라는 법이 없다.

그러나 러시아처럼 석유 등 원자재로 부를 이루는 나라들은 석유가격 조정을 통해 얼마든지 나락으로 떨어뜨릴 수 있기 때문에 오히려 다루기가 쉽다. 따라서 미국은 독일이나 일본, 한국 등에 미국의 LNG 가스를 받으라고 압력을 행사한다. 러시아에 너무 의존하면 안 된다는 논리를 앞세워서 말이다.

미 제재 경고 불구 '노드스트림2' 가스관 공사 강행

육로를 거치지 않고 바다(발트 해)를 통해 독일로 직접 천연가스를 공급하는 '노드 스트림 2' 가스관 건설 프로젝트가 미국과 일부 서유럽국들의 반대에도 불구하고 독일 역내 건설에 착수했다고 파이낸셜타임스(FT)가 31일 보도했다.

서유럽에 대한 러시아의 가스 직접 공급 및 영향력 확대를 우려해온 미국이 프로젝트에 반대하면서 독일과의 관계가 소원해졌고 대러시아 정책을 둘러싸고 유럽국들 간 분열도 심화했다.

_2018년 8월 31일자 매일경제

미국은 러시아에서 독일로 가는 노드스트림2 가스관 공사를 좋아하지 않는다. 할 수 없이 독일도 미국의 반대에 못 이겨 미국의 LNG도 사주기로 했다.

메르켈, 트럼프 압력 굴복 미국산 LNG 수입 허용

러시아산 액화천연가스(LNG) 수입을 놓고 트럼프 미 행정부로부터 압력을 받아온 앙겔라 메르켈 독일 총리가 결국 미국산 LNG 수입에 문호를 개방했다.

메르켈 총리는 이에 미국산 LNG 수입에 편의를 제공하기 위해 독일 북부 함부르크 인근에 LNG 터미널을 건설하는데 5억 유로(약 6천500억 원)를 지원키로 했다고 월스트리트저널(WSJ)이 22일 보도했다.

_2018년 10월 23일자 매일경제

미국은 제조업 국가들에게 셰일가스 사용을 강요하여, ①수익을 거두고, ②잠재적인 차후 경쟁자의 목줄을 쥐는 이중효과를 노리고 있다.

셰일가스는 한 번 수입계약을 맺으면 10년 정도는 유지된다. 셰일가스가 들어오면 그 형태 그대로 도시가스로 쓸 수 있으며, 그 밖의 형태 즉, 제조업 원자재인 플라스틱, 섬유소재 등으로 사용 가능하다.

셰일가스 수입에는 대규모 정유시설이 뒷받침되어야 하는데, 정유시설은 각 나라별 유종에 따라 설비가 각각 다르다. 예를 들어 베네수엘라산 원유는 황이 많이 들어가 끈적끈적한 형태다. 이 유종에 맞춰 주로 텍사스에서 정유시설을 대거 지었는데 황을 없애는 탈황 설비를 갖춰야 한다. 즉, 석유 수입국은 석유 수출국의 유종의 형태에 따라 정유시설을 바꿔야 한다는 말이다.

미국이 제조업 국가들을 상대로 시장점유율을 높이는 의도는 전쟁 대비에 있다. 중국과 미국은 현재 무역전쟁중이다. 어쩌면 전면전으로 갈 수도 있다. 그런데 만약 중국이 미국의 셰일가스를 쓰고 있다면 미국은 싸우지 않고 이길 수 있다. 원유 공급만 끊으면 되기 때문이다.

비슷한 예로, 미국이 일본과 제2차 세계대전을 치르기 전 일본에 대한 원유 공급을 끊었었다. 당시 일본의 석유 비축량은 1년 치뿐이었다. 일본으로서는 1년 안에 전쟁을 끝내던지 아니면 석유가 있는 인도차이나 반도를 침공해야 했다. 결국 일본은 중일전쟁 와중에 인도차이나 반도를 침략했고, 종국에는 진주만을 폭격하면서 미국과 전면전까지 붙었던 것이다.

만약 중국이 미국에 원유수입을 의존하고 있다면 미국과 전면전을 벌일 수 있을까? 더구나 지금은 태평양전쟁이 일어났던 1941년이 아니다. 그때보다 원유 의존도는 더욱 커진 상황이다.

중국 석유비축량 연 30% 증가…2020년까지 8500만t으로 늘릴 계획

국내소비량 37일분으로 여전히 부족

_2017년 5월 4일자 글로벌이코노미

현재 중국의 석유비축량은 겨우 37일분이다. 즉, 미국의 항공모함이 중국으로 향하는 유조선을 37일 동안 막으면 중국은 모든 비행기, 항공모함 등이 무용지물이 된다는 얘기다. 반면 미국은 모든 군사무기에 무한대로 석유 공급을 받을 수 있다.

미국은 현재 셰일가스를 증산하여 제조업 국가들이 미국산을 쓰게 함으로써, 앞으로 있을지도 모르는 전쟁에 대비하고 있다. 이것이 셰일가스를 통한 미국의 패권전략이다.

참고서적 목록

『불황탈출-일본 경제에서 찾은 저성장의 돌파구』, 박상준 지음, 알키, 2019년 8월

『한국의 나쁜 부자들-부자들의 99%는 나쁘다』, 안재만 지음, 참돌, 2013년 7월

『부의 시선-슈퍼리치는 어디에 눈길이 가는가』, 박수호·나건웅·김기진 지음, 예미, 2019년 8월

『안티프래질-불확실성과 충격을 성장으로 이끄는 힘』, 나심 니콜라스 탈레브 지음, 안세민 옮김, 와이즈베리, 2013년 10월

『행운에 속지 마라-불확실한 시대에 살아남는 투자생존법』, 나심 니콜라스 탈레브 지음, 이건 옮김, 신진오 감수, 중앙북스, 2016년 12월

『일본인 이야기 1-전쟁과 바다』, 김시덕 지음, 메디치미디어, 2019년 11월

『빅히트-새로운 기회의 파도』, 김한진·김일구·김동환 지음, 페이지2, 2019년 11월

『블랙 스완-위험 가득한 세상에서 안전하게 살아남기』, 최신 개정증보판, 나심 니콜라스 탈레브 지음, 차익종·김현구 옮김, 동녘사이언스, 2018년 4월

『스킨 인 더 게임』, 나심 니콜라스 탈레브 지음, 비즈니스북스, 2019년 4월

『초기업의 시대-그들은 어떻게 독점시장을 만드는가』, 천준범 지음, 페이지2, 2019년 11월

『생존의 조건-절망을 이기는 철학』, 이주희 지음, MID, 2017년 4월

『약자를 위한 현실주의-어떻게 살아남을 것인가』, 이주희 지음, MID, 2019년 4월

『강자의 조건-군림할 것인가 매혹할 것인가』, 이주희 지음, MID, 2014년 11월

『백년의 마라톤-마오쩌둥·덩샤오핑·시진핑의 세계 패권 대장정』, 마이클 필스버리 지음, 한정은 옮김, 영림카디널, 2016년 05월

『테크놀로지의 덫-자동화 시대의 자본, 노동, 권력』, 칼 베네딕트 프레이 지음, 조미현 옮김, 에코리브르, 2019년 9월

『제국의 미래-제국은 무엇으로 세계를 지배하는가?』, 에이미 추아 지음, 이순희 옮김, 비아북, 2008년 5월

『미국의 세기는 끝났는가』, 조지프 나이 지음, 이기동 옮김, 프리뷰, 2015년 5월

『앞으로 3년 경제전쟁의 미래-환율과 금리로 보는』,

오건영 지음, 지식노마드, 2019년 8월

『원칙 Principles』, 레이 달리오 지음, 고영태 옮김, 한빛비즈, 2018년 6월

『미국 속에서 본 금융위기』, 김규래 지음, 다산출판사, 2019년 8월

『세계 금융위기와 출구전략』, 손성원 지음, 매일경제신문사, 2009년 11월

『미래 경제-당신은 준비되었는가?』, 손성원 지음, 황숙혜 옮김, 알에이치코리아(RHK), 2014년 3월

『카오스의 날갯짓-복잡성 과학과 원형사관으로 본 한국』, 김용운 지음, 김영사, 1999년 10월

『역사의 역습』, 김용운 지음, 맥스미디어, 2018년 4월

『일본직설-일본의 오늘에서 한국의 내일을 읽다』, 유민호 지음, 정한책방, 2016년 4월

『일본직설 2-합리적 시각으로 일본을 분석하고 냉철한 통찰로 한국을 진단하다』, 유민호 지음, 정한책방, 2017년 2월

『소프트 파워』, 조지프 나이 지음, 홍수원 옮김, 세종연구원, 2004년 12월

『3년 후, 한국은 없다-총체적 난국에 빠진 대한민국 민낯 보고서』, 공병호 지음, 21세기북스, 2016년 1월

『메트로폴리스 서울의 탄생-서울의 삶을 만들어낸 권력, 자본, 제도, 그리고 욕망들』, 임동근, 김종배 지음, 반비, 2015년 7월

『박종훈의 대담한 경제-대한민국 네티즌이 열광한 KBS 화제의 칼럼!』, 박종훈 지음, 21세기북스, 2015년 10월

『지상 최대의 경제 사기극, 세대전쟁』, 박종훈 지음, 21세기북스, 2013년 12월

『역전의 명수-난공불락의 1위를 뒤집은 창조적 추격자들의 비밀』, 박종훈 지음, 인플루엔셜, 2017년 11월

『2015년, 빚더미가 몰려온다-최악의 시나리오로 내달리는 한국경제, 어떻게 살아남을 것인가』, 박종훈 지음, 21세기북스, 2012년 11월

『2020 부의 지각변동-미래가 보내온 7가지 시그널!』, 박종훈 지음, 21세기북스, 2019년 7월

『출구 없는 사회-무한한 욕망의 세계사』, 다니엘 코엔 지음, 박나리 옮김, 글항아리, 2019년 3월

『설탕, 커피 그리고 폭력』, 케네스 포메란츠, 스티븐

토픽 지음, 박광식 옮김, 심산문화(심산), 2003년 7월

『리테일의 미래-기술은 어떻게 소비를 바꾸는가』, 황지영 지음, 인플루엔셜, 2019년 04월

『한번은 경제 공부-경제의 흐름과 쟁점이 보인다』, 로버트 하일브로너, 레스터 서로우 지음, 조윤수 옮김, 부키, 2018년 7월

『지식의 지배』, 개정판, 레스터 서로우 지음, 한기찬 옮김, 생각의나무, 2007년 9월

『신대륙주의-에너지와 21세기 유라시아 지정학』, 켄트 콜더 지음, 오인석·유인승 공역, 아산정책연구원, 2013년 06월

『대변동 위기, 선택, 변화』, 재레드 다이아몬드 지음, 강주헌 옮김, 김영사, 2019년 6월

『세계 경제의 99%는 트럼프에 달려 있다』, 곽수종 지음, 메이트북스, 2019년 4월

『새로운 제국 중국』, 로스 테릴 지음, 이춘근 옮김, 나남, 2005년 11월

『세계사를 움직이는 다섯 가지 힘』, 사이토 다카시 지음, 홍성민 옮김, 뜨인돌, 2009년 10월

『무역의 세계사』, 윌리엄 번스타인 지음, 박홍경 옮김, 라이팅하우스, 2019년 4월

『월세투자자는 바보투자자다-자식들에게만 전해주는 Gap투자 후폭풍』, 손대식 지음, 지식과감성, 2019년 2월

『시장의 탄생-왜 시장경제가 최적의 경제 시스템인가?』, 존 맥밀런 지음, 이진수 옮김, 민음사, 2007년 7월

『지리의 복수-지리는 세계 각국에 어떤 운명을 부여하는가?』, 로버트 D. 카플란 지음, 이순호 옮김, 미지북스, 2017년 11월

『생각의 지도-동양과 서양, 세상을 바라보는 서로 다른 시선』, 리처드 니스벳 지음, 최인철 옮김, 김영사, 2004년 4월

『파란하늘 빨간지구-기후변화와 인류세, 지구시스템에 관한 통합적 논의』, 조천호 지음, 동아시아, 2019년 3월

『세계는 평평하다-21세기 세계 흐름에 대한 통찰』, 증보판, 토머스 L. 프리드먼 지음, 김상철 외 옮김, 창해(새우와 고래), 2006년 11월

『코드 그린-뜨겁고 평평하고 붐비는 세계』, 토머스 L. 프리드만 지음, 이영민 외 옮김, 왕윤종 감수, 21세기북스, 2008년 12월

『궁극의 군대-미군은 어떻게 세계 최강의 군대가 되었나』, 토머스 G. 맨켄 지음, 김수빈 옮김, 미지북스, 2018년 06월

『대포, 범선, 제국-1400~1700년, 유럽은 어떻게 세계의 바다를 지배하게 되었는가?』, 카를로 M. 치폴라 지음, 최파일 옮김, 미지북스, 2010년 09월

『스페인 은의 세계사-1500~1800년, 아메리카의 은은 역사를 어떻게 바꾸었는가?』, 카를로 마리아 치폴라 지음, 장문석 옮김, 미지북스, 2015년 7월

『시계와 문명-1300~1700년, 유럽의 시계는 역사를 어떻게 바꾸었는가』, 카를로 마리아 치폴라 지음, 최파일 옮김, 미지북스, 2013년 08월

『제로 투 원』, 피터 틸·블레이크 매스터스 지음, 이지연 옮김, 한국경제신문사, 2014년 11월

『미래의 속도』, 리처드 돕스·제임스 매니카·조나단 워첼 지음, 고영태 옮김, 맥킨지 한국사무소 감수, 청림출판, 2016년 11월

『위험한 정치경제학』, 박훈탁 지음, 더난출판사, 2012년 8월

『광기, 패닉, 붕괴 금융위기의 역사』, 찰스 P. 킨들버거·로버트 Z. 알리버 지음, 김홍식 옮김, 굿모닝북스, 2006년 11월

『거래의 기술-트럼프는 어떻게 원하는 것을 얻는가』, 도널드 트럼프 지음, 이재호 옮김, 살림출판사, 2016년 5월

『앞으로 5년 한국의 미래 시나리오』, 최윤식·최현식 지음, 지식노마드, 2019년 2월

『이성적 낙관주의자』, 매트 리들리 지음, 조현욱 옮김, 이인식 해제, 김영사, 2010년 8월

『거대한 코끼리, 중국의 진실』, 임명묵 지음, 에이지21, 2018년 8월

『헨리 키신저의 회복된 세계』, 헨리 앨프리드 키신저 지음, 박용민 옮김, 북앤피플, 2014년 1월

『거대한 전환』, 칼 폴라니 지음, 홍기빈 옮김, 길, 2009년 6월

『인구가 줄어들면 경제가 망할까』, 요시카와 히로시 지음, 최용우 옮김, 세종서적, 2017년 12월

『도시는 왜 불평등한가』, 리처드 플로리다 지음, 안종희 옮김, 매일경제신문사, 2018년 6월

『셰일 혁명과 미국 없는 세계』, 피터 자이한 지음, 홍지수 옮김, 김앤김북스, 2019년 1월

『글로벌 위기 이후』, 홍성국 지음, 이콘, 2008년 12월

『세계 경제의 그림자, 미국』, 홍성국 지음, 해냄, 2005년 12월

『수축사회-성장 신화를 버려야 미래가 보인다』, 홍성국 지음, 메디치미디어, 2018년 12월

『세계가 일본된다-일본의 창으로 본 세계의 미래』, 홍성국 지음, 메디치미디어, 2014년 10월

『인재 vs 인재-급변하는 미래를 돌파하는 4가지 역량』, 홍성국 지음, 메디치미디어, 2017년 7월

『빛의 만리장성』, 디니 맥마흔 지음, 유강은 옮김, 미지북스, 2018년 9월

『반도체 전쟁-4차 산업혁명 시대 중국의 역습』, 남윤선 외 지음, 한국경제신문, 2017년 5월

『넥스트 디케이드-역사상 가장 중요한 10년이 시작되었다』, 조지 프리드먼 지음, 김홍래 옮김, 손민중 감수, 쌤앤파커스, 2011년 7월

『경제 트렌드 2019』, 김동환·김일구·김한진 지음, 포레스트북스, 2018년 12월

『얼마나 있어야 충분한가』, 로버트 스키델스키·에드워드 스키델스키 지음, 김병화 옮김, 박종현 감수, 부키, 2013년 6월

『100년 후』, 조지 프리드먼 지음, 손민중 옮김, 이수혁 감수, 김영사, 2010년 1월

『강대국의 흥망』, 폴 케네디 지음, 이왈수 등역, 한국경제신문사(한경비피), 1997년 6월

『국가는 왜 실패하는가』, 대런 애쓰모글루·제임스 A. 로빈슨 지음, 최완규 옮김, 장경덕 감수, 시공사, 2012년 9월

『루트비히 폰 미제스 입문』, 에이먼 버틀러 지음, 황수연 옮김, 프리덤리버티프레스, 2013년 8월

『경제인의 종말』, 피터 드러커 지음, 이재규 옮김, 한국경제신문사(한경비피), 2008년 5월

『중국경제 추락에 대비하라』, 김기수 지음, 살림출판사, 2012년 8월

『사다리 걷어차기』, 장하준 지음, 형성백 옮김, 부키, 2004년 5월

『중국 도대체 왜 이러나』, 김기수 지음, 살림출판사, 2010년 12월

『노예의 길-사회주의 계획경제의 진실』, 프리드리히 A. 하이에크 지음, 김이석 옮김, 자유기업원, 2018년 4월

『제도의 힘』, 김승욱 지음, 프리이코노미스쿨, 2015년 12월

『개인이라 불리는 기적』, 박성현 지음, 심볼리쿠스, 2017년 8월

『미국이 없는 세계를 상상할 수 있는가』, 디네시 더수자 지음, 최윤희 옮김, 21세기북스, 2016년 11월

『제시 리버모어의 회상』, 에드윈 르페브르 지음, 박정태 옮김, 굿모닝북스, 2010년 7월

『이슬람과 테러리즘 그 뿌리를 찾아서』, 마크 A. 가브리엘 지음, 이찬미 옮김, 글마당, 2018년 11월

『제국의 품격-작은 섬나라 영국은 어떻게 세계를 지배했는가』, 박지향 지음, 21세기북스, 2018년 9월

『21세기를 위한 21가지 제언』, 유발 하라리 지음, 전병근 옮김, 김영사, 2018년 9월

『벤저민 그레이엄의 현명한 투자자』, 벤저민 그레이엄 지음, 김수진 옮김, 제이슨 츠바이크 논평, 국일증권경제연구소, 2016년 11월

『워런 버핏 바이블』, 워런 버핏·리처드 코너스 지음, 이건 옮김, 신진오 감수, 에프엔미디어, 2017년 12월

『모든 주식을 소유하라』, 존 보글 지음, 이은주 옮김, 비즈니스맵, 2019년 4월

『21세기 지정학과 미국의 패권전략』, 조지 프리드먼 지음, K전략연구소 옮김, 김앤김북스, 2018년 3월

『개입주의 경제적 분석』, 루트비히 폰 미제스 지음, 해남, 1999년 9월

『위기는 다시 온다』, 조윤제 지음, 한울아카데미, 2016년 5월

『트럼프를 당선시킨 PC의 정체』, 홍지수 지음, 북앤피플, 2017년 10월

『경제는 지리-지리로 포착한 세계경제 40장면』, 미야지 슈사쿠 지음, 오세웅 옮김, 7분의언덕, 2018년 7월

『21세기 미국의 패권과 지정학』, 피터 자이한 지음, 홍지수·정훈 옮김, 김앤김북스, 2018년 7월

『글로벌 경제 매트릭스 : 유럽 편-유럽 재정위기의 미래 흔들리는 한국경제』, 임형록 지음, 새빛에듀넷, 2013년 7월

『웅크린 호랑이-중국은 어떻게 세계를 지배하려 하는가』, 피터 나바로 지음, 이은경 옮김, RSG(레디셋고), 2017년 9월

『중국이 세상을 지배하는 그날』, 피터 나바로·그렉 오트리 지음, 서정아 옮김, 지식갤러리, 2012년 3월

『슈퍼파워 중국』, 피터 나바로 지음, 권오열 옮김, 한상춘 감수, 살림Biz, 2008년 9월

『부자의 시간-부자는 어떻게 탄생하는가?』, 최윤식 지음, 지식노마드, 2017년 12월

『차이나메리카-세계 경제를 두고 싸우는 두 형제』, 헨델 존스 지음, 홍윤주 옮김, 지식프레임, 2010년 11월

『앞으로 5년 미중전쟁 시나리오』, 최윤식 지음, 지식노마드, 2018년 6월

『모두 거짓말을 한다-구글 트렌트로 밝혀낸 충격적인 인간의 욕망』, 세스 스티븐스 다비도위츠 지음, 이영래 옮김, 더퀘스트, 2018년 6월

『세계 경제의 황금기는 다시 오지 않는다』, 마크 레빈

슨 지음, 조미현 옮김, 에코리브르, 2018년 5월

『틈새 경제-소비자의 틈새시간을 파고드는 모바일 전략』, 이선 터시 지음, 문세원 옮김, kmac, 2018년 5월

『돈이란 무엇인가』, 앙드레 코스톨라니 지음, 서순승 옮김, 이레미디어, 2016년 5월

『위대한 기업에 투자하라』, 필립 피셔 지음, 박정태 옮김, 굿모닝북스, 2005년 6월

『오래된 집 무너지는 거리』, 노자와 치에 지음, 이연희 옮김, 흐름출판, 2018년 4월

『강대국 국제정치의 비극-미중 패권경쟁의 시대』, 존 J. 미어셰이머 지음, 이춘근 옮김, 김앤김북스, 2017년 5월

『직업의 지리학』, 엔리코 모레티 지음, 송철복 옮김, 김영사, 2014년 7월

『일본근세의 쇄국과 개국』, 야마구치 게이지 지음, 김현영 옮김, 혜안, 2001년 11월

『신이 된 시장』, 하비 콕스 지음, 유강은 옮김, 문예출판사, 2018년 3월

『부채의 늪과 악마의 유혹 사이에서-통화, 신용, 그리고 글로벌 금융』, 아데어 터너 지음, 우리금융경영연구소 옮김, 해남, 2017년 12월

『세속의 철학자들』, 로버트 하일브로너 지음, 장상환 옮김, 이마고, 2008년 10월

『성격 급한 부자들』, 다구치 도모타카 지음, 김윤수 옮김, 포레스트북스, 2018년 2월

『불행 피하기 기술』, 롤프 도벨리 지음, 엘 보초 그림, 유영미 옮김, 인플루엔셜, 2018년 1월

『자본주의 어디서 와서 어디로 가는가』, 로버트 하일브로너·윌리엄 밀버그 지음, 홍기빈 옮김, 미지북스, 2016년 9월

『미래 사회를 위한 준비』, Ingmar Persson, Julian Savulescu 지음, 추병완 옮김, 하우, 2015년 3월

『그럼에도 일본은 전쟁을 선택했다-청일전쟁부터 태평양전쟁까지』, 가토 요코 지음, 윤현명 외 옮김, 서해문집, 2018년 1월

『부동산 왜 버는 사람만 벌까』, 심교언 지음, 매일경제신문사, 2017년 10월

『황금의 샘 세트(전 2권)-석유가 탄생시킨 부와 권력 그리고 분쟁의 세계사』, 대니얼 예긴 지음, 김태유·허은녕 옮김, 라의눈, 2017년 8월

『돈, 뜨겁게 사랑하고 차갑게 다루어라』, 앙드레 코스톨라니 지음, 김재경 옮김, 미래의창, 2015년 9월

『피터 린치의 투자 이야기』, 피터 린치·존 로스차일드 지음, 고영태 옮김, 흐름출판, 2011년 5월

『패권의 비밀』, 김태유·김대륜 지음, 서울대학교출판문화원, 2017년 9월

『미국은 동아시아를 어떻게 지배했나-일본의 사례, 1945-2012년』, 마고사키 우케루 지음, 양기호 옮김, 문정인 해제, 메디치미디어, 2013년 4월

『한중일 석유전쟁』, 박병구 지음, 한스미디어, 2008년 9월

『자원전쟁』, 알렉산더 융·에리히 폴라트 지음, 영림카디널, 2015년 12월

『회계는 필요 없다-재무보고서에 가려진 기업의 진짜 가치를 찾는 법』, 바루크 레브·펭 구 지음, 신지현 옮김, 한스미디어, 2017년 8월

『호모 데우스-미래의 역사』, 유발 하라리 지음, 김명주 옮김, 김영사, 2017년 5월

『사피엔스-유인원에서 사이보그까지, 인간 역사의 대담하고 위대한 질문』, 유발 하라리 지음, 조현욱 옮김, 이태수 감수, 김영사, 2015년 11월

『누가 내 치즈를 옮겼을까?』, 스펜서 존슨 지음, 이영진 옮김, 진명출판사, 2015년 5월

『부자 나라는 어떻게 부자가 되었고 가난한 나라는 왜 여전히 가난한가』, 에릭 라이너트 지음, 김병화 옮김, 부키, 2012년 1월

『아리스토텔레스 경제를 말하다』, 홍기빈 지음, 책세상, 2001년 8월

『아시아의 대부들』, 조 스터드웰 지음, 송승하 옮김, 살림Biz, 2009년 9월

『주식에 장기 투자하라-와튼스쿨 제러미 시겔 교수의 위대한 투자철학』, 제5판, 제러미 시겔 지음, 이건 옮김, 신진오 감수, 이레미디어, 2015년 6월

『전설로 떠나는 월가의 영웅(2017 최신개정판)』, 피터 린치·존 로스차일드 지음, 이건 옮김, 국일증권경제연구소, 2017년 4월

『살림/살이 경제학을 위하여』, 홍기빈 지음, 지식의날개(방송대출판문화원), 2012년 3월

『주식시장을 이기는 작은책』, 조엘 그린블라트 지음, 안진환 옮김, 알키, 2011년 6월

『왜 사람들은 명품을 살까?』, 김현주 지음, 윤병철 그림, 자음과모음, 2012년 12월

『누가 미래의 자동차를 지배할 것인가』, 페르디난트 두덴회퍼 지음, 김세나 옮김, 미래의창, 2017년 3월

『로봇의 부상』, 마틴 포드 지음, 이창희 옮김, 세종서적, 2016년 3월

『국가의 추격, 추월, 추락』, 이근 외 지음, 서울대학교출판문화원, 2013년 8월

내일의 부 2_오메가편

1판 1쇄 발행 2020년 2월 20일
1판 25쇄 발행 2021년 12월 24일

지은이 조던 김장섭
펴낸이 박현
기획총괄 윤장래
펴낸곳 트러스트북스

등록번호 제2014- 000225호
등록일자 2013년 12월 3일

주소 서울시 마포구 성미산로1길 5 백옥빌딩 202호
전화 (02) 322- 3409
팩스 (02) 6933- 6505
이메일 trustbooks@naver.com

ⓒ 2020 김장섭

값 16,000원
ISBN 979-11-87993-69-8 03320

믿고 보는 책, 트러스트북스는 독자 여러분의 의견을 소중히 여기며,
출판에 뜻이 있는 분들의 원고를 기다리고 있습니다.